都市の公共と非公共

20世紀の日本と東アジア

編著
高嶋修一
名武なつ紀

日本経済評論社

目次

第2部　エスニック・マイノリティと日本

序章　試論・都市の公共と非公共
――二〇世紀の日本および東アジア都市を手掛かりに――

高嶋修一

1　本書の位置づけ

本書は、政治経済学・経済史学会における二〇一一年度春季総合研究会「都市の公共と非公共――二〇世紀のアジア都市を手掛かりに――」（於・東京大学）の報告内容を基礎としつつ、数本の事例研究を付加して内容を拡充したものである。同学会は近年、近代社会の公共性に関わる諸問題を継続的に取り上げており、上記研究会もその延長線上に位置づけられるものであった。ただし、より直接的にはその前年に行われた二〇一〇年秋季学術大会（於・首都大学東京）における共通論題「都市の公共性――主体・政策・規範――」との強い連続性を意識しつつ企画されたものであり、まずはそこでの議論をどのように継承したのかについて言及しながら、本書の課題を述べることとしたい。

二〇一〇年秋季学術大会については『歴史と経済』第二一一号（政治経済学・経済史学会、二〇一一年）に詳しいのでそちらを参照されたいが、二〇世紀のドイツを事例にした二本の歴史分析報告と、イギリスを事例にした一本の現状分析報告とが行われ、それらを踏まえて「社会的質」と「社会的プレカリティ」概念による理論的総括が行われた。やや強引な整理であることを承知しつつ、ここでは析出された成果として次の二点に着目したい。一つは、社会問題というものが生物学的な生命維持にとどまらない「その社会の一人前の構成員である以上は当然享受すべき生活水準」に関して共有される相場観をめぐって発現していたことであり、いま一つは、そうした問題の解決をめぐって発生する社会的な包摂と排除の分岐は多元的かつ可変的であり、単一の属性に沿って一義的に決定されたわけではなかったことである。

伝統的なマルクス経済学は、資本―賃労働関係によって分かたれる階級関係を社会的分節化の基軸として重視し、とりわけ労働者階級における「飢える自由」を当面の問題にしてきた。しかし、「労働者階級だから生きるのが困難である」という命題は、一九世紀のイギリスではともかく、少なくとも「現代資本主義」段階に発生した現実の社会問題を必ずしも適切に説明するものではない。人々は階級よりもむしろ、機能主義的な社会の分節構造に照応して多元的なペルソナに分かたれ、それぞれの局面に応じて多様な「顔」を持ちながら包摂と排除の双方を経験したのであり、したがって「社会的格差」の問題は消滅するどころかますます複雑化したというほうが現実感覚により近いであろう。

これらは、市場メカニズムを貫徹させればその自己調整作用を通じていつの日か自然と解決されるような性質の問題ではもちろんなく、一方で人々が公共圏における熟議を辛抱強く重ねればおのずと解決に向かうというものでもない。すでに指摘されたとおり、公共という概念それ自体がイデオロギー的な契機を胚胎しているのであり、その標榜する理念面の普遍性にもかかわらず、「問題」の発見から解決にいたる全過程において包摂と排除の契機を抱えているのである。こうした多元的かつ動態的な現実に照らして現代資本主義段階における社会編成原理を再把握することは、依然として大きな課題でありつづけている。

2　二〇世紀のアジア都市と「非公共」

このような知見を緒にして、二〇世紀の日本を含むアジア都市はどのように理解されるのであろうか。予断が許されるのであれば、そこでは社会的な包摂と排除が、ヨーロッパ都市と比較してより一層多様かつ明示的に見出されることが想像される。人々は、国籍やエスニシティ、伝統社会に由来する出自、植民地都市であれば本国人と移民の相違やそれら内部での階級などさまざまな基準によって分け隔てられており、移植された西洋的な市民社会（civil society）秩序のもとに成立する公共の多元性・部分性も蔽いがたく、そうした意味での公共圏に入れない、あるいは入らない人々の存在はより顕わであったと考えてよい。

もちろん、そうした人々もまた何らかの社会関係を通じて生存あるいは生活を維持したことは言をまたない。競争的＝市場的であれ政策的＝非市場的であれ、公的関係を通じた財やサービスは限定された範囲にしか行きわたらず、それと併存して、たとえば万人に対し公平に開放されているとは限らず、たとえば経済的に合理的とは限らず、たとえば権威や徳義や相互の信任や承認といった客観化され得ない要素が人々の思考や行動を左右するような諸関係が広がっており、彼らの生存や生活、ひいては社会の再生産に一定の貢献をしていたのである。

こうした現象は通常、近代社会と伝統社会の遭遇に伴う一時的・過渡的な現象と理解され、それはやがて近代市民社会秩序の一層の普及・拡大によって消滅する、あるいはすべきものと考えられてきた。たとえばかつて増田四郎が近代日本都市の中に近代市民社会的な「公共性」の欠如を指摘した際に前提したのはこうした見方であって（増田［一九七〇］）、それは同時代的には対抗学説であった丸山政治学や講座派歴史学などとすらも通底する、戦後社会科学の大きな特徴であった。

ただし、研究史の到達点を少し吟味すれば事態はそれほど単純ではなく、いま指摘したような事柄が単なる前近代の残滓としてのみ理解されてきたわけではないことにも注意を払っておくべきであろう。日本経済史を例にとると、たとえば講座派的な見方においては、そのような社会的諸関係を「半封建的」範疇に属するものと規定し、「畸形的」ではあっても日本資本主義をそれなりに安定的に存立させる構造的一環であると把握してきた（山田［一九三四］）。もっとも、こうした立場にとっても、「半封建的」諸要素はやがて真正の近代社会あるいはその超克＝社会主義革命によって解消されるべきものであった。

これに対し近年政治経済学・経済史学会を舞台に展開されている議論は、かつて「半封建的」と呼んだ諸要素を積極的に社会構造の中に定置しようとする点で講座派の系譜を引く一方、それらをいずれ解消される／すべきものと必ずしも捉えない点に独自性を持つ。たとえば二〇〇六年度春季総合研究会の成果である小野塚・沼尻［二〇〇七］においては「近代的公共」と「共同性」を二項対立的に捉えるのではなく、両者の共存／相互補完関係に着目する視点が打ち出された。こうした見方の先駆としては大石・西田［一九九一］が挙げられる。同書は、行政村体制下における部落＝大字において「共同性」と「地域的公共性」が同時に発揮されたことを主張して「国家的公共」の相対化を試みたのであり、その後の政治経済学・経済史学会における議論においてもさまざまな中間団体が持つ具体的な機能が明らかにされ「近代的公共」が相対化されていたという前提は指摘しておくべきであろう。「近代的公共」ならざるものがはたして「共同性」と括られるべきものであるのかどうかは議論の余地があるものの、――先回りして言えば本書はそれを「非公共」と呼ぶのであるが――「近代的公共」の外側にある諸関係が社会的再生産に果たす積極的な意義に着目するという議論はすでに一定の蓄積を有しているのであり、本書もそれらの視角を継承している。

ところで、かつての「講座派」的議論はいずれかと言えば農村社会を想定したものであり、都市については農村から労働者を絶えず補給・消耗しながら資本の再生産が行われる場という程度の想定のもと（いわゆる「都市蟻地獄説」や大河内一男による「出稼型」論など）、石塚［一九七七］、同［一九九一］や中川［一九八五］など一部の例外を除き具体的な分析にはいたっていなかった。だが、日本都市史の場合で言えば一九九〇年代以降に経済史的分析が本格化し、実証分析の進展とともに沼尻［二〇〇二］のような概念化を試みる研究も現れた。また、名武［二〇〇七］が大阪・船場の分析を通じて提唱した「都市家計」概念は、二〇世紀の大阪という資本主義的発展が著しかった社会においてすら、それに影響を受けつつもそこからは一定の距離を置いた諸主体やそれらの切り結ぶ諸関係が存続したことを示唆するものであったと言える。

一方、現状分析の分野においても市民の結成する自発的組織や種々のインフォーマルセクターへの注目が強まっており、たとえば遠藤［二〇一一］はタイのバンコクにおける「コミュニティ」と呼ばれる集団の内部に入り込み、そこに暮らす人々の生存あるいは生活の再生産に関わる諸相を描出している。こうした研究は、上に述べた近代的公共の部分性およびその外側で形成される社会関係の存在に着目する視座と共鳴し得るものであり、近代的公共圏を相対化することにも繋がる成果であると位置づけてよい。

社会のなかに、そのような明文化されない不透明で相互の信任や承認に基礎づけられる何らかの関係が存在し、それが公共的関係の外側で人々の生存あるいは生活を支えるような状態、それが引いては社会の再生産に寄与し得るような状態が持続的に存在するとき、それを単なる過渡的状態と片づけることは適当でなかろう。そうした諸関係はむしろ社会の再生産構造の中に正当に位置づけられるべきであり、本書における問題提起の究極的な目標はここにある。とはいえ、それは時代と場所に応じてあまりに多様であり、この小さな書物でただちに洗練された概念として提示できるようなものではない。そこで、ここではこうした諸関係を近代的公共の対偶としてさしあたり非公共（non-civil）と一括し、いくつかの事例を通じて予備的考察に資することとしたい。

念のために断っておけば、ここで非公共と呼ぶのは単なる前近代的な諸関係ではないし、まして本書の目的はそうしたものへの憧憬を喚起することでもない。ここに通常用いられる「共同体」や「共同性」、communityといった語を敢えて充てないのは、そうした意図を踏まえてのことである。近現代の社会においては一人の人間をめぐる「共同体」的関係は多元的・重層的であり、その入退や他の共同性との組み合わせも含めて多くの部分が個人の自由な裁量に任されている。こうして形成される集団を「共同体」と呼ぶことは、前近代社会における共同体との混同に繋がる恐れがあるため、ここでは適当でないと考える。想定される非公共的関係は、その内部に主体間の緊張を抱え、かつ公共的関係との間に相互規定的関係を持ちながら社会の構造的一環をなす、動態的かつ歴史的な存在である。こうしたものとして非公共をとらえ、公共と非公共との関係に着目しながら近代的公共の意義と限界を逆照射し、それらが併存する状態として二〇世紀社会の再把握を試みるというのが本書の具体的な目標となる。

3 「非公共」についての補足説明

公共性は、その定義をめぐって論者の間で最小限の合意を形成することすら困難という厄介な主題であり、そこに「非公共」などという言葉を新たに持ち出すのは、却って混乱を増幅させるとの批判を免れないかもしれない。用語法や概念の未熟さに関する批判は甘んじて受けるとして、背後にある次の問題関心について共有を望むことは過分だろうか。

二〇世紀の資本主義を特徴づけた福祉国家が新自由主義（ネオ・リベラリズム）からの批判という形で相対化されて久しいが、そのことは後者によって前者の歴史的評価が正当になされたことをまったく意味しない。新自由主義による福祉国家への批判はつまるところ「官―民」二元論あるいはその派生形である「官―公―民」という図式をめぐって展開されているのであるが、それは二〇世紀初頭になされた介入的自由主義による自由主義経済への批判と同一の平面上で展開される応酬に過ぎず、弁証法的な意味での議論の進展を何ら期待し得るものではない。これは、新自由主義に対して向けられる目下の反批判についても言えることかもしれない。

しかし、社会的再生産を市場の自律的調整機能に委ねる場合でも、あるいは政策的・人為的な介入に委ねる場合でも、または両者を折衷する場合であっても、これらが万人に妥当するポジティブな価値＝公益に積極的な役割を果たすことを期待されているという点では共通の役割を担っている。

レトリカルな表現をすれば、いずれも公共性を帯びた社会関係なのである。そして、このような文脈での「公共」はpublicというよりはcivilに近い意味を帯びている（こうした公共概念理解は高島［一九四七］から示唆を得ており、以後本章では「公共」の語をこの意味において用いる。なお、本書の元となった二〇一一年の研究会において「公」とは「官」を意味するという趣旨の意見が複数寄せられたが、この種の見解に対してはすでに名和田［二〇〇九］が「公」概念を極小化している点で妥当性を欠くと指摘している）。市場における競争的な裁定にせよ、その「失敗」を補ったり取引のコストを軽減したりするための組織的＝非市場的な裁定にせよ、いずれも公共圏で制定されるルールに基づく立脚するという点では類似の性質を持っているのである。

一方、そのような意味での公共圏は、史実に即してみた場合、はたして期待あるいは自負どおりに社会的再生産機能を果たしてきたのであろうか。すでに述べたように、これまでのさまざまな研究成果は、その答えが否であったことを示唆している。公共圏は常に社会的包摂と排除の契機を内包しており、公共圏を通じて提供される財やサービスは必ずしもすべての人々に対し必要十分に行き渡ってきたとは言い難い。近代の公共的諸関係は、はたして世の中の人々すべての生活あるいは生存を十分に保障し、もって社会の再生産にとって必要十分な役割を果たし切れていたのかと言えば、疑問符が付く可能性が高いのである。

とはいえ、そうした公共圏の部分性がただちに社会的再生産の危機を意味したかといえば、これもまた必ずしもそうでなかったと言うべきであろう。個々の人々（主体）に即してみれば、公共圏からのスピンアウトがただちに生存あるいは生活の危機を意味したわけでは必ずしもなかったことになる。理由の一つは、先に触れたように「現代」社会における諸主体は多様なペルソナを有しており、特定の身分集団や同職集団による全人格的な包摂への依存が後退しているため、ある局面における公共圏からの排除が全人格的な公共圏からの排除を必ずしも意味するわけではない点に求められる。それはそれで人々の生存可能性を高めるために生み出された一つの知恵なのであるが、ここでより注目しておきたいのは「非公共」的諸関係の役割である。人があるペルソナにおいて公共圏から排除されたとしても、何らかの非公的な関係を通じてその補填を達成し得るといった事例は、容易に想像がつくであろう（さしあたり近代的家族やその他の親密的な集団を連想して構わない）。ただし、非公共的諸関係を、公共圏の部分性を補完しセーフティーネットの役割を果たすものとのみ見なすのでは不十分であろう。非公共的関係の果たす役割をそのように消極的なものに限定することは、公共と非公共とを代替的な関係と把握することになりかねず、非公共の過小評価に繋がってしまう。

人々の再生産に必要な財またはサービスの生産・分配の現実の過程は、需要と供給の絶えざる調整であり、社会全体を見渡せば常に財やサービスの偏在と調整が発生している。そして、非公共的関係は、例えば顔の見える範囲内、あるいは相場感を共有している範囲内において、公共圏を通ずるよりも迅速にこれを調整するという、単なるセーフティーネット以上の積極的な役割を果たしているとは考えられないだろうか。公共圏における需給の裁定は万人に妥当する公正さの体系に従うことが要請されるがゆえ、実際の調整過程は長期にわたる。こうしたなかで、現実の社会的再生産は非公共的関係を通じた裁定とセットになってはじめて実現していると考えるのであれば、二〇世紀都市のように公共圏が拡大する空間においても、非公共圏が同時に拡大し得た可能性に思い当たるのである。

だが、公共圏において一般に共有されているイデオロギーは、自らの現実の部分性を認めず、逆にその自己完結性を主張する。したがって、その外側にある――本書の言う非公共的な――関係についてはそれを敵視し、違法な社会関係として攻撃の対象とする（civil の対義語である uncivil はネガティブな意味を帯びている）。たとえば前近代の残滓と捉え解消を目指すのは、そうした態度の一つの表出形態であったと言ってよい。しかし、上に示したように非公共的関係が公共的関係と代替的な関係にあるのではなく公共圏が機能するのにむしろ積極的な役割を果たしているとすれば、公共圏によるこうした態度は、自らの存立基盤を切り崩すことを意味することになり、ひいては社会の再生産を困難にしてしまうであろう。

こうした見方に立てば、中央政府による裁定能力を過信し無惨な結果に終わったソ連型社会主義も、市場の自己調整機能を万能と錯覚してそれが機能するためのルールづくりを弥縫的に重ねた結果自縄自縛に陥っている新自由主義も、公共圏の自己完結性に対する過信からそこに社会的再生産のすべてを担わせようとした点では共通する性質を有しているし、戦後の福祉国家がもしも両者の中庸でしかなかったとするならば、やはり同質の問題を含んでいたと評価せざるを得ない。公共的社会関係への全幅の信頼は二〇世紀の社会構想を特徴づける一つの傾向であったが、それは現実には不可能であったばかりか、非公共領域の極端な縮小あるいは消滅をもたらしたことで、却って社会的再生産を深刻な危機に陥れたとすら言えるのではないだろうか。

非公共的な関係を前近代社会の残滓やイリーガルなものと把握する見方それ自体が、公共圏が持つイデオロギー性の所産であるとすれば、克服されるべきはそうした見方そのものであり、そうした諸関係を近現代社会の再生産構造のなかに正当に位置づけることが目標となるであろう。そして、その段階にいたったとき、「非公共」というかりそめの見方は揚棄されるべきなのかもしれない。

4　先行する議論および本書との関係

本書の態度はあくまで対象とする社会そのものの把握を重視するものであり、非公共という考え方はあくまでその手掛かりに過ぎない。したがって、これを概念として精緻化したり、翻って公共概念の洗練化・厳密化を図ることはさしあたり課題の外にある。ただ、近現代における社会関係の整序あるいは分節化という論点に関わって、いくつかの先行する議論には言及しておいたほうがよいであろう。

一つはK・ポラニーの「経済と社会」である。ポラニーは周知のとおり人間の活動を「経済」と「社会」に整序し、近代以前においては「社会」に埋め込まれていた「経済」が近代に入り「社会」

から遊離して、市場の自律的調整メカニズムへの盲目的過信が支配する「市場社会」へと移行するというスケッチを描いた（ポランニー［二〇〇九］）。ここで見られる論法からは、本書が提起する「公共」「非公共」論も多くの示唆を得ている。だが、その力点は「経済」が「社会」に優先されることの無理およびその帰結としての資本主義社会の破綻におかれるため、世界がまがりなりにも社会的再生産を達成している現実に着目し、その維持のメカニズムに迫ろうとする本書の立場との間には大きな懸隔があると言わざるを得ない。

いま一つは、大門正克の「生存の歴史学」である（大門［二〇〇八］）。大門は「労働」と「生活」からなる人々の営みを「生存」と呼び、「支払労働と無払労働、公領域と私領域と区別されて検討されてきた問題の双方を含む概念」と説明した。そして「『生存』の仕組みにおける市場、国家、社会の位置を検討する」方法の重要性を指摘した。ここで採用されているのは、主体の存在を前提にその再生産を可能にする条件を探るという視角であり、既存の公私概念を相対化して対象とする社会の再生産構造を捉え直そうとする関心のあり方は本書も継承している。ただし大門説は、あくまで家と村という「生存システム」が破綻した一九三〇年代以降の日本を念頭に置く議論として提示されたものであるという。

「非公共」という考え方から、多くの人は暗黙のうちに親密圏における関係を想起するであろう。齋藤純一によれば、「親密圏」とは「具体的な他者の生／生命——とくにその不安や困難——に対する関心／配慮を媒体とする、ある程度持続的な関係性を指すもの」であるという（齋藤［二〇〇〇三］）。齋藤は、ハバーマスが「愛の共同体」と表現した親密圏（具体的には男女の結合に基づく小家族）が実は内部に非対称的な緊張を孕むものであるとする第二波フェミニズムの見方や、それを家族のみならずより一般的な社会集団に適用するアレントの議論を継承しつつ、その生命／生活保障機能および現在の社会におけるその喪失の危機について論じた。その際、これを成員の自発性・対等性を自明としない点でアソシエーション等の中間団体と異なり、共通善を必然としない点でコミュニタリアン的「共同体」とも異なるとしたのである。

こうした齋藤の親密圏論からは、本書も多くの示唆を得ている。ただし齋藤による親密圏論が、実在の人間集団を念頭に置いた議論、それもいわゆる社会的弱者を念頭に置いた議論である点は指摘しておくべきであろう。この点は著者の「統合失調症などの病いをかかえている人びと、犯罪の被害者やその近親者、単身家庭の男性たち、顔にひと目につく傷痕や病痕などをもつ人びと、公害や薬害の被害者たち、依存症に悩む人びと、あるいはかつての戦争や植民地支配の犠牲者たち」といった「歴史のなかで忘却され、闇のなかに押し込められようとしている生の経験、あるいは社会から遠ざけられ、黙殺されようとする生の現実」（齋藤［二〇〇三］二一九頁）という表現からも明らかである。

公共圏における再生産過程からスピンアウトした人々がどのように生存／生活を確保し得るのか（あるいはし得ないのか）という問題関心は、大門の議論にも見出されるし、本書にもこうした関心からの論考が収められている。ただし、「非公共」という考え方は、こうした実在の社会的弱者やパリア、彼らの生存・生活の維持如何といった事柄への関心と同時に、それにとどまらない領域をも射程に含むものである。つまり、一般的には公共圏において保障されていると考えられる資本の再生産過程そのもののうちにも「非公共」的関係に依存している側面がある可能性について、この議論は否定をしない。たとえば企業組織の内部における資源配分のあり方などを観察することは、こうした疑問に回答を与えるであろう。この論点は本書で必ずしも十分に論じられるわけではないが、いくつかのコラムで示唆が与えられることになろう。

5　本書の課題・構成・内容

以上の補助線を前提に、本書では以下の点を課題として掲げたい。

まずは、日本およびアジアの都市におけるいくつかの史実を捉え直し、いかなる様態で公共と非公共が存在していたのかという視点から再考することである。さまざまな時代と地域において公共圏はどのような役割を果たし、逆に果たし得なかったのか。また、果たし得なかったとすれば社会の再生産はどのように確保されていたのであろうか。

これと関連して、公共と非公共との関係についても考察する。右に述べたように、伝統的な議論においては、非公共圏をいずれ公共圏に回収されて消滅する（あるいはすべき）ものと把握する見方が主流であった。だが、非公共圏を社会的再生産にとって意義のある構造的一環とみなし、しかもそれが静態的ではなく動態的であると仮定するならば、両者の関係如何を検討することは必須となろう。

全体は三部構成で、それぞれ二編の論考を収めた。

第1部においては、まず西洋統治下の中国都市社会を取り上げる。第1章は、ドイツ統治期の青島における流通の問題を扱う。青島を統治したドイツは、中国人商人を担い手とする在地・在来の流通機構の重要性を認識していたものの、その全貌を把握することは困難であった。それは必ずしもドイツが持ち込んだ公共に包摂されるものではなかったが、一九〇七—〇八年の経済危機の際に端的に見られたように、この地域における安定の確保に確実に寄与していた。第2章は一九一〇年代の上海における衛生政策をめぐる問題を扱う。当時の上海におけるペスト騒動は、租界のヨーロッパ人のみならず、その外に居住する中国人の身体管理をも要請したが、これは彼らによる近代的公共への反発を惹起した。これを鎮めたのが中国人エリート層であり、彼らによる仲裁や自発的な対応によってこの問題は沈静化したとする。

第2部においては、日本の都市におけるエスニック・マイノリティを取り上げる。第3章は、戦間期の大阪における朝鮮人移民を扱う。まず日本帝国内で労働力移動における朝鮮人移民の位置づけを試み、次いで彼らが資本主義的発展を遂げつつあった都市大阪において経験した社会的包摂と排除について述べ、最後に彼らの生存あるいは生活の様態について触れ非公共論との架橋を試みる。第4章は一九七〇年代の川崎における在日コリアンの問題を取り上げる。彼らは戦後の日本でマイノリティとして位置づけられ、公共圏からのスピンアウトを余儀なくされたが、この時期にいたって公共圏への参加を要求するようになった。だが一方で、在日コリアンの中にもこれに慎重な意見が存在し、公共圏への包摂が必ずしも福利一般の増進をもたらすとは期待されていなかったことが描出され公共と非公共との動態的な関係が示唆される。

第3部においては戦間期の東京における人々の経済活動を取り上げる。第5章は戦間期の東京における中小工業者の動向を扱う。中小工業者たちは特定の地域に集積して事業を営み、必要に応じて同業者組織を形成した。こうした行動は公共圏における取り組みと理解することが可能であるが、一方で労働力の調達に関しては必ずしも資本―賃労働関係によらない「徒弟」修行が採用され、集積のメリットを活かしながら技能形成が行われたとする。第6章は同じ時期における食料品の小売と消費を素材に論じる。具体的には、公設小売市場政策に典型的な小売と消費をめぐる「合理化」への動きの下でも掛売り・御用聞きが根強く残った背景について論じる。まず既往の研究が依拠してきた調査資料の数値の誤りについて指摘し事実関係に修正を迫った上で、「経済合理性」によって一定程度までの説明が可能であることを認めつつも、それだけにとどまらない、個々のアクターと地域社会との関係という要素を指摘している。

また、このほかに三本のコラムを収録した。これらによって非公共の諸相をより具体的にイメージすることが可能となろう。

これらの論考はそれぞれの著者が、編者の呼びかけに応じて各自の研究を再考したもので、「公共」「非公共」概念の解釈や理解に一定のばらつきがあることは否めない。だが、いずれの論考においても、人々の生活・生存や社会の再生産にとって公共的関係と同時に非公共的関係が一定の役割を果たしたこと、そして両者の間には、前者が後者を解消または包摂しようとしたり、後者が前者に敢えて組み込まれようとしたりするなど複雑な関係が存在したことが見出されるであろう。

非公共の諸相に光をあてることは、近代アジアの都市社会における公共性の意味を改めて問い直すための手掛かりを得ることはもちろん、一見すると近代的公共性の原理が貫徹しているかに思われる近代ヨーロッパ社会の再評価にも繋がる可能性を含んでいる。本書の議論の射程がそうした「近代市民社会の隠し田」にまで及ぶのならば、その目的は十二分に達せられたことになる。

参考文献

石塚裕道［一九七七］『東京の社会経済史――資本主義と都市問題』紀伊国屋書店
石塚裕道［一九九一］『日本近代都市論――東京　1868―1923』東京大学出版会
遠藤環［二〇一一］『都市を生きる人々――バンコク・都市下層民のリスク対応』京都大学学術出版会
大門正克［二〇〇八］「序説『生存』の歴史学――『一九三〇～六〇年代の日本』と現在との往還を通じて――」『歴史学研究』八四六号、歴史学研究会
大石嘉一郎・西田美昭編［一九九一］『近代日本の行政村――長野県埴科郡五加村の研究』日本経済評論社
小野塚知二・沼尻晃伸編著［二〇〇七］『大塚久雄「共同体の基礎理論」を読み直す』日本経済評論社
カール・ポラニー［二〇〇九］、野口建彦・栖原学訳『〔新訳〕大転換――市場社会の形成と崩壊』東洋経済

新報社、原書 *The Great Transformation* は一九四四年
齋藤純一［二〇〇三］「親密圏と安全性の政治」同編『親密圏のポリティクス』ナカニシヤ出版
高島善哉［一九四七］『アダム・スミスの市民社会体系』日本評論社、ただしここでは『高島善哉著作集』第六巻、こぶし書房、一九九八年版を参照
中川清［一九八五］『日本の都市下層』勁草書房
名武なつ紀［二〇〇七］『都市の展開と土地所有――明治維新から高度成長期までの大阪都心』日本経済評論社
名和田是彦［二〇〇九］「現代日本のコミュニティ政策から見た『公共』問題」小野塚知二編『自由と公共性　介入的自由主義とその思想的起点』日本経済評論社
沼尻晃伸［二〇〇二］『工場立地と都市計画――日本都市形成の特質1905―1954』東京大学出版会
増田四郎［一九七〇］『都市』筑摩書房、ただしここではちくま学芸文庫版一九九四年を参照
山田盛太郎［一九三四］『日本資本主義分析』岩波書店、ただしここでは岩波文庫版一九七七年を参照

鉄道史学会編『鉄道史人物事典』を手にして

石井　寛治

鉄道史学会が総力を挙げて企画した『鉄道史人物事典』が漸く完成したというので、日本経済評論社から、何か感想を書いてほしいとの注文があった。私は、鉄道史学会のメンバーではなく、会合にもほとんど出席したことがないが、同学会には親しい友人が数多く加わっており、その活動内容は日頃から気になっていたので、思い切ってお引き受けすることにした。しかし、明治期から編纂開始時点（二〇〇三年）までの物故者五八〇名の鉄道関係者を、合計六一名（リストから欠落している中村尚史氏を含む）の執筆者が扱った本書を、素人の私が詳細に批評することはできるはずがない。

そこで、経済史研究者としての個人的関心からの感想を記すことでお許し頂こう。私が鉄道業（とくに明治期の民営鉄道会社）について、かねてより抱いていた関心の第一は、製糸業や紡績業に比較して極めて巨額の資本金をもつ鉄道会社が、外資にほとんど頼らずに何故設立できたのかということであり、第二に、海運業と異なり、早くから運転の技術を日本人が習得し、さらに客車や機関車の自給も早期に達成できたのは何故かということであった。

実を言えば、鉄道経営の担当者については、私自身はあまり関心がなく、初期の日本鉄道会社については、線路の工事や汽車の運転を政府鉄道局に任せたから、同社は「政府事業のための資金調達會社」（原田勝正）に過ぎないとする説を引用し、「同社については革新的な企業者を見いだすことは難しい」（拙著『日本の産業革命』朝日新聞社、一九九七年、講談社学術文庫、二〇一二年）と述べたことがあるが、

評論　No.192
2013. 7

日本経済評論社

早速中村尚史氏から、そんなことはありませんよ、と批判されてしまった。中村氏は、その後、「明治期鉄道企業における経営組織の展開――日本鉄道株式会社を中心として」（野田正穂・老川慶喜編『日本鉄道史の研究』八朔社、二〇〇三年）を書いて、その点を見事に実証された。この人物事典は、鉄道政策に関わる官僚・政治家、さらには鉄道について論じた学者や作家などにも視野を広げているが、主として鉄道経営（官営・民営）を担当した経営者と技術者を対象としており、私のあまり知らない大小の鉄道会社の経営者のことが、詳しく調べて書いてあり、今後大いに活用できると思ったことをまず記しておこう。ただし、鉄道業における労働運動家は除外されていることを付言しておく。

試みに、先の日本鉄道会社に関係した人物を順次拾って見ると、歴代社長の吉井友実、奈良原繁、小野義真、毛利重輔、曽我祐準はもちろん、曽我の下で改革を推進した久米良作と山田英太郎もキッチリと書かれている。ただし、毛利重輔が一八九八年の日鉄機関方争議のあと短期間であるが社長になったことが書かれていないのには奇異な感じがした。このように、特定企業に関する人物を拾い出そうという読み方もありうることを考えると、将来、企業別索引を作って頂くと大変利用価値が高まるであろう。

ところで、私の関心事の第二の、早期の技術的自立については、本書で取り上げた技術者の多くが、帝国大学工学部の出身者であり、その能力を買われて、経営者になった場合がしばしばあるということから一応納得することができた。その帝国大学での工学教育が、鉄道技術を導入したイギリス人モレルの提唱によることは周知の通りである。本書でもモレルは、最重要外国人の一人として扱われている。ただし、小池滋・青木栄一・和久田康雄編『日本の鉄道をつくった人たち』（悠書館、二〇一〇年）所収の林田治男「エドモンド・モレル」が、通説のいうモレルの生年・経歴・結婚の誤りを根本史料に基づいて訂正したのを全く無視しているだけでなく、妻がモレルの死んだ「半日後」に亡くなったのに、根拠を示さずに「半年後」に死去したと変更しているのは不可解である。五島慶太の項では、同上書が参考文献として挙げられているから、訂正する時間があったはずである。再考を促したい。

私の第一の関心事である、鉄道会社が資金面での隘路をどう打開したかという点についての本書の説明は、蔵相松方正義が、日本鉄道などに配当保証を行ったことが、銀行の株式担保金融を容易にしたというものであるが、銀行が鉄道株式を担保とする金融を盛んに行ったのは、政府の保護によるだけでなく、日本銀行が特定の鉄道株を担保とする手形の再割引を行ったためである。それは、商業手形の再割引を本務とする日本銀行の業務を逸脱した産業金融であった。日本銀行総裁川田小一郎は、一八九〇年恐慌を機会にそうした禁じ手を敢えて採用したのであり、この再割引は、一九〇六年の鉄道国有化に至るまで、鉄道会社の資金調達に大きな役割を果たした。そうだとすれば、松方正義だけでなく川田小一郎も鉄道関係者として本書で取り上げるべきだったのではなかろうか。

　さらに、株主については、池田章政、岩崎久弥、岩崎弥之助、安田善次郎、といった華族、財閥が挙げられているが、鉄道会社の株主としては、都市商人や地方地主の役割をもう少し重視すべきであろう。例えば、近江商人が中心となって出資した近江鉄道については、本書はもっぱら経営者西村捨三の項目で西村に即して描き、「常に資金不足に悩まされ続け、北浜銀行からの融資保証人に西村ら個人五名があたるほどであった」と、資金調達面でも西村の役割を前面に押し出している。西村捨三の項目だからといえば、それまでだが、資金調達面では、小林吟右衛門や阿部市郎兵衛ら近江商人が西村以上に苦労しており、家産を傾ける覚悟で銀行借入の保証人となったことが重視されなければならない。そうした資産家の積極的活動を無視して経営者のみに光を当てたのでは、巨額の資金調達が可能になった秘密は明らかにならないであろう。この点については、拙稿「近江鉄道会社への投資」（丁吟史研究会編『変革期の商人資本――近江商人丁吟の研究』吉川弘文館、一九八四年、のち、改稿の上、拙著『近代日本金融史序説』東京大学出版会、一九九九年、へ収録）で詳しく論じたので必要があれば参照されたい。

　以上、私の個人的関心に基いて問題点を指摘したが、それは、本書が鉄道史のみならず、経済史・経営史研究者にとって座右の書とすべき力作であることを否定するものでは決してない。広く歴史研究者に参照を薦めたい。

［いしい　かんじ／東京大学名誉教授］

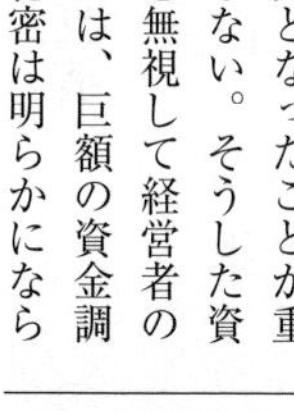

鉄道史学会
編集・発行
装幀：渡辺美知子

求められる学校から職業への移行過程の改革

――近刊『若年者の雇用問題を考える』によせて

樋口　美雄

若者の労働市場に大きな変化が起こっている。

かつては学校卒業後、ほとんどの学生はそのまま企業に就職し、社内研修や教育訓練を受け、配置転換を繰り返しながらも、一つの企業で長期にわたり働き続けるのが当たり前のように考えられていた。だが、経済成長に陰りが見られる中で、激しい国際競争に備え、人件費の高騰や固定費化を避けようと新規採用を大幅に削減する企業が増えた。複雑化・高度化し、グローバル化する経済社会に合わせて、人材を厳選して採用しようとする企業が増えている。他方、多くの学生は、少しでも好条件の企業に就職しようと大企業に集中する結果、就職活動がうまくいかず、学校生活から職業生活への移行過程でつまずく若者が増えている。

社会が変わった以上、それに合わせて学生本人はもとより、学校や企業、そして行政は時代の要請に応じて、種々の仕組みを変えていくべきではないか。こうした問題を検討するため、労働問題を専門にしている経済学や社会学の研究者に加えて、実際に学生たちのキャリア教育や就職活動を支援している専門家の参加を得て研究会を重ねてきた成果を取りまとめたのが本書である。

近年、就職率が低下している直接的原因は、大企業を中心に採用者数が学生数に比べ大きく落ち込んだことにあるが、一方、大学生に対する中小企業の求人は多数存在するにもかかわらず、そうした企業への就職を選択対象と考えない若者が多く、いわゆるミスマッチが拡大している。就職活動がうまくいかなかった学生の中には、あえて留年をして、翌年の就活にかける「就職留年」も増えている。他方、やっと就職先の決まった者でも、それを不本意な就職と考え、早期に離職する者が多い。こうした若者のその後の生活を追ってみると、第二新卒などと、もてはやされる風潮はあるものの、実態は不安定な就労を余儀なくされている者が多い。景気の悪く、失業率の高い時に卒業した世代にとって、そのマイナスの影響はその後も長期間続くことが確認されており、世代間格差としても憂慮すべき事態を招いている。本人にとって職業生活が困難になっているだけではなく、社会的、経済的、財政的にも長期にわたって負の影響が生じることが予想される。

若者の職業意識が形成されていないといっても、従来はそのような新卒者を企業が受け入れ、初歩的な仕事から時間をかけて徐々に高度な仕事をこなせる人材に育てていく人材育成システムが企業には内包されており、それを活用した仕事の推進が個々人の企業への求心力を高めていた。しかしグローバル化やＩＴ化が進展する中、人材を絞って集中投資する傾向が強まり、社内では連続的に人材を育成していくシステムが弱体化した。簡単な仕事は非正規労働者や外部委託に任せ、社員には高度な能力を求めるという仕事の分断化傾向が強まっており、多くの者にとって個々人の能力向上に対する責任が増している。とりわけ、若者は能力蓄積が少ないこともあり、「二極化」に関連して、他の年齢層よりも就業環境の変化に強く影響される。

こうした変化に、どのように対応しなければならないのか。個人の対応には限界もあり、社会として、学校として、そして企業として、行政として、どのような対策が求められるのか。就職の現場で学生たちを支援している人によると、大学では就業意識の形成に授業の一環としてのインターンシップの導入が有効であり、同時に大学での地元企業の説明会、企業情報や新入社員の配属先の仕事の内容、離職率等の情報の見える化が有効であり、就職支援担当者の養成と活用が求められる。企業においては求める人材像をもっと具体的に示していく必要があり、就職した先輩の仕事や生活の実態について個人的に相談に乗れる仕組みの提供が求められ、これによってかなりの程度、早期離職は回避できる。地域としては教育機関・地方自治体による共同での若年者の進路把握の仕組みの構築、行政としては、学校教育課程と仕事の関連を加味した職業教育の具現化とそれら施策の効果の検証可能な仕組みの構築などが求められる。こうした対策と並行して、社会の変化に対応した柔軟な労働市場の構築に向けた改革も必要となっていることが確認される。

［ひぐち　よしお／慶應義塾大学商学部教授］

樋口美雄・財務省財務総合政策研究所編著

若年者の雇用問題を考える

——就職支援・政策対応はどうあるべきか

Ａ５判　予価本体四五〇〇円　九月刊行予定

『首都圏史叢書⑦ 近代都市の装置と統治』刊行にあたって

松本洋幸

首都圏形成史研究会は、関東地方が「首都圏」として編成替えされてゆく過程を個別自治体の枠を越えて研究すること、ならびに関東地方の近代史に興味を持つ者、あるいは自治体史の編纂に従事している個人・機関の情報交換・交流を図ることを目的として、一九九四年四月に発足した。一般的な学会組織と異なり、大学・高校の研究者に加え、博物館・資料館・図書館等の職員や自治体史関係者などが会員の多くを占め、各地の地域博物館等で研究例会を開催するほか、事務局も横浜開港資料館に置くなど、歴史資料の現場に力点を置いた活動を行っている。

この研究会では、ある特定のテーマを設定した小研究会を組織して、その研究成果を発表すべく、日本経済評論社の御厚意によって、これまで首都圏史叢書として以下の論文集を刊行してきた。

①櫻井良樹編著『地域政治と近代日本』（一九九八年）②老川慶喜・大豆生田稔編著『商品流通と東京市場』（二〇〇〇年）③上山和雄編著『帝都と軍隊』（二〇〇二年）④大西比呂志・梅田定宏編著『「大東京」空間の政治史』（二〇〇二年）⑤奥須磨子・羽田博昭編著『都市と娯楽』（二〇〇四年）⑥栗田尚弥編著『地域と占領』（二〇〇七年）

各論集のテーマは、政治・経済・軍事・文化と多岐にわたるが、いずれも国と地域の間に「首都圏」という一種の地域概念を設定し、それがもたらす同質性・均質性・求心性を踏まえながら、各地域の独自性・特殊性を実証した研究論文を十本程度収録している。

このたび、同叢書の七冊目として、『近代都市の装置と統治』（二〇一三年）を上梓することができた。本論集は、二〇世紀初頭から戦間期における都市装置（都市の基幹的施設・組織）を取り上げ、戦前の都市運営や支配の構造に迫った一二本の論文から成る。いずれも都市装置そのものを分析するよりも、むしろそれをめぐって繰り拡げられるさまざまな主体間の相互作用を具体的かつ実証的に研究することに重きを置いている。

都市装置をめぐる主体のなかには、計画・建設に当る行政担当者・技術者、経営・維持に当る者、それを利用する市民・団体、近隣の地域社会、住民の支持調達に熱心な政党、経済利益の実現を目指す資本・メディアなど、多様なアクターが含まれる。都市の統治とは、これらの多元的な主体が、自らの「公益性」「正統性」「合理性」を掲げて、他の主体と対立・協調関係を築き上げていく相克過程にほかならない。本書では、二〇世紀初頭における都市交通の基幹をなす市街電車、都市の衛生環境を持続させる上で不可欠な屎尿処理システム、治安維持を担う軍隊、第一次大戦後に現れた市場・マーケット、新たなコミュニティーの紐帯としての役割を期待された一九三〇年代の神社などをもとに、都市の「公共性」の確立がいかに困難で複雑な過程を経るのかが、東京・横浜・横須賀など各地の豊富な事例で明らかにされている。

一方、戦間期に東京・横浜が外延的に拡大していく過程で、都市装置が郊外開発に大きな役割を果したことは容易に想像できるだろう。しかし水道一つをとっても、自前の町営水道を敷設するのか、周辺都市からの市外給水に頼るのか、民間水道に期待するのか、あるいは現状維持を貫くのか、など地域開発の志向は実にさまざまである。市域拡張の過程は、都市が膨張していく過程と単純に捉えられがちであるが、こうした周辺部の都市装置をめぐる主体間の相互作用を内在的に分析することで、より立体的な都市史を再構築することも可能であろう。本書では、東京・横浜の中間にあたる荏原郡や橘樹郡の水道問題や池上本門寺、大東京のなかで新たな位置づけを与えられていく多摩地域の墓地・公園を取り上げている。

このほか、都市装置の建設・維持に不可欠な資金（財政）の問題と、市街地開発に携わる技術者の動向と彼らを支えた統治の論理を扱った二論考も収録している。前者は一九三二年の大東京成立と隣接町村の財政問題との関わりを検証したもの、後者は区画整理事業の担い手とそこで共有化されたイデオロギーに焦点を当てたものである。

自治体史編纂など地域の歴史研究の最前線に関わってきた執筆者が多いだけに、各論文の実証性・具体性は極めて高く、ユニークで内容豊かな論文集になったものと自負している。是非ともご一読を願う次第である。

［まつもと　ひろゆき／横浜市史資料室調査研究員］

多喜二《タキジ》と二十世《ハタヨ》――『松岡二十世とその時代』脱稿する

松岡　將

二十世紀の劈頭、一九〇一年二月生まれ故に、祖父がそのことに因んで「二十世」とされた父の名前は、字そのものは易しいのだが、ひと様に最初からルビなしで正しく読んでもらうのは、まず難しかったようだ。人の名前は時として、その人の人生に思いがけない種々の小劇と、そしてそのこと故の波及効果をもたらすことがあり得るのだが、多喜二とわが父松岡二十世との関係などは、このような名前による小劇とその波及効果の典型であった。

終戦直後の旧満洲国の首都新京で、十歳の時に父と別れた私は、その後シベリアで長らく消息不明のままだった父の生涯については、少年時代、無関心で、ほとんど何も知るところではなかった。その彼が、多少なりとも社会的に認知されていた存在であったことを始めて悟り、彼に興味を持つに至ったのは、私が十八歳時、東大駒場の寮生になりたての頃、寮の先輩から、「小林多喜二の『轉形期の人々』の中に出てきているのは、もしかして君の父君ではないか」、と尋ねられたときだった。実際、『轉形期の人々』にあたってみると、そこには、「一九二四年の夏」、当時まだ未開の北海道商工業の中心地で、労働運動揺籃期の小樽に、「東京から……やつて來た」、「スッキリした顔立ち」の、「學生の名前は、「松山幡也《まつやまはたや》」といふ、めずらしい名前だつた」とあり、松山幡也がめずらしい名前かどうかは別として、母から聞かされ、そのことだけは知っていたエンゲルスの『ドイツ農民戰爭』の翻訳のこととか、前後の関係などからして、この学生が父であることを確信したのだった。

それから半世紀ほどが経って、父の名前の由来だった「二十世紀」も過去となり、杜甫が古来稀と言った年令に近づきつつあるころ、私は、何よりも現世的苦労のかけ通しだった母の供養のために、シベリアで死んでいってほとんどが埋もれたままとなっていた父二十世の生涯の「探索・発掘」を思い立ち、残る人生、怠惰心に鞭打って、あてどなき旅路へと出発したのだった。

数少ない父の足跡を追っての、北海

道、満洲、シベリアなどへの現地旅行や図書館暮らしに過ぎゆくある日、古い文書類の中にふと見出したのが、一九二七年三月十六日付の、紛れもない親父直筆の、情報第一号と題するガリ版刷りのビラだった。そこに彼の特徴的な字で記述されている主張や事柄は、磯野富良野農場小作争議の、まさにその時点にあって小樽で戦われていた最終局面そのものであった。そしてそれはまた、多喜二の『不在地主』の最終部分、「十二手を握り合つて」以下において、随所に、そのビラと全く同一の文章があらわれる、いわば二十世が多喜二に乗り移って書かせたと思わせるが如きものだった。

『不在地主』が書かれそして発表された昭和四（一九二九）年秋にあっては、その最終部分、小樽での「戰ひ」の、これまで知られざる主人公であった父は、すでに北海道三・一五事件により治安維持法違反として網走監獄で服役中であり、北海道農民運動は、わずか二年前の富良野争議や月形村争議当時のかがやかしい高揚時から一転して、展望なき壊滅状態にあった。そのような暗闇つのる日々だったからこそ、多喜二は、一条の光明を若き農村青年健ちやに托して、彼が恋人節《さだ》の願いをふりきり、「固い決心で旭川に出て行き」、「そして「農民組合」で働き出した」として、この物語を閉じていた。

その後、多喜二は、ますます強まる弾圧のなか、昭和五年に上京し、他方二十世は、同七年初頭まで網走監獄に在監、釈放後も再び旭川で北海道農民運動に専心し、二人が直接接する機会はなかったのだが、昭和八年、多喜二がその死の前に東京で書いていた未完の『轉形期の人々』には、十年前の北海道、小樽、そしてめずらしい名前の父二十世への多喜二の切ないノスタルジーが込められているように思える。

『松岡二十世とその時代』は、十年近くにわたる親父探索・発掘の旅路の結果である。それはまた、私にとって、時代の子の如くであった父のみならず、多喜二など、激動の昭和という時代を真摯に生きそして死んでいった父の周囲の人たちになり代わって、波乱の昭和現代史を生きてみる試みでもあった。この旅路を終えるにあたって、その方向付けへの貴重な鍵を残しておいてくれた多喜二に感謝し、改めてその冥福を祈りつつ、我が筆を擱きたい。

松岡将（まつおか すすむ）
一九三五年北海道樺戸郡月形村生まれ。四一年渡満。大連・新京で幼少時代を過ごし、四六年仙台へ引揚げ。東京大学を卒業後農林省入省。八六年退官。

〔自著を語る〕

『格差は「見かけ上」か――所得分布の統計解析』

木村和範

所得格差は、人口高齢化によって「見かけ上」拡大したにすぎない、所得格差の大きな高齢者層が増加したために社会全体の格差が拡大したのであって、それ以外の年齢層では、言われるほどに拡大していないなどの論調が、世紀の転換点あたりから、少なからず見られるようになった。さすがに最近では、実質賃金の低下、雇用情勢の悪化などの深刻な経済状況を反映して、格差もさることながら不況下の生活環境にかんする議論が盛んである。

そのようななかで、あえて本書を刊行したのは、「見かけ上」の格差を検出すると言われる指標（平均対数偏差）が期待通りの機能を果たすかどうかを方法論的に考察しておかなければ、今後も似たような状況のもとでは、この計測指標が繰り返し使用されることになりはしないかと考えたからである。

しかし、代案を欠いた方法論的な検討は説得力に乏しいという批判が、これまでにもあった。このことから、本書では「見かけ上」の格差を検出するとされる平均対数偏差の有効性を吟味するとともに、それに代る格差の計測指標（全年齢階級にかんする標準偏差（＝総変動）の要因分解式）を数学的に誘導し、それを実際の統計に適用して、五歳間隔の年齢階級がそれぞれ総変動にたいして果たす寄与を計算した。さらにまた、「人口構成が基準時点と同一であれば（人口高齢化が進展しなかったとすれば）」という仮定を設けて、人口構成の影響（人口動態効果）を計測した。これらの一連の計算によって、六五歳以上の高齢者層の平均年収はさほど大きくないこと、そして（標準偏差で計測した）所得格差も他の年齢階級に較べて著しく大きいとは言えないこと、それにもかかわらず、高齢者層が総変動にたいして（「見かけ上」ではない）顕著な寄与を果たしていることなどを数値で示し、その数学的な根拠が年齢階級別標準偏差と総変動にたいする年齢階級別寄与とはイコールではないという要因分解式の数学的性質にあることを述べた。年齢階級別の標準偏差が小さくても（格差が小さい年齢階級でも）、その世帯数が多ければ、それだけ総変動にたいしては大きな寄与を果たすのである。それとともに、人口動態効果の計測指標を構想して、その値を計算した。

本書における計算では、全国消費実態調査（総務省統計局）の匿名個票データ（一九八九年から二〇〇四年までの五年ごとの四回分のミクロデータ）を使用した。六〇年ぶりに統計法が改正されて、研究目的によるミクロデータの使用環境は以前の比ではなくなった。さまざまな『白書』にはミクロデータを利用した独自集計にもとづく分析結果が公表される一方で、原データをもたない『白書』の読者が、その内容を検証も反証もできない状況を考えると、隔世の感がする。表計算ソフトとPCの機能向上により、特別な統計パッケージ・ソフトを用いなくても、膨大であるとは言え、提供される数万程度のレコードであれば、問題なく処理できる。提供されたミクロデータは全個票の八〇％であり、本書で使用した「世帯類型別・年齢階級別年間収入」については、二人以上世帯では二五〇〇万円以上が、また単身世帯では一〇〇〇万円以上が、それぞれトップコーディング処理を施されて、二五〇〇万円、一〇〇〇万円になっている。このため、本書の分析結果は、公表される結果数字とは異なる。また、使用したデータの鮮度が低いため、分析結果の即時性については難点がある。本書では考察の力点を方法論的検討に置いた理由は、そのことにもある。

［きむら かずのり／北海学園大学長］

三行半研究余滴⑦

夫の書く三くだり半の内容に妻は異議を唱えることができたか

高木　侃

今回の離縁状には関連文書があり、結婚から離婚にいたる経緯がわかる。

まず離縁状であるが、これは下案(下書き)で、あらためて書き直して交付したに違いない。その離縁状の写真と釈文(解読文)を以下に掲げる。大きさはタテ一五・〇、ヨコ九・五センチと小さく、メモといえる。

差出申離別一札之事

其元義、対此方不和合ニ付、今般離別致候所相違無之候、自今対其許差構候義少(カ)も無之候、依之離縁一札入置申所如件

下書の所為《せい》か、差出人・名宛人、それに日付もなく、行数も三行半ではなく四行である。

本文の読み下しはつぎの通り。

そこもと義、この方に対し不和合につき、今般離別致し候《そうろう》ところ相違これなく候、自今そこもとに対し、差し構え候義少しもこれなく候、これにより離縁一札入れ置き申すところくだんのごとし

離縁状には三通の附属文書がある。

嘉永五(一八五二)年十二月二十四日付の、結婚にあたっての「送り一札」がある。これによれば、武蔵国播羅郡下奈良村(現埼玉県熊谷市)庄兵衛後家娘「かめ」は村内の名主吉右衛門拾子門助二十三歳を婿に迎えた。送り一札の上包みの裏に離婚にいたる経緯が書かれている。「かめ」は他家の下男・六蔵に「心懸」て、欠落《かけおち》することと三度。六月朔日にも逃げたが、五人組三名が立入り、幾度も交渉して、ようやく七月十六日に決着をみるが、わずか半年余の結婚生活であった。済方(示談)の内容は、次の通り。

金三両が離婚慰謝料。他家の下男と逃亡を繰り返した不埒の妻は夫を嫌い、

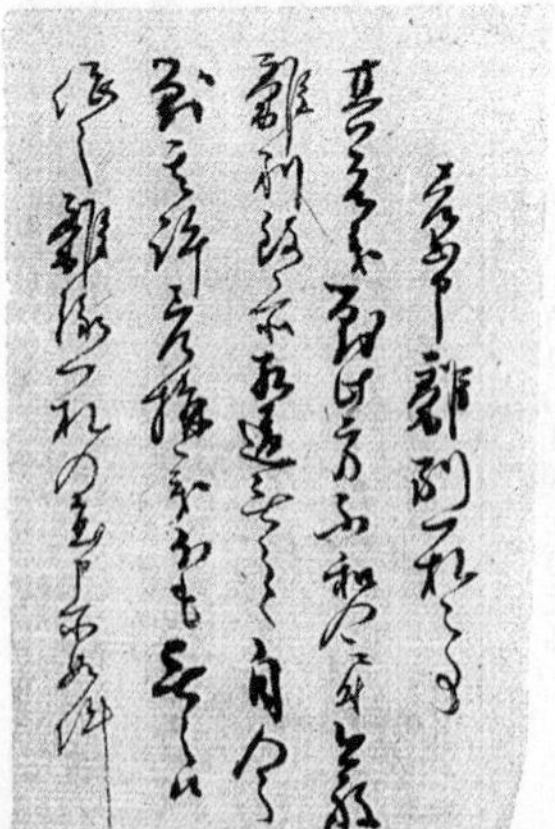

離縁状下案

妻の方から離婚を求めたはずで、「離婚請求者支払い義務の原則」に則り、妻方がこの三両を支払ったと思われるが、「庄兵衛方え縁切として受取」とあり、文字通り読めば庄兵衛（妻）方で受け取ったように見える。「より」と書くべきところ「え」と誤記したものと考えたい。

慰謝料三両のうち二分は妻方から暮れに祝いとして遣わされたもので、世話人に返し、離婚成立の十六日夜、婿方では残金二両二分と持参諸道具を引き取っている。このとき離縁状もしたためて渡したが、のちの再婚に条件を付けた。写真一行目の後半部分である。

風聞男貰候節ハ故障も可申由書入候処、御抜被下候様強て申ニ付、世ハ人方より右男ハ為貰申間敷由書付取置、離縁一札相渡申候、七月十七日昼後皆済相成候事

つまり噂の男六蔵との再婚は禁止する旨書き入れてあったところ、妻方からこの文言は抜いてほしいと強いて願うので、世話人方からその旨の書付を取り置き、右文言を除いた内容の先の文面の離縁状が渡され、翌十七日昼過ぎすべて解決をみる。

離婚はまたつぎに再婚を予定しているので、再婚免状とも再婚許可証ともいわれる。多くはだれと再婚しても構わないとしたためるが、なかには再婚に条件をつける夫もあり、それも有効だった。多くは夫以外の男性と悪い風聞でもあれば、かれとの再婚を禁止した。また再婚禁止の特約は、特定人との場合だけでなく、再婚の場所と期間についてつけられることもあった。

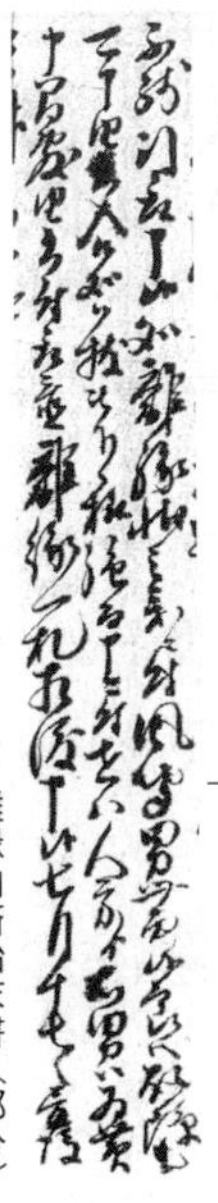

離縁内済始末書（部分）

さて、妻方では、なぜ風聞の男との再婚禁止を了承し、そのことを約束した「入置申一札之事」を渡しておきながら、離縁状からはその文言を削除してほしいと願ったのであろうか。離縁状の文言の効力が他の文書のそれよりも強固だったからではなく、再婚にあたって人別送りを名主に依頼するとき、前婚解消の証明である離縁状の提示をもとめられる場合があり、そのとき先の不埒（旧悪）があからさまになることを嫌ったからと考える。いずれにしても夫の書く離縁状の内容に妻方から異議を唱えることができ、そうした事実があったのである。

［たかぎ　ただし／太田市立縁切寺満徳寺資料館名誉館長・比較家族史学会会長］

神保町の窓から

▼去る五月一三日付で、法律・経済書専門取次「明文図書」から「自主廃業の通知」が届けられた。しばらく前から小さな噂は出ていた。譲渡か、合併か、倒産か……等々。異例の「今後の事業方針について」と題した決意の文書も見た。風評対策だな。われわれにも体験がある。落ち目のときは、いろいろやることに思いつき、何をやってもうまくいくように思えるのだが、実は何をやってもうまくいかないものなのだ。だから、と言っては済まないが、「自主廃業」の決断にはなぜか連帯できた。経済書も、実務書も売れてない。わが社をみれば自明だ。見栄を張り続けても傷を深めるだけだ。なにがしかの余力のあるうちの廃業は賢明な選択だと思う。瀕死になってしまったら、版元への精算もままならず、したがってそれは負い目となり、神田村を朗らかに歩くこともできなくなってしまう。

資本主義社会というのは、儲けた奴が紳士で、損したり赤字続きの会社の社長は劣等生とされるいや〜な社会だが、それでも最近では少し変化したのだろうか。この神田村でも、「アコギ」な奴は白い眼で見られるようになった。労働者を低賃金で追い回している社長や労務、経営について隠し事をする会社、そんなのはまず女子社員に嫌われる。明文図書にはそんな風潮はみられなかった。

明文図書は、その誕生を大正時代にまで遡ることが出来る、神田村取次の老舗である。先代も先々代も、まるで古武士のように、社会科学に照準を定め、小取次の風格を守ってきた。わが社も創業して間もなく取引を始めた。誰も覚えていないだろうが、橋本部長や、横山さん、山口さんや河村さんなどの名前が思い出される。みんな青年だった。商いはトーハン、日販に次いで結構な額があった。八〇年代初頭の、わが社絶命寸前にしてくれた対応は忘れられない。金の支援はなかったが、毎晩のようにヤキ鳥や三幸園の餃子を振る舞ってくれ、私を元気づけてくれたのだ。思いだすと胸がジンとなる。

五月一七日、廃業の説明会。神田の日本教育会館の大講堂には数百人が集った。社長は「余力のあるうちに自主廃業する」と切りだした。普段のニコニコ顔が少しうつむき加減だ。「七月を目途に全取引先と円満に精算を終えたい」と説明する。社長の声は、脅しでもなく、泣きでもなく、まさに真摯な意思表示であると受け取れた。

一通りの説明のあと、何か質問はないかと社長。A出版の営業マン、威勢よく手をあげた。やり手の営業マンらしい。「（説明書もなく）ただ七月に精算すると言っても、信用する何もない。どうしてくれるか」社長「今は、どうするつもりと、それを理解していただくお願いしかできません。信じていただきたいのは、私の言葉です」Ａ「なんだそれっ、会社に帰って何と説明すればいいんだ」。甘ったれてはいけない。そんなこと自分でかんがえろ、私は耳をふさぎたくなった。今まで大した取引があったであろうことが予測出来るその版元が、苦渋の決断、自主廃業を発表する、ずぶ濡れの社長にあびせる言葉だろうか。

ここにも資本主義の法則が流れている。敗けそうな奴に追い打ちをかけて息の根を止めてしまう群狼の姿である。これに似たことは、二〇〇一年暮、人文書専門取次鈴木書店の倒産のときにもあった。今まで世話になってきたことをたちまち忘れて、落ち目、弱目を足蹴にするケチな野郎たちの本性である。この小誌が出来るころ、八月、明文図書は一銭の踏み倒しもなく、各版元とも美しく精算をすませているはずだ。四二年間にわたる歴史的取引、明文のみなさん、ありがとうございました。心から御礼申し上げます。

▼六月二三日の沖縄戦没者追悼式典の中継をじっと見つめていた。仲井眞県知事と安部首相のおことばには温度差と距離がある。これは安保条約があるかぎりちぢまるまい。講和何年、復帰何年、安保何年と周年を数えてみても、あまり意味のあることではない。みんな敗戦とその後の条件が決められた経緯を承知していない。戦争を知らない世代がほとんどになった。「もうあやまちはくりかえしません」と本気か正気で言える人はどれだけいるだろうか。戦争の体験者ならまず言っていい。だが、戦後生まれが言うとき何が大事だろう。戦争を語り継ぐ、それはいい。だが、昔話を語り継ぐのとは訳がちがう。「あの戦争は間違っていたね」「あの戦争は天皇と軍隊がやったのだよ」「私たちはだまされていたんだよ」「戦争はしてはいけないよ」これらのことは言ったり語り合ったりしてもいいが、そこに自分という「個」がいない。他人事なんだ。「戦争をやったのはオレの親父たちだ」という親近感も薄らいだ。戦争は遠い昔のお話になり、浅間山荘もオウム事件も知らない子がいる。追悼式典で小学一年生の安里クンが「へいわってすてきだね」と自作の詩を披露していたが、そこに謳われていたのは、何の変轍もない日常がつづくことの大切さだった。それに気づき作詞した安里クンが一番いい演説者になっていた。（吟）

新刊案内

価格は税別

萌芽的科学技術と市民—フードナノテクからの問い
立川雅司・三上直之編
私たちの食卓めがけて開発が進むフードナノテクノロジー。その潜在力とリスクを見すえた政策が求められている。革新技術のガバナンスにおける消費者・市民の役割を問う。
A5判　三三〇〇円

装幀：渡辺美知子

〈激動のインド①〉
変動のゆくえ
水島司編著　人口変動や農業生産の推移などにみられた環境の長期変動を検証し、これからのインドにおける食料需給予測、そして環境問題をどう考えていくか。
A5判　四〇〇〇円

所有と進歩—ブレナー論争
R・ブレナー／長原豊監訳／山家歩・田﨑愼吾・沖公祐訳
A5判　四二〇〇円

ミャンマーの夜明け
加賀美充洋著
四六判　二〇〇〇円

〈シリーズ　社会・経済を学ぶ〉
経済学にとって公共性とはなにか
—公益事業とインフラの経済学
小坂直人著
A5判　三〇〇〇円

〈シリーズ　社会・経済を学ぶ〉
現代社会は持続可能か—基本からの環境経済学
古林英一著　環境問題の解決なくして人類の将来はない。環境問題の歴史と環境経済学の理論を概説し、実施されている政策と現状を環境問題の諸領域別に幅広く解説する。
A5判　三〇〇〇円

〈アメリカの財政と分権　第2巻〉
アメリカの分権的財政システム
加藤美穂子著　州・連邦関係の主軸であるメディケイド補助金の増加プロセスに内蔵される分権的メカニズムを分析し、自立と自助に価値を置く分権システムの本質を解明。
A5判　三六〇〇円

松岡二十世とその時代—北海道、満洲、そしてシベリア
松岡将著
A5判　四八〇〇円

日本鉄道史像の多面的考察
宇田正著
A5判　六〇〇〇円

インヴィジブル・ウェポン
—電信と情報の世界史1851—1945
ヘッドリク著／横井勝彦・渡辺昭一監訳
A5判　六五〇〇円

戦後型企業集団の経営史
—石油化学・石油からみた三菱の戦後
平井岳哉著
A5判　六九〇〇円

経済地理学年報 Vol.59 No.1
B5判　二五〇〇円

日本経済思想史研究第13号
B5判　一五〇〇円

第26回日本産業技術史学会学会賞を受賞しました
東アジア工作機械工業の技術形成
廣田義人著　戦前期から今日までのアジア各国の工作機械工業を取り上げ、特に発展途上期において重要かつ特徴的であった経営上、技術上のテーマを、発展過程の比較検討も行いながら扱う。
A5判　五六〇〇円

評論　第192号 2013年7月30日発行
発行所　日本経済評論社
〒101-0051 東京都千代田区神田神保町3-2
電話 03(3230)1661
E-mail:info8188@nikkeihyo.co.jp
FAX 03(3265)2993
http://www.nikkeihyo.co.jp
〔送料80円〕

第1部　西洋統治下の中国都市社会

第1章　ドイツ統治期の青島経済にみる「公共」と「非公共」
――山東農産品輸移出の流通を中心に――

浅田進史

はじめに

一八九七年一一月一四日、ドイツ東アジア巡洋艦隊は中国山東半島に位置する膠州湾を占領した。翌年三月六日にドイツ・清政府間で膠州湾租借条約が締結された後、四月二七日にドイツ皇帝ヴィルヘルム二世は、一方的に膠州湾租借地をほかのドイツ植民地と同等の法的地位に置くことを宣言した。そして、同地には本国海軍省管轄下の行政機関として膠州領総督府が設置され、実質的に植民地支配が開始することになった。占領以前から膠州湾を調査していたドイツ海軍省の政策担当者は、膠州湾口東側に位置する青島を将来のドイツ拠点の港湾都市として開発することを意図しており、占領後ただちに建設が開始された。その後、第一次世界大戦を機に日英連合軍によって陥落するまで、膠州湾租借地はドイツ統治下に置かれ、青島は東アジアにおける唯一のドイツ植民地都市として存在した。

植民地化の過程で植民地統治者が「公共」を語ることは珍しいことではないだろう。膠州湾租借地の場合、中国系住民の裁判手続き・処罰方式を規定した「華人の法環境に関する条令」(一八九八年七月一日公布、一八九九年四月一五日改正)の第五条のなかで、「公共秩序の利益」に反する行為が処罰の対象と定められていた(浅田[二〇一一]一〇四頁)。ここでは、支配者が被支配者として中国系住民を設定し、両者の非対称的な権力関係を維持するために「公共」が語られている。このような非対称的な権力関係を前提に植民地支配者が利用する「公共」は、はじめから公共と呼ぶに値しないと言えよう。本来、植民地支配下にある社会のなかに公共的なるものを求めること自体の妥当性が問われなければならないと考える。したがって、「近代的公共」とその外側にある「非公共」との間の多様な関係性を再検討しようとする本書の問題設定を積極的に受け止めるならば、本章の課題は、ドイツ統治下の青島都市社会を事例に、植民地権力が語る「公共」とその埒外に置かれた非公共の営みとの関係性を論じることになるだろう。

ここで、あらかじめ本章の仮説的な枠組みを提示しておきたい。まず、ドイツ植民地権力の側にとって、公共の外側にある非公共は、ヨーロッパ近代という価値基準からみれば、他者の旧態然とした存在であり、包摂することによって消失すべきものか、あるいは包摂しきれないのであれば区分けし、劣位に置き続けなければならない。しかし、この非公共的な生の営みの有意性は容易に消え去ることはない。非公共的な生存のあり方は、植民地権力が想定する公共と対立するだけでなく、その想定を超えて、公共と積極的に関係を取り結んで、それを活用するか、あるいはほとんど関係をもたずに存続していく。それればかりではない。植民地社会が何らかの危機に直面したとき、植民地権力側がこの非公共の資源を動員するか、あるいはその営みに依存して、危機を切り抜けようとする局面も生じる。

膠州湾租借地におけるドイツ統治に関する先行研究では、中国系住民が植民地権力と対立するだけではなく、近代性を積極的に取り入れ、その近代的な規範・実践を通じて自己の社会的立場を向上させていく局面が指摘されている（Mühlhahn［二〇〇〇］、孫［二〇〇九］）。本書の枠組みから言えば、それは非公共的な存在が自ら植民地権力が規定した「近代的公共」に積極的に参入し、それに自己を適応させせる過程とみることができよう。しかし、公共と非公共の関係性は、非公共的な存在が公共へと向かうベクトルだけに限らないだろう。本章では、公共と非公共の多様な関係性を浮き彫りにするために、公共的なるものを規定する植民地権力が非公共的な生の営みにかえって依存せざるを得ない局面に焦点をあてたい。

本書の事例の場合、この植民地権力の非公共への依存を論じるには、青島港を経由して中国沿岸諸港・東アジア市場・世界市場へ輸移出された山東農畜産品流通の動態を題材に取り上げることがもっともふさわしいだろう。なぜならば、膠州湾租借地は山東地域経済のヒト・モノ・カネ・情報の流通拠点であること、そして山東地域経済をより広域的な経済空間、すなわち東アジア経済・世界経済と接合させる植民地として建設されたからである。

膠州湾租借地を管轄した海軍省長官ティルピッツは、膠州湾占領以前に東アジア巡洋艦隊司令官として自ら同湾を実地調査した人物であり、彼は当時イギリス植民地であった香港・シンガポールをモデルとして青島を建設することをもくろんでいた。その植民地は、同時代のドイツ植民地経済論のなかで「商業植民地」(Handelskolonie)と分類された。この植民地は、「移住植民地」・「プランテーション植民地」などのほかの植民地類型と異なり、支配領域を限定したうえで、地域経済間の流通を促し、また地域経済を世界経済に包摂するための「門戸開放」的な流通拠点とすることが意図された(浅田[二〇一一]第二章)。この構想は、一九世紀半ば以降のいわゆる「強いられた自由貿易」の延長線にあったといえよう(平田[二〇〇〇]、籠谷[二〇〇〇]、秋田[二〇〇三]、清朝政府側が利用した側面については、村上[二〇一〇])。

「商業植民地」としての青島に想定された流通機構とは、まずもって従来以上に大量かつ迅速な輸送が可能な汽船であり、またその汽船が発着可能な港湾施設であった。そして、鉄道を通じて港湾と内陸を直接に結びつけることで、山東経済をより広域的な経済圏と統合させることが望まれていた。それだからこそ、膠州領総督府は、ドイツ帝国議会に提出した年次報告書「膠州領の発展に関する覚書」(Denkschrift betreffend die Entwickelung des Kiautschou-Gebiets)のなかで、近代的な流通機構を体現する港湾施設の整備状況、汽船の発着隻数・トン数の推移、鉄道の建設状況・貨物輸送量・乗客数の推移といった情報を、植民地化の成果としてドイツ語で公表したのである。

これに対して、いわゆるジャンク船とよばれた中国民船の動向や荷車などによる陸上輸送を中心とした在来の物流の動向については、ほとんど言及されなかった。このことは、行論で述べるように、膠州領総督府が在地の流通機構に関心がなかったことを示すものではない。そうではなく、それらがドイツ本国社会および青島在住ドイツ人社会に向けて語るべき公共的な関心事の枠外に位置づけられていたためと考えられる。

山東鉄道が全線開通し、大港の埠頭運営が開始された一九〇四年は、青島における流通インフラ整備が一段落した年であった。その一九〇四年から一九一三年までの間、青島港の貿易量は急速に増加した。とくに、外国産品純輸入額が八七四万六七六八海関両から二六二〇万七九一五海関両へとおよそ三倍の増加を示したのに対して、中国国内移出額も含めた中国産品輸出額は六二四万九〇七一海関両から二五六九万二三七三海関両へとおよそ四倍の増加を示した。したがって、この青島港の貿易量の増加に、中国産品、すなわち山東農畜産品の輸移出が寄与した割合は、きわめて大きかった。この山東農畜産品を内陸部から集荷した担い手は中国商人層であり、膠州領総督府が、ドイツ本国に向けた年次報告書で公表しなかった、その流通部門があればこそ、青島港の物流は存立しえたのである（浅田［二〇一一］第四章）。

膠州湾租借地および山東におけるドイツ統治に関しては、おおよそ二つの理解がある。まず、山東を勢力圏化しようとするドイツの企図を阻んだ中国地方官僚による近代的なナショナリズムを見出す一方で、ドイツの青島統治・山東鉄道事業を山東経済の近代化を促したものと評価するものである（Schrecker［一九七一］）。この近代化テーゼに対して、植民地権力が近代性を浸透させる規律化の様相を分析することで、その近代性を我がものとし、植民地権力と対立・協調の両面をもちながら交渉する中国人エリート層に焦点をあてる研究がある（Mühlhahn［二〇〇〇］）。

しかしながら、この近代化あるいは近代性を軸とした分析枠組みでは、本書が問う非公共的な生の営みは、それが対立的であろうと協調的であろうと、つねに「近代的公共」へ向かう存在として理解される。これに対して、本章では、植民地権力によって想定された公共的な流通部門が、むしろ非公共的なそれに依存する局面を浮き彫りにする。近年、山東経済史では、一八六一年に煙台に対外貿易向けの税関である東海関が設置された後に、山東経済と対外貿易との結びつきが強まるとともに、沿岸部の開港場へと商人が集まり、現地の商品や資本の流通機構が変容したことが指摘されている（庄［二〇〇〇］）。また、青島在住中国商人層の動向についての研究も現れている（孫［二〇〇九］）。

本章では、こうした先行研究を踏まえながら、まず第1節と第2節でそれぞれドイツ占領以前の膠州湾経済と膠州領総督府の流通政策について説明する。この二つの節の多くはすでに発表した内容と重複するものの、本章での議論の前提となる部分なので、行論に必要な限り簡潔に記述する（浅田［二〇一一］第二章・第四章）。そのうえで、第3節では、ドイツ統治期の青島経済で欧米市場向けの最大の輸出商品になった麦稈真田の流通のあり方について整理する。そこでは、汽船・鉄道といった「近代的公共」を体現するような新たな流通手段の外側で、在来の流通機構が大きく広がっていたことが示されるだろう。第4節では、一九〇七年秋にアメリカ合州国に端を発した金融危機がもたらした不況に対して、在来の流通手段がいかに機能し、青島経済への打撃を緩和したかについて、膠海関の統計資料をもとに分析する。この作業を通じて、植民地経済が危機的な状況に直面するなかで、「近代的公共」がその埒外にあるとみた非公共の領域に頼ることで、その危機を切り抜ける様を再構成したい。

1　ドイツ占領以前の膠州湾経済——南北交易の要路として——

ドイツ統治期の同時代文献では、占領以前の青島は小漁村として描かれるが、膠州湾経済の歴史を考慮すれば、その記述は誤った認識を導くものである。唐・宋の時代より、膠州湾は、中国南北交易の要地であった。北宋時代の一一世紀末に、当時の密州板橋鎮、すなわち膠州に北方で唯一の市舶司が設置されており、また金の時代にも榷場が設置され、南北交易の中継地としての地位を確保していた。さらに、元の時代には、山東半島の東南岸に位置する膠州湾と西北岸に位置する莱州湾を結ぶ膠莱運河が開通した。明清の時代には、膠州湾内にある塔埠頭と膠州湾近辺の即墨県金家口が煙台（芝罘）開港以前に山東で最も重要な港として繁栄していた。中国南北交易の中継地としての膠州湾には、江蘇・浙江・福建・広東からの商人が往来し、中国紙類・陶器・孟宗竹・砂糖・筵類などが移入され、また大豆油・落花生油・豆類・豆粕・胡桃・瓜種・春雨・干柿・漢方薬材などの山東産品が移出された（寿［一九八六］三頁、庄［二〇〇〇］五〇頁、孫［二〇〇九］三四六頁）。

第二次アヘン戦争後の一八六一年、山東半島北岸に位置する煙台（芝罘）に東海関が設置され、対外貿易に向けて港が開放されると、煙台が山東経済の対外貿易の中心となっていく。しかしながら、塔埠頭をはじめとした膠州湾内の港も沿岸交易の拠点としての役割を失ったわけではなかった。

塔埠頭は膠州湾内の北に位置し、行政所在都市膠州から六キロメートルほど離れた玄関港であった。一八五九年に国内関税である釐金税局が設置され、また一八六五年には東海関分関も設置されていた。一八五九年に山東沿岸諸港の税務調査を行った郭嵩燾は、塔埠頭にも訪れており、二〇余りの商家があり、なかでも「旧設行八家」として、福広行（孫公順）、杉木行（王徳茂）、綿花行（陳正隆）、驢騾行（匡吉成）、草果行（王祥升）、油餅行（孫裕盛）、醃猪行（徐徳順）、乾粉行（匡公聚）を挙げている。彼によれば、近年の貿易の一部は金家口へ、また一部は煙台へ移っており、塔埠頭は煙台開港の影響を受けていた（森［二〇〇九］四九九頁）。もともと膠州湾は浅瀬で干潟が多く、塔埠頭には大型の中国民船が直に入港できず、平底船に移し替えて水路を通じて荷揚げしていた。塔埠頭の水路はたびたび泥によって埋まったため、一八九二年に寧波・福建の資本力の大きな商船業者が資金を集め、さらに華南交易に関係をもつ五商家も資金を提供して、水路の補修を行った。しかしながら、その不便さを完全に解消することはできなかったという（ＣＭＣ［一九〇四］一〇二頁）。

図１

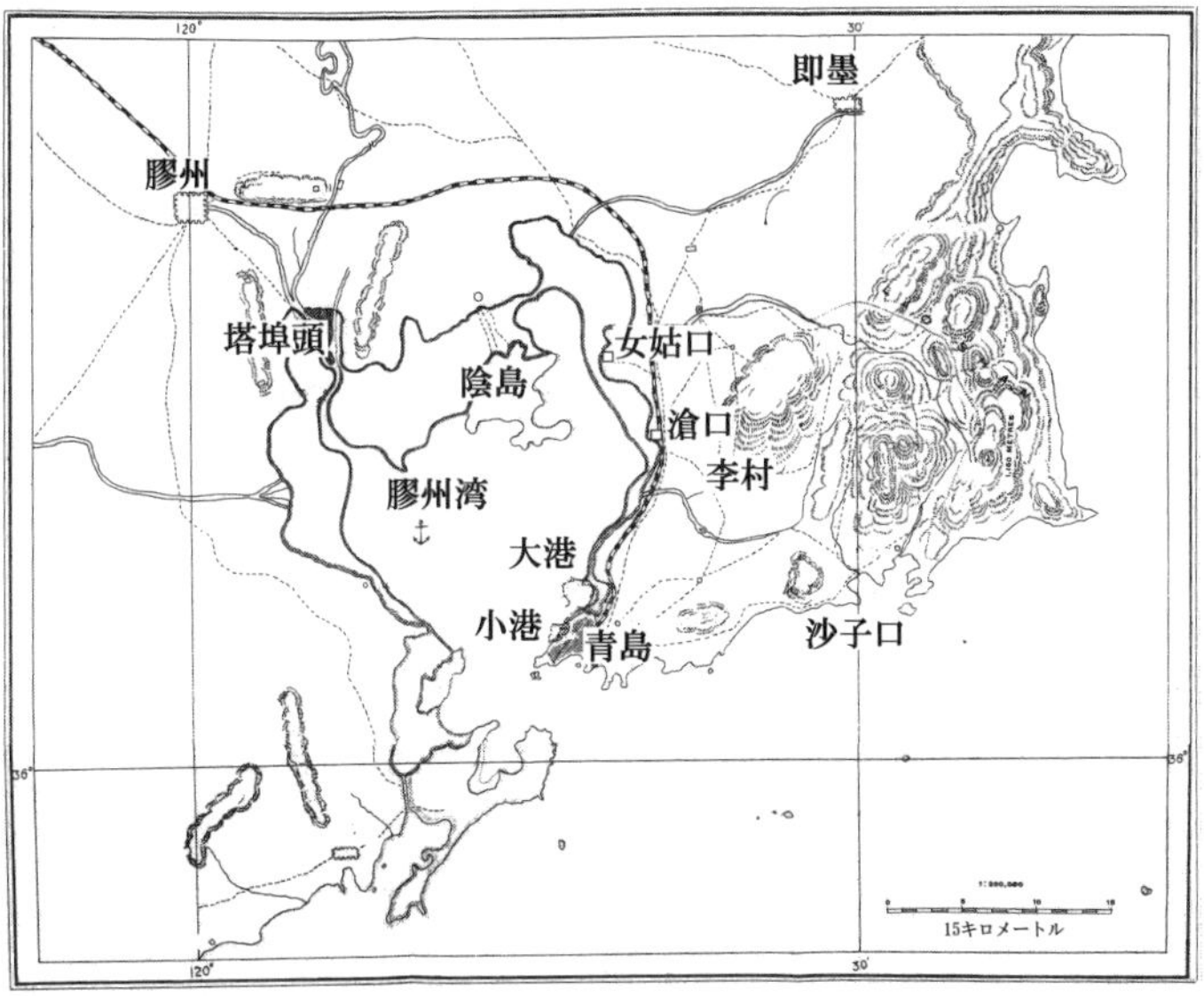

出所：CMC［1904］の付図より筆者加工。

膠州湾内の東岸には、明代に交易拠点となった青島口・女姑口があった。青島口は外洋に面した青島湾を有し、膠州湾口に位置していたため、主に海防の拠点として建設された。清末になると、一八八六年に当時ドイツ駐在公使であった許景澄が、ヨーロッパ各国が膠州湾に関心を寄せていることに警戒感を持ち、同湾の防備を整えることを進言した。これを受けて、一八九一年六月には李鴻章が山東巡撫とともに膠州湾を視察し、その重要性を確認した。そして、翌年、登州鎮総兵章高元が二〇〇〇名ほどの部隊とともに総兵衙門を移駐し、埠頭・砲台・兵営の建設が始まっている。また、清末の青島

表1　膠州湾に来航した福建・寧波民船隻数推移（1892-1899年）

	1892年	1893年	1894年	1895年	1896年	1897年	1898年	1899年
福建民船	43	64	49	54	62	44	44	34
寧波民船	52	50	41	53	55	50	54	56
計	95	114	90	107	117	94	98	90

出所：CMC［1904］, 117.

口は交易拠点でもあり、一八六五年に塔埠頭と同様に東海関分関が設置されている。その同年に、明代に建立された天后宮の修築事業が行われ、その碑文には六〇余りの商家・民船業者が出資したとされていた。つまり、清末の青島口は軍事拠点であると同時に中国沿海交易の拠点でもあった（寿［一九八六］一九頁、二九～三〇頁）。

これらの膠州湾の諸港に往来する中国民船には、まず一八〇～三六〇トンの積載量をもつ寧波民船（寧船）・福建民船（刁船）があった。表1に示すように、一八九二年に、あわせて九五隻が膠州湾に往来している。次に、江蘇省沿海の平底沙船があり、一五六トンの積載量をもつ大型船は主に上海から、九〇トンの積載量をもつ中型船は塩城・海州・潮河・阜寧などから、三六トンの積載量をもつ小型船は海州・青口・山東省南部の日照より往来した。最後に、山東沿海から往来する小さな山東民船があった（CMC［一九〇四］一一六～一一九頁）。このように、ドイツ占領以前から膠州湾は、塔埠頭を中心に、青島口・女姑口などの複数の交易拠点を有し、山東沿海地域、華中・華南を結ぶ中国民船の流通網と結びついていた。

2　膠州領総督府の流通政策

一八九六年夏に東アジア巡洋艦隊司令官として膠州湾を実地調査し、その後に海軍省長官となったティルピッツは、膠州湾占領後に設置された膠州領総督府を海軍省の管轄下に置いた。自らの体験に基づいて、彼は膠州湾占領以前から将来の中国拠点について明確な構想を抱いていた。まず、青島を東アジアにおけるドイツの香港とすべく、自由港制度を導入することである。次に、最新の港湾施設を建設することで、他の中国沿岸諸港よりも優位性を確保し、汽船航路を呼び込み、東アジア・世界市場の流通の結節点とすることである。さらに、山東省の省都済南まで鉄道を敷設することで、一方でドイツ製品の輸出販路を開拓し、他方で山東内陸部の資源、とくに石炭を東アジア市場・世界市場へ向けて輸出することであった。

この構想にしたがって、占領直後から一連の政策が実施された。まず、一八九八年九月二日、租借地全域が自由港として開放された。次に、汽船発着用の大港・中国民船発着用の小港の建設が始まった。港湾施設は、従来船舶が発着した外洋に面した浜辺ではなく、湾内に置かれることになった。大港が運営を開始するまで、中国民船用の小港が汽船貨物の取り扱いも同時に行った。一九〇一年一〇月七日に小港に蒸気機関によるクレーンを備えた桟橋が設置され、重量のある貨物の迅速な荷揚げを可能にした。そして、一九〇四年三月六日に大港の第一埠頭が運営を開始し、山東鉄道と大港の埠頭が直接結ばれることになった。同年六月一日、山東省の省都済南まで本線三九五キロメートルと鉱山区の博山まで支線四〇キロメートルを結ぶ山東鉄道全線が開通した（Reichsmarineamt［一八九九］五六二頁、同［一九〇三］五五九二頁、同［一九〇五］三〜四頁）。

青島港の汽船航路網の形成は、開港当初、ドイツ本国政府からの助成によって始まった。その助成を受けたのはイェプセン汽船会社であり、上海・青島・煙台・天津間の路線を四日もしくは六日おきに運行した。そのほかは、チャイナ＝ナヴィゲーション会社が週に一度、上海・青島間を運行するのみであった。しかし、一九〇一年にハンブルク＝アメリカ郵船会社がイェプセン汽船会社の政府助成航路を引き継ぐと、同社は、上海・青島間、ドイツ・青島間、神戸・青島間の定期航路を、さらに不定期に香港・上海・青島・仁川間の航路も運行した。さらに、青島港貿易の拡大とともに、一九〇八年までには、大阪商船会社、P＆O汽船会社、日本郵船会社が青島定期航路を開設していく。第一次世界大戦以前の青島は、このような汽船航路の拡大によって、中国沿岸諸港・神戸・ウラジオストクなどの東アジア流通網、さらには欧米市場と結びつくことになった（浅田［二〇一二］一三六〜一三七頁）。

膠州領総督府がドイツ帝国議会に提出した年次報告書には、上記のような汽船交通の拡張が毎年度かならず言及されていたが、占領以前に存在していた膠州湾の中国民船貿易についてはほとんど触れられない。しかし、総督府は中国商人層を決して軽視していたわけではなかった。一八九八・九九年度の報告書は、山東内陸部への輸入業の大部分に中国商人が関与しており、「良き中国人事業者たちを引き寄せること」が、青島経済の興隆にとって、「まったくもって根本的な前提条件」と述べていた。さらに、一九〇〇・〇一年度の報告書では、外国商品の輸入業では、ドイツ商人が山東内陸部へ販路を開拓することの困難さが指摘される一方で、中国産品の輸出業への期待とその分野でのドイツ商人の「中国商人と交際する能力」が要求されていた（Reichsmarineamt［一九〇〇］二八三三頁、同［一九〇二］二八八六〜二八八七頁）。

本来、青島の対外貿易を支える輸出主力商品は、膠州湾租借条約に基づいて設立された山東鉱山会社が採掘する石炭のはずであった。しかし、最初に開発が進められた濰県の坊子鉱区での採掘は順調に進まず、また採掘された石炭の品質も芳しくなかった。より期待された博山鉱区の開発も進められたが、結局、不採算により、山東鉱山会社は、一九一三年一月に山東鉄道会社に合併されることになった（Schmidt［一九七六］）。もともと意図していた山東地下資源が青島貿易の輸出主力商品として期待しえないならば、輸出部門を主導する別の資源を見出す必要があった。一九〇四年四月、青島に設置された対外貿易向け中国税関、すなわち膠海関のトップであるドイツ人税務司オールマーは、ドイツ休暇帰国中、海軍省長官ティルピッツに書状を送り、現在の青島経済が港湾都市化のための建設投資に依存しており、その港湾工事が終われば、青島経済は停滞することになるだろうとの警句を発していた（浅田［二〇一一］八三頁）。

輸出貿易の振興策として、膠州領総督府は、自由港制度を実質的に廃止し、青島港を山東農畜産品の輸出加工区とする経済政策の路線をとることになった。自由港制度は、青島港から中国国外市

表2　青島港輸出入貿易額推移（1901-1914年）

（単位：海関両）

年	外国産品純輸入額	中国産品純輸入額	中国産品輸出額	輸出入総額
1901	3,429,503	2,539,547	2,761,870	8,730,920
1902	5,845,394	2,229,856	2,269,392	10,344,642
1903	8,452,559	2,813,808	3,332,044	14,598,411
1904	8,746,768	3,867,969	6,249,071	18,863,808
1905	10,830,947	4,266,475	7,225,258	22,322,680
1906	16,940,667	5,100,800	8,470,914	30,512,381
1907	16,416,053	3,743,511	8,478,325	28,637,889
1908	15,718,278	3,902,310	12,033,307	31,653,895
1909	19,422,133	5,546,322	14,736,629	39,705,084
1910	20,653,319	4,755,890	17,171,415	42,580,624
1911	20,894,830	5,393,158	19,853,669	46,141,657
1912	23,955,281	5,757,450	24,999,360	54,712,091
1913	26,207,915	7,268,592	25,692,373	59,168,880
1914	18,204,018	3,005,740	16,597,990	37,807,748

出所：交通部煙台港務管理局編［1986］10～13頁。
注：1）外国産品純輸入額および中国産品純輸入額は国内外再輸出額を除いた値である。
　　2）中国産品輸出額には国内移出額も含めている。

場へ輸出する際に関税を課さない一方で、租借地と山東内陸部との間に関税境界線を引くものであった。その結果、物流を促進するはずの自由港制度がかえって内陸部から青島港への貨物の流通を遅滞させることになった。したがって、一九〇五年末に自由港制度から他の開港場と同様の関税制度に移行したことは、山東農畜産品が青島港へ搬入される際に、関税が課せられなくなることを意味した。そのうえで、国外市場への輸出の際に、中国海関によって低率の関税が課されたのである（同上、一二三～一二五頁）。

表2はドイツ統治期の青島港の輸出入貿易額の推移を表したものである。外国産品純輸入額も中国産品輸出額もいずれも急激な伸びを示しているが、中国産品

輸出額の方が高い伸びを示し、とくに一九一二年にいたってはは上回ってさえいる。中国商人層との取引を介した山東農畜産品の青島港への集荷は、膠州領総督府にとってきわめて重要な問題であったことがわかるだろう。

したがって、すでに一九〇〇・〇一年度の報告書のなかで、膠州領総督府が次のように述べていることは興味深い（Reichsmarineamt［一九〇二］二八八六頁）。

これらのジャンク船〔寧波民船の意――引用者〕の商品は今まで大部分が塔埠頭へ向かい、それらは売却されるか、あるいは地元の産品、主に落花生ないしは豆油と交換され、そして膠州へとさらに運ばれるまで、同地の大きな倉庫に保管される。この交易部門を青島へ引き寄せることが、総督府にとって最も重要である。

すでに前節で述べたように、占領以前の膠州湾にとって広域的な流通の中心地は塔埠頭であった。青島港の山東農畜産品輸出の促進を目指す膠州領総督府にとって、在地の流通網を青島へ集中させることが何よりも重要であったのである。

3　山東農畜産品の在地流通網の展開――麦稈真田を中心に――

ドイツ占領以前よりすでに膠州湾経済は、一九世紀半ばの中国沿海交易の変動の影響を受けており、それに対応して、行桟という新たな商業形態が現れつつあった。その出現は、開港場にヒト・モノ・資本が集中し、また世界経済との結びつきが強まりながら、商品生産と流通量の規模が拡大する過程に応じた商業形態の変化を表していた。山東経済も従来の商品流通のあり方が大きく変容する時期であった。すなわち、大量の山東農畜産品が内陸市場を経由して沿海地域へ流入し、また大量の外国製品が沿海地域を通じて内陸市場へ流入する大規模取引が展開し始めた時期であり、その取引に応じた新たな商業形態が求められていた（庄［二〇〇〇］二四五〜二四六頁）。

膠海関の報告によれば、塔埠頭での行桟の形態は次のようなものであった。寧波民船は、膠州の代理業者である行桟に貨物の売買を委託しており、寧波民船はたんに運送するにすぎない。寧波民船は到着するとただちに塔埠頭の代理業者の倉庫へ荷揚げし、輸出向け貨物を荷積みする。行桟はこの業務のために出資して、市場価格が有利なときに輸入品を販売する。また、膠海関報告は、代理業者を持たない福建民船の場合の不利益についても言及している。福建民船は代理業者を持たないので、市場価格が有利になるまで、数週間あるいは数カ月も荷揚げできずに塔埠頭の前で停泊しなければならなかったと指摘されている（ＣＭＣ［一九〇四］一一七頁）。

膠州領総督府が山東農畜産品のなかで最も早く注目した物産は、主に夏季の帽子製造の原料となる麦稈真田であった。一八六〇年代以降、麦稈真田は山東省の重要な産品になっており、一八七〇年後半には煙台から欧米市場に向けて輸出が始まっていた。すでに、一八九九・一九〇〇年度の報告書のなかで、総督府はこの麦稈真田が、将来、青島港を経由して対外輸出されることへの期待を語っていた。主要な産地であった莱州府の集散市場は掖県沙河であった。一九〇一年、沙河より麦稈真田を取り扱う五商家が青島に行桟を設立した。一九一一年前後に、青島で営業していた麦稈真田の行桟、すなわち辮行は一六を数えた（庄［二〇〇〇］二四九頁、二五四〜二五五頁、張［一九八二］五六一頁、Reichsmarineamt［一九〇二］七二四頁）。

麦稈真田の流通経路であるが、まず産地の農家から集散市場に居を構える辮荘へ納入された。一九一四年以前、山東各地の集散市場にはおよそ一〇〇家以上の辮荘があり、そのうち沙河が四〇家を占めた。辮行はこの辮荘と欧米輸出商との間の仲介業を主とするが、自ら輸移出を行うものもあった（庄［二〇〇〇］二五四〜二五五頁）。第一次世界大戦以前の青島における辮行をまとめたものが表3である。青島に本店もしくは支店を構えて麦稈真田輸出業に従事した欧米商社は数多いが、なかでもドイツ商社捷成洋行（H. Diederichsen & Co.）、フランス商社振興洋行（China Strawbraid Export Co.）、イギリス商社和記洋行（Cornabé Eckford & Co.）の取扱額が抜きんでていたという。総督府の統計によれば、一九一一・一二年度における青島港総輸出額三七〇〇万二四五六銀元に対して、麦稈真田の輸出額は一五三九万七一一銀元であり、およそ四一％を占めていた

表3　麦稈真田青島行桟一覧

商号	資本主	資本主原籍	営業主	営業年数
天祥永	杜文廷	莱州府沙河	朱式文	9年
乾順公	合資	同上	任錫山	3年
恒祥和	杜奎臣	同上	金世平	6年
乾和興	邱雪亭	同上	馬蘭階	3年
和盛昶	同上	同上	仲仙楼	14年
正祥桟	杜積軒	同上	杜積軒	14年
通聚福	張壽世	同上	宋雨亭	7年
福聚桟	同上	同上	楊少衡	16年
通聚桟	同上	同上	任約卿	4年
福和永	劉子山	同上	劉子山	16年
會旭祥	杜営楣	同上	姜雪軒	10年
恒盛隆	宋義山	同上	宋義山	4年
恒昇和	徐秩卿	同上	徐秩卿	4年
天祥徳	不詳	同上	孫建堂	3年
和盛桟	合資	同上	賈目挙	3年
洪祥益	不詳	同上	楊鴻前	9年

出所：青島軍政署［1917］34～35頁より筆者加工。

（青島軍政署［一九一七］三六頁、浅田［二〇一二］一二六～一二七頁）。

麦稈真田の多くは山東鉄道を通じて青島に輸送されたが、集散市場の近隣の駅まではもちろん、荷車あるいは――発送地も量的にも限定されていたが――中国民船で直接に青島まで搬送される場合があった。とくに興味深いのは、最大の産地沙河地方の事例である。一八九九・一九〇〇年度の報告書のなかで、総督府は、山東鉄道が完成すれば、沙河から最寄りの鉄道駅まで荷車で運搬された後は鉄道で一日かけて青島に運ばれると予想していた。しかし、実際には三、四頭のラバなどに引かせた荷車（「大車」）で三日半かけて直接青島に輸送する方が好まれた。なぜなら、鉄道を利用した場合でも、結局のところ二日半かかったからである。また、青島まで運搬すれば、運搬夫は帰りも荷物を運ぶ仕事の機会を得ることができたが、途中の鉄道駅までの輸送の場合、たいてい帰り荷がなかったため、運賃も高くなったという（Reichsmarineamt［一九〇一］七二四頁、青島軍政署［一九一七］二五頁）。

一九二〇年代以降、青島港の輸出貿易の主軸となったのは落花生関連商品であったが、その落花生貿易の場合も、青島港への集荷には、荷車によって鉄道駅まで、あるいは中国民船や荷車といった在来の流通手段によって青島港へ直接、搬送されなければならなかった（商務局貿易通報課［一九二二］九～一〇頁）。青島港に汽船・鉄道・港湾設備といった近代を象徴する流通手段が備わったとしても、その外縁には膨大な在来の流通網が存在し、またそれによって世界市場への輸出貿易が支えられていたのである。

4　一九〇七・〇八年の経済危機と在地流通網の対応

一九〇七年秋にアメリカ合州国で勃発した金融危機は世界規模で影響を及ぼした（Bruner/Carr［二〇〇七］）。一九〇七・〇八年度の膠州領総督府は次のように述懐している（Reichsmarineamt［一九〇九］八頁）。

一九〇七年秋にアメリカから始まった深刻な危機は、全地上を駆け巡り、東アジアの商業にもまた深刻な被害を与えた。中国、日本、そしてシンガポールでは、深刻な不況が現れ、あらゆる場所で支払停止が日常茶飯事であった。

前掲表2に示されるように、この経済危機は青島経済をも巻き込んだ。輸出入総額でみれば、一九〇六年の三〇五一万海関両から一九〇七年に二八六三万海関両へ落ち込んだ後、一九〇八年には三一六五万海関両に回復している。このように見れば、この経済危機の青島経済への影響は微々たるものであったと思われるだろう。

しかし、外国産品純輸入額、中国産品純輸入額、中国沿岸諸港への移出額も含む中国産品輸出額のそれぞれの値をみると、別な解釈が可能になる。つまり、外国産品純輸入額では、一九〇六年が一六九四万海関両であったのに対して、一九〇七年は一六四一万海関両と微減し、一九〇八年には一五七一万海関両と落ち込んでいる。さらに、中国産品純輸入額は、一九〇六年の五一〇万海関両に対して、一九〇七年は三七四万海関両、一九〇八年は三九〇万海関両と大幅な下落を示している。これに対して、中国産品輸出額は、一九〇六年から一九〇七年まで八四七万海関両を維持し、一九〇八年には一二〇三万海関両と大幅な増加を示している。つまり、青島港貿易の場合、中国産品輸出額の増加がこの短期的な恐慌の影響を最小限に食い止めていたといえよう。

一九〇七・〇八年度の総督府の報告書は、この経済危機の青島経済への影響について次のように解説している。まず、この危機は中国では銀・銅の下落となって現れた。一銀元の相場は、ドイツのライヒスマルク換算で、一九〇七年に二マルク二五ペニヒであったのが、一九〇八年五月には一マルク七五ペニヒへと価値が下落した。これは、輸入品価格の高騰を招き、中国商人は対応できなかった。輸出品に関しては価格が下落し、その損害を補てんすることが困難となった。また、欧米

表４　青島港綿製品・綿糸・アニリン染料輸入額表（1904/05-1911/12年度）

（単位：1,000銀元）

年　度	1904/05	1905/06	1906/07	1907/08	1908/09	1909/10	1910/11	1911/12
綿製品	6,695	8,105	7,092	5,354	6,364	6,185	7,275	11,355
綿　糸	4,686	6,592	8,095	5,726	6,764	7,578	6,798	7,734
アニリン染料	137	186	258	1,388	1,373	1,380	1,740	1,746
外国産品輸入額総計	16,339	22,269	27,239	21,449	25,463	25,880	28,669	30,902

出所：浅田［2011］128〜129頁より筆者加工。ただし、アニリン染料は合成インディゴを含む。

市場の動向に影響されるため、その損害に見合うほどの買い手を見出すことはできなかった。したがって、中国商人層は、青島からひとまず上海や煙台などより販路を見出す可能性のある開港場へ「尋常ではないほどの大規模な量」を移出し、そこで買い手を見つけようと努力した。この結果、麦稈真田、山東絹布・絹糸、落花生油などは輸出額を伸ばすほどであった（Reichsmarineamt［一九〇九］八頁、一八〜一九頁）。

この状況を、膠州領総督府の年次報告書に記載された統計に加えて、膠海関の統計資料から確認しよう。

まず、表4に示されるように、外国産品輸入額のなかでつねに七割弱を占めていた綿製品・綿糸の輸入額は、この金融危機のさなか大幅に輸入額が下がっている。それにもかかわらず、表2のように外国産品純輸入額の減少がそれほど目立っていないのは、この時期、ドイツ製化学染料であるアニリン染料の輸入額が大幅に伸びたからである。そうでなければ、一九〇七・〇八年の外国産品輸入額は、より顕著な減少を示すことになったであろう。

次に、中国産品輸出額を見てみよう。最も輸出額が大きかった麦稈真田、山東絹布、絹糸、落花生油、落花生実の推移を示したのが表5であ

表5　青島港麦稈真田・山東絹布・絹糸・落花生3品輸出額表（1904/05-1911/12年度）

（単位：1,000銀元）

年　度	1904/05	1905/06	1906/07	1907/08	1908/09	1909/10	1910/11	1911/12
麦稈真田	2,786	4,410	4,609	6,644	10,089	11,125	7,186	15,390
山東絹布	105	124	916	1,937	1,902	2,813	3,051	1,870
絹糸	979	556	2,159	2,364	1,861	2,203	2,174	2,985
落花生油	900	1,029	1,333	2,370	3,065	1,868	1,984	3,234
落花生実	—	—	73	33	2,465	4,379	5,329	4,782
落花生殻付	—	—	—	—	127	117	351	215
中国産品輸出総額	9,991	10,385	15,143	18,416	26,449	29,268	32,308	37,002

出所：浅田［2011］126〜127頁より筆者加工。

る。一九〇七・〇八年度をみると、落花生実を除けば、いずれも前年度より増加していることがわかるだろう。

先述したように、総督府の報告書によれば、これらの輸出品は欧米市場ですぐに買い手を見つけることができなかったため、上海・煙台などの沿岸諸港に販路を求めた。そこで、売却ないし保管されていた商品は、欧米市場の動向を注視しながら、市況の有利な時期に輸出されたと思われる。この点を、当時、対外貿易の最大の中心地であった上海での麦稈真田を例に確認してみよう。一九〇七年度に中国諸港から移入された麦稈真田（白地）四万八八三二担（一担＝約六〇キログラム）のうち、外国および香港に再輸出された量は、四万八〇七九担であった。つまり、中国諸港から上海に向けられた麦稈真田の大部分は国外輸出を目的としたものであったことがわかる。ところが、翌一九〇八年度には、中国諸港から移入された麦稈真田（白地）三万五七九二担に対し、外国および香港に再輸出された量は三万六一九四担で、移入量よりも再輸出量が若干上回るという現象が生じている。これは、一九〇七年度で捌けなかったストック分も、欧米市場の市況が好転した一九〇八年度に再輸出したことを意味するだろう（ＣＭＣ［一九〇七］三三八頁、ＣＭＣ［一九〇八］三六二頁）。

次に、この動きを統計資料から確認しよう。総督府の年次報告書からは中国民船の動向は現れないので、表6と表7は膠海関の報告書から作成したものである。まず、表6は、汽船・帆船貿易輸移出額のうち、外国向け輸出額と中国国内向け移出額を分けたものである。

この表6について、あらかじめ二点の留意が必要である。まず、一九〇七年になってはじめて、膠海関は汽船・帆船貿易額から中国民船貿易額を統計的に区分した。この表では、一九〇六年から中国民船移出額の数値が記入されているが、これは一九〇八年版の報告書に記載されていたものであり、後から算出されたと考えられる。中国民船の移出額はそれまで汽船・帆船の中国国内向け移出額に含まれていたと考えられるので、一九〇六年の中国国内向け移出額はより顕著な増加を示すものと考えてよい。

もう一点は、一九〇七年以降、汽船・帆

表6　汽船・帆船及び中国民船輸移出額推移

（単位：海関両）

年	汽船・帆船貿易輸移出額		中国民船移出額
	中国国外向	中国国内向	
1904	845,302	5,403,769	—
1905	2,430,350	4,794,908	—
1906	3,526,093	4,944,821	2,137,181
1907	883,550	7,594,775	2,052,291
1908	2,687,028	9,346,279	2,442,044
1909	4,500,869	10,235,760	1,720,989
1910	7,557,909	9,613,506	2,001,396
1911	10,177,174	9,676,495	1,799,006
1912	9,151,896	15,847,464	1,856,944
1913	12,038,908	13,653,465	1,638,074

出所：CMC [1908], 138-139; [1911], 229; [1913], 421.
注：1）1906年まで汽船・帆船貿易額は中国商船貿易額を含む。
2）1907年以降、外国向け輸出であっても開港場（主として上海）を経由する場合、国内向け移出に算入されている。

表7　落花生3品および麦稈真田の直接・上海経由・その他沿岸諸港経由対外輸出比較（1907-1910年）

（単位：担）

1907年					1908年				
	直接対外輸出	上海経由対外輸出	その他沿岸諸港	計		直接対外輸出	上海経由対外輸出	その他沿岸諸港	計
落花生実	858	882	4,186	5,926	落花生実	4,999	7,696	7,269	19,964
落花生殻付	8	7,236	7,935	15,179	落花生殻付	17,192	21,123	37,477	75,792
落花生油	106	2,163	7,999	10,268	落花生油	3,255	1,897	89,514	94,666
麦稈真田	10,016	28,571	23,491	62,078	麦稈真田	28,524	21,895	25,771	76,190
1909年					1910年				
	直接対外輸出	上海経由対外輸出	その他沿岸諸港	計		直接対外輸出	上海経由対外輸出	その他沿岸諸港	計
落花生実	5,918	1,762	4,374	12,054	落花生実	24,832	690	1,423	26,945
落花生殻付	161,289	10,080	165,266	336,635	落花生殻付	477,092	13,066	151,888	642,046
落花生油	6,002	1,380	130,151	137,533	落花生油	1,011	870	83,516	85,397
麦稈真田	47,375	28,998	27,623	103,996	麦稈真田	58,987	21,033	19,995	100,015

出所：CMC [1907], 135; [1908], 148; [1909], 183; [1910], 216.
注：1担=60.453kg

船の中国国外向け輸出額のうち、上海などの沿岸諸港にいったん移出した後、外国へ輸出することが予定されているものについても、汽船・帆船の中国国内向け移出額に算入されたことである。この二点を踏まえて、表6の一九〇七年と一九〇八年の数値をみてみよう。

一九〇七年に汽船・帆船の中国国外向け輸出額が八八万海関両と激減しているが、これは、もともと一九〇六年の時点で上海へ向けて移出されていた分が差し引かれていることを踏まえなければならない。しかしながら、それでも一九〇八年のそれが二六八万海関両と回復していることを考えれば、一九〇七年の中国国内向け移出額が七五九万海関両を数えたことは、総督府の報告書が指摘するように、この一九〇七年の経済危機に、上海などへの移出に活路を見出したことが窺える。また、興味深いのは、中国民船の移出額である。一九〇七年に微減するものの、一九〇八年に前年より二〇%もの増加をみせている。しかしながら、危機が過ぎた後には、移出額は増減を繰り返しながら、ゆるやかに下降した。

危機の回避のために、上海など沿岸諸港へ物資を流通させる動きについて、品目ごとに確認してみよう。表7は、一九〇七年から一九一〇年までの落花生実・殻付き落花生・落花生油および麦稈真田の汽船・帆船の輸移出量を、対外直接輸出、上海経由対外輸出、その他の開港場に分けたものである。この統計は、上述のとおり、膠海関が一九〇七年以降に対外輸出のうち、上海などの沿岸諸港を経由する分を国内移出に組み込んだことから、同年以降、掲載するようになったものである。したがって、一九〇六年以前の数値をこの資料から捕捉することはできない。この表7から、一九

表8　膠海関入港船舶隻数推移（1904-1913年）

年	1904	1905	1906	1907	1908	1909	1910	1911	1912	1913
汽　船	343	400	438	492	447	515	555	613	779	865
帆　船	8	6	1	0	1	2	0	1	0	2
膠州湾外から来航した中国民船	3,990	4,389	4,429	3,889	6,014	6,126	5,722	4,716	5,504	5,350
膠州湾内から入港した中国民船	—	—	—	9,229	14,164	12,075	12,036	8,513	14,607	15,848

出所：CMC［1905］, 83;［1907］, 126;［1908］, 137;［1909］, 173;［1910］, 207;［1911］, 227;［1912］, 235;［1913］, 418-419.

注：膠州湾内から出入港した中国民船に関する統計は1907年の膠海関報告より記載されている。1907年は、1906年11月16日から1907年11月5日までの数値。

〇七年秋の経済危機に際して、①当時、もっとも欧米市場に輸出された殻付き落花生、麦稈真田の対外直接輸出が落ち込んだこと、②上海経由の対外輸出とその他の沿岸諸港向け移出が増加したこと、③一九〇八年以降、ふたたび対外直接輸出が増加することが確認できる。

それでは、この期間に中国民船の沿岸交易はどうであったのか。表8は、一九〇〇年から一九一三年までに膠海関に入港した汽船・帆船および中国民船の船舶隻数の推移を示したものである。これをみると、中国民船の入港隻数は、鉄道・港湾建設が一段落した一九〇四年以降、増減を繰り返すとはいえ、ゆるやかな増加傾向にあるといってよいだろう。とくに、興味深いのは、一九〇七年秋から一九〇八年の経済危機のときに、汽船隻数が、一九〇七年の四九二隻から一九〇八年に四四七隻へと減少したのに対して、膠州湾外から来航した中国民船はむしろ三八八九隻から六〇一四隻へ、また膠州湾内の中国民船交通も九二二九隻から一万四一六四隻へと顕著に増加していることである。

実際に、表9に示した一九〇六年から一九一三年までの中国民船の移出入額の推移をみれば、中国商人層を襲った一九一一年の金融危機の落ち込みを別とすれば、移入額の増加傾向とそれに伴う移出入総額の増加傾向を認めることができるだろう。これは、山東省およびその近隣諸港から青島港への農畜産品の移入を在来の中国民船交易が支えていたことを示しており、すなわち遠隔地に向けた青島港の汽船輸出貿易を在来の流通網が支えていたということである。

一八八〇年代頃に中国沿岸南北を結ぶ長距離交易の担い手が、中国民船から汽船に移行していったこと、それと同時に一九世紀を通じて中国民船交易が持続したことを軽視すべきではないことが指摘されている（宮田［二〇〇六］）。しかしこの膠州湾を往来する中国民船交易の動態をみれば、さらにそれが二〇世紀に入っても重要な役割を果たしていたことがわかるだろう。一九一三年に膠海関に入った五三五〇隻の中国民船のうち、三一七三隻が山東省から、江蘇省の海州から一五一四隻が往来した。さらに、膠州湾内から青島に入港した民船は一万五八四八隻を数えた（ＣＭＣ［一九一三］四一九頁）。膠州領総督府が青島港を山東農畜産品の世界市場向けの輸出加工区とする経済政策路線を定めたとしても、それはその山東農畜産品の集荷を支える膨大な在来の流通

表9　中国民船による沿海交易移出入額推移（1906-1913年）

（単位：海関両）

年	移入額	移出額	移出入総額
1906	2,955,448	2,137,181	5,092,629
1907	3,390,588	2,052,291	5,442,879
1908	3,346,486	2,442,044	5,788,530
1909	3,528,648	1,720,989	5,249,637
1910	3,976,361	2,001,396	5,977,757
1911	3,341,909	1,799,006	5,140,915
1912	4,473,793	1,856,944	6,330,737
1913	4,323,820	1,638,074	5,961,894

出所：CMC［1908］, 138-139;［1911］, 229;［1913］, 421.

網なしには存立しえなかった。

この観点から、一九〇九年四月に作成された総督府付通訳見習であるモーアの塔埠頭に関する調査報告書は興味深い。モーアは、「青島の港と鉄道にもかかわらず、中国産品の移出入にとって塔埠頭が今日においてもなお有している重要性」を指摘し、「それは青島にとって、この塔埠頭の交易を青島に引き寄せることができるなら、物流の顕著な上昇を意味するだろう」と指摘している。また、彼は、租借地境界線で行われているこの中国民船交易とそれに関与している膠州および寧波・福建商人により関心を払うように、注意を喚起した（Mohr［一九〇九］Bl. 22. 23）。

上述のとおり、膠州領総督府は、塔埠頭の中国民船交易に関心がなかったわけではない。膠州湾占領当初より、ドイツ政策担当者たちは、開発対象である青島港に競合する近代的な商業地が塔埠頭など膠州湾内もしくはその近隣に建設されることに対して大きな警戒を抱いていた。その中国民船交易の流通は、あくまで青島港への統合の対象であり、膠州領総督府は塔埠頭の中国商人が青島港に拠点を移すことを望んでいた。しかしながらこのモーアの報告書は、ドイツ統治の開始から一〇年を経てもなお、塔埠頭の民船交易が地域経済に重要な役割を担っており、「近代的公共」に容易に包摂されなかった在地経済のあり方を示している。

おわりに

ドイツ統治の開始後、その年月を重ねるほどに膠州領総督府は、青島経済にとっての中国商人層の重要性を認識していたが、一九〇八年一一月一日、中国商人層自らの示威行動によって、青島経済を麻痺させる出来事が発生した。それは、総督府が新設の埠頭局の業務を広東のウィンキー（Wingkee）一社に委託したことに端を発する。中国商人層のなかの特定の商社が総督府と癒着するような埠頭行政の再編に対する抗議であった。このボイコットの行動形態は、青島在住の中国商人によるドイツの大船舶会社ハンブルク＝アメリカ郵船会社へ貨物を集配することを拒否するか、あるいは上海在住の山東商人団体による青島港を迂回するとの決議であった。この恣意行動の帰結は、ヨーロッパ系の船舶会社各社に業務を委託することによって、複数の利益代表が埠頭行政を担うことで折り合いがつけられた（浅田［二〇一一］一六九～一七三頁）。

この出来事は、青島経済の要である物流部門で、中国商人層がいかに重要な役割を担っているかを、膠州領総督府にまざまざと見せつけるものであった。一九一〇年八月一八日、膠州領総督府は、総督の諮問機関であり、膠州湾租借地の「自治」を体現する機関とみなされていた総督府参事会へ、ドイツ系住民代表と同数の議席にあたる四名の中国系住民代表の参加を認める条令を公布した。その四名の代表とは、山東省・直隷省（現在の河北省）出身商人の同郷組合である斉燕会館より推薦された二名と、上海・寧波出身商人の同郷組合である三江会館と広東商人の同郷組合である三江会館より推薦された各一名である。総督府参事会に出席したこの四名は、中国系住民に関係する事案への発言が認められた（同上、一七四頁）。これは、総督府が中国商人層の有力者を「公共秩序」

の担い手として統治システムのなかに組み込んだ措置といえよう。

膠州領総督府による年次報告書の統計一覧から除外されていたように、在来の流通手段である荷車や中国民船の流通量の動態は、植民地権力によって定期的に捕捉されることはなく、公表されることもなかった。実際のところ、中国民船交通の統計は、中国行政機関である膠海関に委ねられていた。しかし、青島港の山東農畜産品輸出部門に不可欠な商品の集荷を支えていたのは、汽船・鉄道のような「近代的公共」を体現する流通手段の外縁で膨大に広がっていた在来の流通網であり、それなしに「商業植民地」としての青島は存立しえなかった。ドイツ本国および青島在住ドイツ人社会が共有すべき「公共的な」関心事でなかったとしても、その「近代的公共」は、植民地権力にとっての非公共であった在来流通網によって支えられていたのである。

もちろん、在来の流通の担い手が、欧米企業中心の汽船・鉄道、あるいは最新の港湾設備による大量・長距離輸送を可能にする新たな流通手段、そして開港場制度や欧米商社との商取引の利点を積極的に利用する側面があり、在来の流通部門も大きな変動期にあった（宮田［二〇〇六］、本野［二〇〇四］）。欧米商社が中国内陸部へ取引を拡大する際には中国商人の協力が不可欠であったと同時に、それは中国商人にとって新たな事業機会を伴った。また、これらの中国商人が、欧米商社に雇用される買辦としての地位から、より自立的な代理商としての行桟へと移行する過程として読み解く見方もある（孫［二〇〇九］）。

しかし、本章が注目したいのは、一九〇七・〇八年の世界的な経済危機への対応に見られた在来流通の役割である。世界経済との結びつきが深まるほどに、青島経済の動向は、その好不況の波に大きく影響を受けることになった。植民地統治下で整備された「近代的公共」の流通部門は、世界経済との統合を強めるための手段であればこそ、もっとも打撃を被ることになった。このような危機の衝撃を緩和したのは在来の流通網であった。山東農畜産品の欧米輸出市場への直接輸出が滞った際、汽船のみならず在来流通手段によって沿海部への移出量を増大させることで、青島経済全体の後退を最小限に食い止めた。一九〇七・〇八年の経済的危機とその際の青島流通の動態は、「近代的公共」が苦境に陥ったとき、植民地経済がその外縁に広がる「非公共」に依存することで切り抜ける側面を例示している。もし、「近代的公共」がこの「非公共」の部門を完全に包摂していたならば、たとえ一時的であったとしても、この経済危機は青島経済にとってより深刻な影響を与えることになっていただろう。

参考文献

秋田茂［二〇〇三］『イギリス帝国とアジア国際秩序――ヘゲモニー国家から帝国的な構造的権力へ』名古屋大学出版会
浅田進史［二〇一一］『ドイツ統治下の青島――経済的自由主義と植民地社会秩序』東京大学出版会
籠谷直人［二〇〇〇］『アジア国際通商秩序と近代日本』名古屋大学出版会
商務局通商課［一九二二］『山東ノ落花生及落花生油』
青島軍政署［一九一七］『山東之物産　第二編』

平田雅博〔二〇〇〇〕『イギリス帝国と世界システム』晃洋書房
宮田道昭〔二〇〇六〕『中国の開港と沿海市場——中国近代経済史に関する一視点』東方書店
本野英一〔二〇〇四〕『伝統中国商業秩序の崩壊——不平等条約体制と「英語を話す中国人」』名古屋大学出版会
村上衛〔二〇一〇〕「清末中国沿海の変動と制度の再編」『岩波講座東アジア近現代通史 1 東アジア世界の近代 19世紀』岩波書店
森紀子〔二〇〇九〕「山東開港と土産交易の変貌」森時彦編『20世紀中国の社会システム』〔京都大学人文科学研究所付属現代中国研究センター研究報告〕、京都大学人文科学研究所
交通部煙台港務管理局編〔一九八六〕『近代山東通商口岸貿易統計資料（1859—1949）』対外貿易教育出版社
青島市档案館編〔一九八六〕『帝国主義与膠海関』档案出版社
寿楊賓編〔一九八六〕『青島海港史（近代部分）』人民交通出版社
孫立新〔二〇〇九〕「徳占時期青島中国商人群体形成」孫立新・呂一旭主編『殖民主義与中国近代社会——国際学術会議論文集』人民出版社
張玉法〔一九八二〕『中国現代化的区域研究——山東省（1860—1916）』中央研究院近代史研究所
庄維民〔二〇〇〇〕『近代山東市場経済的変遷』中華書局
Brunner, Robert F./Sean D. Carr, *The Panic of 1907: Lessons Learned from the Market's Perfect Storm*, Hoboken: J. Wiley, 2007〔雨宮寛・今井章子訳『ザ・パニック——1907年金融恐慌の真相』東洋経済新報社、二〇〇九年〕

CMC＝China. *The Maritime Customs, Decennial Reports on the Trade, Industries, etc., of the Ports Open to Foreign Commerce, and on the Conditions and Development of the Treaty Port Provinces, 1892–1901,* Vol. 1, Shanghai: Statistical Department of the Inspectorate General of Customs, 1904

———— "Kiaochow Trade Report," in: *Returns of Trade and Trade Reports*, Vol. 1, Shanghai: Statistical Department of the Inspectorate General of Customs, 1905–1913

———— "Shanghai Trade Report," in: *Returns of Trade and Trade Reports*, Vol. 3, Shanghai: Statistical Department of the Inspectorate General of Customs, 1907–1908

Mohr, Wilhelm, Handel T'a pu t'ou's, in: Bundesarchiv/Militärarchiv Freiburg, RM [＝Reichsmarineamt] 3/6731, Bl. 19–23, 1909

Mühlhahn, Klaus, *Herrschaft und Widerstand in der "Musterkolonie" Kiautschou: Interaktionen zwischen China und Deutschland, 1897–1914,* München: Oldenbourg, 2000

Reichsmarineamt（Hrsg.）"Denkschrift betreffend die Entwickelung von Kiautschou. Abgeschlossen Ende Oktober 1898," in: *Stenographische Berichte über die Verhandlungen des Reichstags*, Bd. 172, Berlin: Norddeutsche Allgemeine Zeitung（Aktenstück Nr. 79）, 1899

————（Hrsg.）"Denkschrift betreffend die Entwickelung des Kiaotschou-Gebiets," in: *Stenographische Berichte über die Verhandlungen des Reichstags*, Bd. 175（Aktenstück Nr. 516）; Bd. 189（Aktenstück Nr. 115）; Bd. 193（Aktenstück Nr. 436）; Bd. 196（Aktenstück Nr. 832）; Bd. 212（Aktenstück Nr. 561）, Berlin: Norddeutsche Allgemeine Zeitung, 1900–1903; 1905

————（Hrsg.）"Denkschrift betreffend die Entwickelung des Kiaotschou-Gebiets," in: *Stenographische*

Berichte über die Verhandlungen des Reichstags, Bd. 253 (Aktenstück Nr. 1131), Berlin: Norddeutsche Buchdruckerei, 1909

Schmidt, Vera, *Die deutsche Eisenbahnpolitik in Shantung 1898–1914: Ein Beitrag zur Geschichte des deutschen Imperialismus,* Wiesbaden: Otto Harrassowitz, 1976

Schrecker, John E., *Imperialism and Chinese Nationalism: Germany in Shantung*, Cambridge, Mass.: Harvard University Press, 1971

第2章　公衆衛生をめぐる都市の社会関係
――二〇世紀はじめ上海――

福士由紀

はじめに

一九世紀半ばの開港以後、上海は急速な都市化を経験した。人々が集住し、生活する中で、道路や橋梁、下水道といった公共インフラの整備や、治安維持といった諸々の公共サービスが求められるようになる。これらは公的機関によって提供される場合もあれば、地域エリートを中心とした民間社団、善会・善堂と呼ばれる慈善組織により提供される場合もあった。開港以後、上海には中国人行政地域（華界）のほか、二つの外国人居留地（租界）が存在していたが、地域統治機能が比較的弱かった清朝下の華界においては、政府よりもむしろ民間の各種社団が、地域社会の公共事業に大きな役割を果たしていた（小浜［二〇〇〇］）。また、外国人が市政権を握る租界においても、公共サービスは、外国人住民を念頭に行われており、中国人住民のニーズを必ずしも満たすものではなかったため、中国人エリートを中心とした民間社団の役割は大きかった（小浜［二〇〇〇］）。

一般的には社会における公共サービスは、その社会の多数の成員にとっての利益を前提に提供されるものと考えられる。上海――とりわけ、外国人住民による市政が行われていた外国租界では、その内容は、住民の生活の様態の変化に応じて、時期を追うごとに拡大した。租界開設当初、上海は外国人居民にとって長期的に居住する場ではなく、そこで求められる公共事業もまた「生存」のための条件整備に重点の置かれた限定的なものであった。租界開設から数十年を経て、外国人住民と上海との結びつきが一時的なものでなくなると、しだいに「生活の質」の維持や改善のためのサービスもまた求められるようになり、公共サービスの範疇は拡大していった（Macpherson［一九八七］）。しかし、二〇世紀初頭の租界地域社会の構成要素は多様であり、公益に関する認識が社会全体に共有されていたわけではなかった。市政の議決機関での議論に基づき提供されるサービスは、必ずしも常に地域社会の住民全体に受容されたわけではなかった。

本章は、二〇世紀はじめの上海――特に外国人居留地である共同租界――における公衆衛生事業の実態の検討を通して、社会の再生産や人々の生存・生活の維持の保障に寄与した社会関係の多様性について明らかにすることを目的とする。

本章で中心的事例として扱う上海ペスト騒動（一九一〇年）は、腺ペストの流行という危機的状況の中で、共同租界当局により人々の生存の維持、社会の治安維持のために提供された公衆衛生措置に対して、一部の中国人住民が反発し、暴動へと発展した事件である。しかし、疾病が流行する中においては、暴動を起こした中国人住民にとってもまた、何らかの防疫措置は必要であり、それは租界当局による公共サービスとは異なるルート、形式でもたらされることとなる。

1　上海の都市化と租界市政

一八四二年の南京条約による開港以後、上海は都市として急速な発展を遂げた。一八四五年、初代イギリス領事バルフォアと上海道台・宮慕久との間で、第一次土地章程が議定され、イギリス租界が設けられ、翌一八四六年には、租界内での中国人居住の禁止（「華洋分居」）・土地の永久租借が決められる。イギリス租界の設置に続き、一八四八年にアメリカ租界、一八四九年にフランス租界が設置された。イギリス租界は一八六三年、アメリカ租界と合併し、共同租界となる（図1）。「華洋分居」は、外国人と中国人との衝突を避けることを目的としたものであったが、一八五三年、太平天国に呼応した秘密結社・小刀会が蜂起し、上海県城を占領するという事件が起きると、騒乱を逃れた中国人たちが租界へと流入してきた。一八五三年には僅か五〇〇人程度であったイギリス租界の人口は、二年後の一八五五年には二万人以上に上った。

こうして生じた「華洋雑居」の情況は、一八五四年、第二次土地章程によって公認された。以後、共同租界の人口は増加の一途をたどる。租界を中心とした商工業の発展は他省からの労働力を引き

図1　上海略図

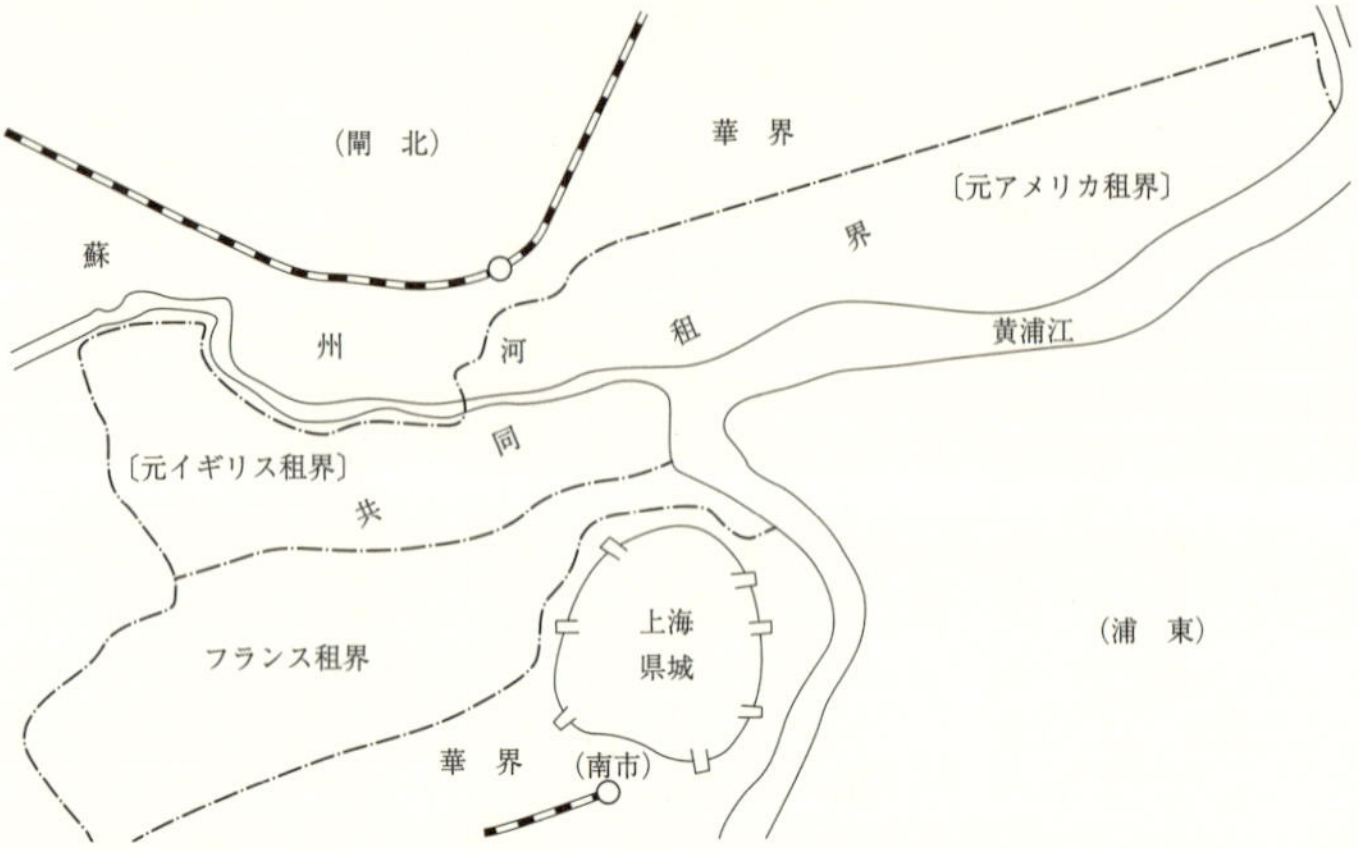

出所：上海市歴史博物館等編［2004］『中国的租界』上海古籍出版社、33頁をもとに作成。

寄せた。一八七〇年共同租界の人口は七万六〇〇〇人強、一八八〇年には一一万人強、一八九〇年には一七万人強、一九〇〇年には三五万人強、一九一〇年には五〇万人強に上った。人口増の大きな要因は中国人人口の流入によるものであった。一九一〇年時点で、中国人人口は租界人口の九八%を占めていた（鄒［一九八〇］）。

共同租界の市政機関は、一八四六年に設立された外国人有力商人で構成される道路埠頭委員会（Committee of Roads and Jetties）を嚆矢とする。道路埠頭委員会は徴税、道路整備、埠頭の建設に責任を負うものであったが、都市社会の発展に伴い、市政機関もまた拡大・組織化されていった。図2は、共同租界の基本的な市政組織を図式化したものである。

納税者会議は、市政の議決機関であり、租界内に居住し納税している外国人居住者のうち一定の

図2　共同租界行政組織図

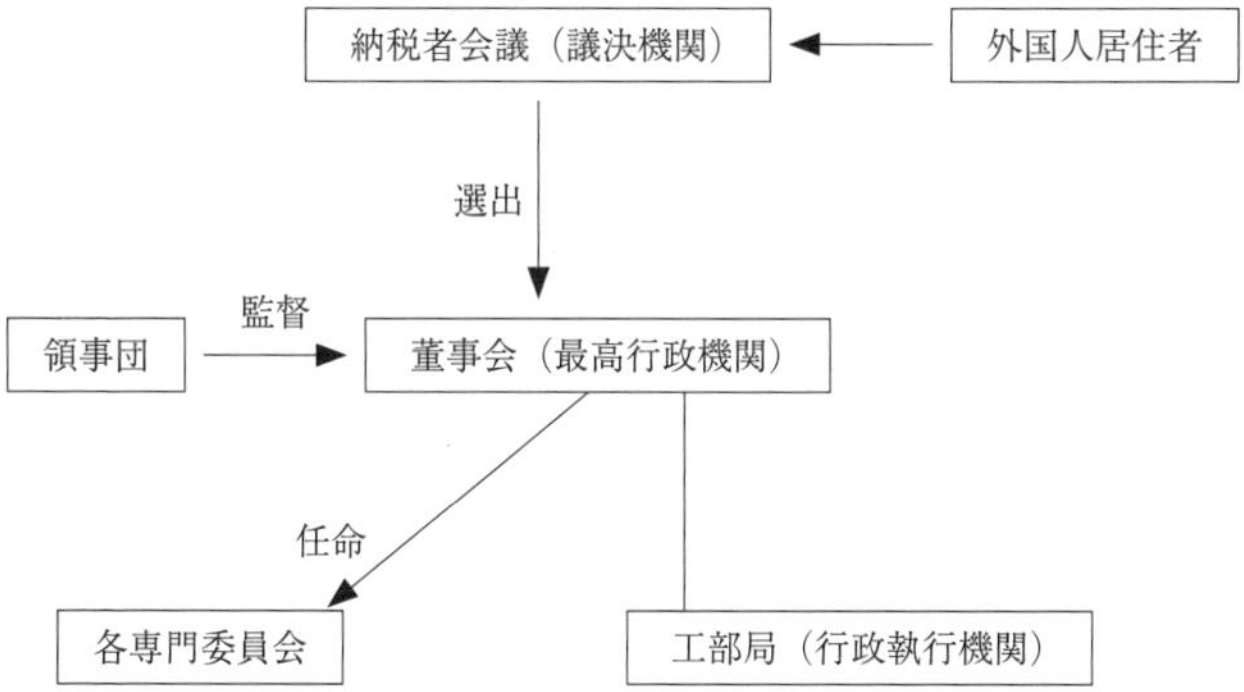

出所：熊月之主編［1999］『上海通史３』上海人民出版社、404～414頁、野口謹次郎・渡辺善雄［1939］『上海共同租界と工部局』日光書院、付表、横浜開港資料館［1993］『横浜と上海』横浜開港資料館、27頁を参考に作成。

条件を満たした者によって構成されていた。董事会は、共同租界における最高行政機関であり、一八五四年の納税者会議により七人の外国人董事が選出された。董事の人数は後に九名に拡大されたが、中国人の参加が認められたのは一九二八年になってからであった。工部局は、租界行政の執行機関であり、董事会の下、各部局の職員が租界行政を担当していた。工部局の各部署においても、上級の職位は外国人のみによって占められていた。上述のように、中国人が租界人口の大部分を占めていたにもかかわらず、その市政の方向性は少数の外国人企業家・資産家の意向を大きく反映する構造となっていた。

　前述の道路埠頭委員会の主たる職掌が、収税と建設行政であったのに対し、工部局の職掌範囲は、租界の都市的発展と住民の生活様式の変化に伴い多岐にわたるようになった。一九三九年の段階では、総務処、法務処、財務処、衛生処、工務処、警務処、教育処、義勇団、消防隊、音楽隊、公立図書館、中国語研究所といった部署が設けられていた。衛生行政を職掌とする衛生処も、租界社会の変化・拡大に伴い組織化されたものであった。

共同租界における公衆衛生サービスは、一八六〇年代には警察行政の一環としてはじめられていた。警務処内に衛生稽査官というポストが設けられ域内の衛生情況の監督を行っていた。街路や広場のゴミの処理、街路清掃、下水溝清掃、糞尿処理など都市の環境衛生に関わる事項一般の監督がその主な職掌であった。一八六〇年代末には食肉解体場や食品市場の衛生管理を担う稽査官も設けられた。こうした中、一八七〇年、Edward Henderson（一八四一？〜一九一三、エジンバラ生まれ、一八六四年エジンバラ王立大学で外科・内科の医学学位を取得、一八六八年頃に上海へ来たとされる。上海では二名の外国人医師とともに診療所を共同経営するかたわら、工部局医官・衛生官として活動。二〇世紀はじめにイギリスへ戻り、チャルマーズ医院、王立医院などに勤務）が租界の公衆衛生事業全般を監督する衛生官の任に就くと、彼は売春管理、種痘ステーションの設立、精神病病院や伝染病病院の設立、上水道整備、コレラ対策など、租界内の広範な公衆衛生問題に取り組んだ。紙幅の都合により、それぞれの事業の詳細についてはここでは触れないが、公衆衛生事業の範囲や対象は、ゴミや糞尿といった環境的要素から、人の身体や行動に関わる領域へと拡大していった（福士［二〇一〇］）。Henderson はさらに、従来、警務処が扱ってきた諸々の衛生事業を専門的に行う衛生処および衛生事業に関する諮問機関である衛生委員会（衛生官、董事、専門家によって構成）を設けることを提案し、一八九八年、新任の衛生官兼衛生処処長として新たに招聘された

A. Stanley（ロンドン大学医学博士、一九八九〜一九二一年工部局衛生処処長）の下、両組織が開設された。

2 上海ペスト騒動（一九一〇）

(1) 上海ペスト騒動

一九一〇年一〇月、共同租界の北区第四管区で腺ペスト感染者が発見されると、共同租界工部局は、ペスト流行への警戒を宣言した。この時、流行が最も懸念された地域は共同租界と華界の閘北（図3ではCHAPEIと標記）との境界地域であった。当該地域の華界側は、共同租界の文書ではしばしば「不潔な地域」と表現される地域であった。

ペスト患者の発見を受けて、共同租界工部局衛生処は、域内の清掃、鼠の捕獲・検査・駆除、戸別検査による鼠・感染者の捜索、腺ペスト患者および感染が疑われる人の工部局伝染病病院への収容といった措置をとった。

共同租界当局にとって、腺ペストへの本格的な対応はこれが初めてのケースであった。一八九四年の香港、広州での腺ペストの大流行は有名な事件である。この時のペスト罹患による死亡率は極めて高く、その激しい流行は、同時期の上海においても詳細に報道された（Benedict［一九九六］、

図3　1910年ペスト流行図

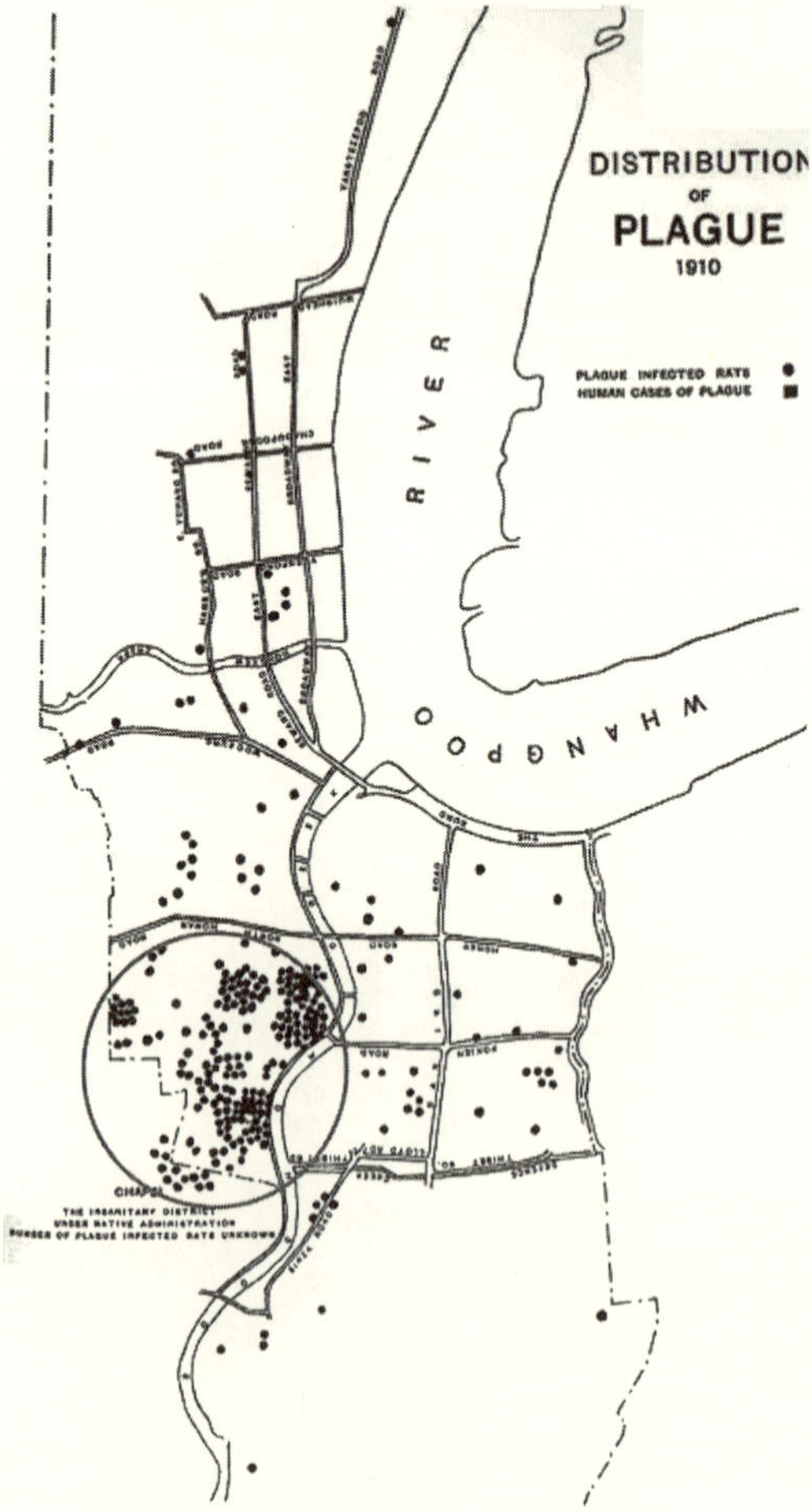

出所：Shanghai Municipal Council Report［1910］, p. 107.

注：●印はペスト汚染鼠、■印は患者の発生場所である。破線は共同租界の境域を示す。円で囲まれた地域が1910年のペスト鼠・患者多発地帯である。

張自力［二〇〇八］）。香港・広州と密接な貿易ルートをもつ上海では、海関当局により船舶に対する検疫が行われ、この時、上海市内ではペストの流行は見られなかったという（曹・李［二〇〇六］、李［二〇〇八］）。租界住民の生活に干渉するような防疫措置は行われず、共同租界当局は、腺ペスト防疫措置における中国人住民との距離感をつかむ機会を一九一〇年まで持たなかった。

さて、一九一〇年の工部局衛生処による措置は、中国人住民には不評であった。工部局の検査員の中には、居住者に事前の連絡もなく、また居住者の許可も得ずに家屋に上り込み鼠の捜索を行う者や、身体検査を行う西洋人医師に同行している工部局の中国人雇人の中には住民に対し横柄に振る舞う者もいた。身体検査それ自体や、感染者および感染の疑いのある者への伝染病病院への強制入院といった措置は、中国人住民に不安感と恐怖感をもたらした。

こうした中で、「顔色の黄色い人は工部局の検査員に見つかると、強制的に入院させられる」、「伝染病病院では、人の体を原料として薬を製造している」といったペスト対策にまつわるデマが中国人社会に広まった。

またペスト検査と同時期に、街中で子供に対して行われた工部局の検査員・医師による種痘接種歴の調査も中国人住民の疑念を生んだ。種痘調査中の検査員が、調査地近隣の中国人住民に取り巻かれ、調査が妨害されるという事件も起こっている。

一九一〇年一一月一〇日から一一日、ペスト検査をめぐる工部局と中国人社会の緊張は、ついに暴力沙汰に発展した。この両日、共同租界各地でいくつかの事件が並行して発生した。

工部局による戸別検査が行われるという噂を聞いた租界内に住む一部の中国人女性は、検査を逃れるため、子供を連れて租界外へと避難した。またペスト検査を行っていた工部局の医師や、街路のゴミの調査を行っていた工部局職員が民衆に取り巻かれ、公務を妨害され、石やモノを投げつけられたり、手近にあった棒や道具で殴打されるという事件も発生した。さらに、誘拐事件の捜査を行っていた西洋人警官が、ペスト検査を行っているものと誤解され、民衆に包囲され、殴打や投石を受けた。

これらの騒動の中には、ペスト検査にまつわるデマが引き金となって起こったものもあった。工部局の消毒液を積んだ車が通行しているのをみた「流氓（ごろつき）」が、「その車で子供を運ぼうとしているぞ！」とデマを飛ばし、民衆を煽動し、車夫を暴行するという事件が起きている。こうした暴動はいずれも、工部局警察により鎮圧され、十数人の暴動首謀者・参加者が逮捕された。

(2) ペスト騒動善後協議

こうした中国人社会からの反発を受け、共同租界は、ペスト検査の見直しを行うべく、中国側の代表を招いて協議を行うこととした。一一月一五日、怡和源桟房において工部局と中国側代表者による公開協議が開催された。住民たちの関心は高く、この日会場には、多くの聴衆がつめかけた。中国側発言人である沈仲礼（字は敦和、寧波の人、茶商の家に生まれ、幼い頃から外国語教育を受けイギリス・アメリカへ留学。ケンブリッジ大学を卒業後、南洋大臣翻訳官、江南水師学堂提調などを歴任。一九〇四年、万国紅十字会総統に就任）が演説を行った。彼が、中国人自身によって伝染病病院を設立する用意があること、中国人の子供も種痘接種を受けるべきであるが、工部局は干渉すべきではないといった内容を話すと、聴衆は拍手喝采し同意を示した。この後、工部局側の代表者が演台に上ると、聴衆が騒ぎ出したため、会議は中断を余儀なくされた。

三日後の一一月一八日、今度は非公開で協議が開催された。この時の中国側の参加者を示したのが表1である。中国側の参加者がいずれも、同業・同郷団体を代表する民間の地域エリートであり、清朝地方官や警察といった官方の者ではなかったことは注目すべきであろう。

表1　ペスト騒動善後会議への中国側出席者

氏名（字）	所　属
周金箴（晋鑣）	上海商務総会総理
邵琴涛（廷松）	上海商務総会協理
温宗堯（欽甫）	広肇公所
鐘文耀（紫垣）	滬寧鉄路
虞洽卿（和徳）	四明公所
沈仲礼（敦和）	上海商務総会議董・中国通商銀行・万国紅十字会
蘇葆笙	洋布公会
陳紫昭	銭業
許公若	絲業会館
楊信之（兆鏊）	繅絲公所
王月之（瑞定）	山東同郷会
祝蘭舫	上海商務総会議董・錫金公所
田資民	棉紗業
王西星	洋貨各業公所

出所：『申報』1910年11月20日、『工部局董事会会議録』第17冊、1910年11月18日の項より作成。

表1に示されるように、中国側参加者の何人かは上海商務総会を代表する者であった。上海商務総会は、一九〇二年に三〇の同業団体、六つの同郷団体、七つの企業を代表する七五人の地域エリート（商紳）により、上海

の中国人商人全体の利益を代表する組織として設立された上海商業会議所を前身とする組織である。このような非官方との協議は、工部局側が希望したものであり、工部局は中国側で唯一協力が望めるのは、上海商務総会であると明言していた。これは後述するように、上海においては、殊に疾病救済事業の分野に商紳・郷紳といった地域エリートが積極的に関与していたことに加え、各種の社団を束ねる上海商務総会に集う地域エリートたちが、上海の中国人社会の実質的な顔役として認知されていたためであった(Goodman［一九九五］)。

また、ペスト検査をめぐって、地域エリートたちは、その方法はともかく、工部局による腺ペスト防疫の意図に対しては、理解を示していたことも、彼らとの協議が望まれた理由の一つであったろう。工部局によるペスト検査に関していくつかの同郷・同業団体は、工部局に対して意見書を提出しているが、それらには決まって「ペスト検査は、本来衛生を重んじるために始められたものですが、租界に居住する各戸は誤った認識から、先の事を考えられず、疑いを抱き恐れて騒ぎを起しています(寧波同郷会)」(『時報』一九一〇年一一月一二日)、「貴工部局衛生員がペストのために各地で検査を行っているのは住民の生命を重く見てのことであり、その意図は素晴らしいものです(洋布公会)」(『時報』一九一〇年一一月一三日)といった表現が見られる。ペスト騒動をめぐる報道では、検査員を取り巻いて暴行したり、検査を嫌がり逃避する民衆に対し、「無知な」、「愚かな」と形容する場合もしばしば見られた。新聞記者や想定される読者層もまた、工部局の衛生措置に対し一定の理解をもっていたのであり、当局との間で衛生をめぐる認識をある程度共有していたといえる。

さて、ペスト騒動善後会議の内容は多岐にわたっていたが、感染者および感染の疑いのある者を収容する伝染病病院の問題、患者死亡の際の遺体処理の問題、戸別検査の問題を中心に議論が進められた。

中国人地域エリートたちは、中国人社会に広まっていたデマに見られるように、工部局が運営する伝染病病院に対する忌避感・嫌悪感が騒動のきっかけの一つとなったとし、中国人自身によって新たに伝染病病院＝「中国公立医院」を設立することを提案した。租界に居住する中国人は、この病院で検査を受け、感染が確認されたら患者は同医院で入院治療し、死亡した場合には、埋葬は中国の習慣で行うことを主張した。議論の末、中国側の意見が容れられた。

また、戸別検査に関しては、中国人地域エリートたちが、中国公立医院での検査や入院治療は無料であり、感染の疑いのある者は自らすすんで来院するに違いないので、戸別検査は必要ないと主張したのに対し、工部局側は、戸別検査によるペスト患者の捜索は防疫計画の重要な一環であると主張し、意見の対立が見られた。結局のところ、中国人住民に対する戸別検査は、商務総会と工部局双方が指定する中国人医師と中国人・外国人女性医師により、今回ペスト感染鼠や感染者が多く発見された閘北との境界地域で行われることとなった。

ペスト検査をめぐる工部局側と中国側の協議について、上海の有力紙である『申報』では、地域エリートたちの役割を高く評価し、「今回の工部局との話し合いは、世論にしたがったものであり、我々華人の目的が達せられたのは驚くべきことではない。我が国の民気は惰弱の官に対し、誇るに足るべきものである」と報道している（『申報』一九一〇年一一月一九日）。

確かに、ペスト騒動善後協議では、地域エリートが大きな役割を果たしていたが、中国側官方もまた傍観を決め込んでいたわけではなかった。ペスト騒動直後には、上海道台は、工部局に対しペスト検査の中止を勧告し、デマを取り締るよう要請している。また華界においては、「防疫は警察、衛生の重要事項であり、地方の主権との関わりが大きいので、中国側で方法を設けて、外人の干渉を避けるべき」との認識の下、閘北地域では清朝巡警によるペスト検査の強化が行われるなどの動きが見られた（飯島［二〇〇〇］）。さらに、官側は、中国公立医院の設立・運営費の一部を負担することで、その活動を支えてもいた。

3　中国人地域エリートと防疫

(1)　中国人地域エリートとペスト被害者保障

中国人地域エリートたちは、上述のペスト騒動善後協議への参加を通して、中国人社会に配慮した防疫方策を提案・実行しただけでなく、より広範な活動も行っていた。沈仲礼をはじめとする地域エリートたちは、騒動の起こった各地で調査を行い、工部局によるペスト検査によって家屋や衣類、什器を破損された住民に対する援助を行っていた。『申報』では、その様子は以下のように報道されている。

先月二九日、甘粛路源昌里で、工部局のペスト検査により燻蒸された家屋店舗七戸は次々と他所へ遷移した。現在、建物は修繕され、元の住民が既に戻ってきているが、衣類や物品などの損失は大きく、住民の怨苦もまた大きい。また阿拉白斯脱路の二軒、北山西路の五軒、泰安里の九軒は均しく貧しく、検査に遭って、着るものもなくなり、その苦しみは言葉では言い尽くせないほどであった。先日、沈仲礼氏が怡和源桟房で演説を行った際、彼らは続々とやって来て撫恤を求め、それ以後、沈氏宅にも撫恤を求める申し入れがあった。昨日二時、沈氏は、邵琴涛、蘇葆笙両氏とともに、これらの地域へ赴き、詳細な情況を実地調査したところ、ペストに感染し病院で死亡した徐恒生、陸左亭、顧阿尺の家族たちは、その被害を涙ながらに訴えた。三氏はこれに心を痛め、哀れに思い、各戸の住所を書き取り、各戸に代って住居の貸主に一か月の家賃を無料にするよう頼み、また工部局に対し、今季の巡捕捐の免除を申請し、さらに被害の重い者には寄付金を募り救済金を出すとした。これを聞いた各戸は大いに喜んだ。蘇・邵両氏は、「工部局は二度と検査には来ません。その代りに我々紳董が自ら開設した医院から派遣される中国人医師が来て皆さんの検査を行いますが、驚く必要はありません。ペスト被害は激しく、皆さんは既にその被害を受けている。皆さんがペストの根源を除くことに協力してくれれば、租界居民はみな平安

となるでしょう」と説くと、皆はこれをよろこんで聞き入れた。（『申報』一九一〇年一一月二一日）

地域エリートによるペスト被害者への援助措置の結果については、後日、以下のように報道されている。

〔商紳たちは――引用者〕泰安里の住宅貸主である寧波出身者の葉氏に対しては、一か月半分の家賃の免除を既に願い出た。巡捕捐については、工部局収税処が独自で行っていることであるため、未だ融通がつかない。そのため、沈仲礼氏は工部局衛生処医官と相談し、補償金洋二元を出すこととし、これは既に各戸に発給した。また盲人の徐安銀は、その子・恒生がペスト感染により死亡したことにより、日々泣き暮らしており、中国公立医院が特に援助金洋五十元を発給し、楊信之氏が更に洋二十元を提供することとした。また四明銀行に預金されている好善の士からの寄付金に対する利子もこの家に送られた。（『申報』一九一〇年一二月九日）

このように地域エリートたちは、単に中国人のための伝染病病院を新設するというだけでなく、ペスト検査による被害者や、ペスト感染による死亡者遺族に対し、さまざまなルートを駆使し、援助活動を行っていた。

(2) 善擧の伝統

以上のような地域エリートたちの行動の背景として、中国社会における善擧の伝統と、都市化と近代化の進展の中でのその役割の変化や拡大があげられよう。

善擧とは、人々が「善」と考える諸々の事項である。中国では、明末清初以来、善会・善堂と呼ばれる民間人の自発的組織によって、これが行われていた。善会・善堂の事業は、社会的弱者への援助や救済を主としたものであり、その事業内容は例えば、死者への棺の供与、貧者への衣食の供与、無料の医薬の提供、行き倒れの死体の埋葬、寡婦や孤老への生活補助、捨て子の収容などを含んでいた。上海では、太平天国期以後、多くの善会・善堂が設立され、地域社会の公共事業・福祉事業を担うようになっていた。

善会・善堂は、独自に有している田地からの収入や、一般の「善士」からの寄付金のほか、上海の場合は、各商人団体からの「善捐」をも活動資金としていた。各善会・善堂には董事会が設けられ、その運営責任を負っていた。上海の主だった善会・善堂の董事会には有力商人などの地域エリートが名を連ねていたが、彼らによって運営される善会・善堂は、上海の近代的都市発展の中で、伝統的な善擧だけでなく、都市の社会的矛盾に対応する活動も行うようになっていった。そしてそうした活動自体が、地域エリートの地域社会における指導性を支えていた（小浜［二〇〇〇］）。

ここで医薬事業について見てみよう。広く大衆に医薬を施す「施医薬」事業は、古くは歴代王朝によって設立された「恵民局」、「恵民薬局」、「安済房」といった臨時の医療施設を中心に行われていた。しかし明代以降、国家・王朝によるこうした施設の設立は少なくなり、これに代わってこの分野においても善会・善堂が台頭してきた（余［二〇〇三］、梁［二〇〇一］）。例えば、一八六四年に閩浙総督兼浙江巡撫であった左宗棠からの寄付を中心に、地方官と郷紳により設立された杭州同善堂は、一八六五年に施医局、一八六七年に牛痘局を設立している。施医局には内科・外科の医師が二名ずつおり、さらに夏から秋にかけての病気の多発する時期には、医師を増員して診療にあたっていた。多い時には、午前で千人以上の患者が診察を受けたという。また牛痘局では、種痘を受けた子供を媒介として痘種を伝え、杭州のみならず近隣農村からも人々が訪れたという（夫馬［一九九七］）。

一八四四年に設立された上海輔元堂では、毎年夏に施医局が設立され、無料診療が行われていた。患者はその場で薬を受け取るか、あるいは処方箋をもらい、市内各地の薬局において無料で薬を受け取ることができた。一八五一年には総計一万六一〇六人が診療を受け、三三〇六通の処方箋が発行された（夫馬［一九九七］）。

善会・善堂に加え、清朝末期には、都市部を中心に、キリスト教宣教師による診療所や病院の設立も相次ぎ、これらの施設においても、無料あるいは廉価での診療が行われた。上海では、一八四四年、ロンドン会の医療宣教師 William Lockhart による仁済医院の設立を皮切りに、各種のキリスト教会によって診療所や病院が陸続と設立された。こうした新たな医療施設では、当然西洋医学に基づいた診療が行われたが、中国人社会はこれを積極的に受け入れたようだ。仁済医院には開院から二年のうちに一万九千人の患者が訪れたという。ある医者にかかって病気が治らなければ、他の医者にかかるという「択医」の習慣をもつ中国社会では、これら教会系の診療所や病院もまた選択肢の一つと考えられたのである（クロイツァー［一九九四］、雷［二〇〇五］、何［二〇〇六］）。

ペスト騒動を契機に設立された中国公立医院は、広く大衆に無料あるいは廉価で医薬を施すという意味で、伝統的な施医薬事業と類似した面を持つようにも見える。しかし、他方で中国公立医院は、租界当局による防疫措置を受容しなかった／できなかった中国人社会の受け皿として設立されたものでもあり、中国の医療文化と近代西洋の医療文化との衝突を背景として成立したものでもあった（胡［二〇〇七］、彭［二〇〇七］、李［二〇〇八］、福士［二〇一〇］）。

(3)　中西医療文化の衝突と地域エリートによる病院設立

実は、このような背景により設立された病院は中国公立医院が初めてではなく、清朝末期、同様の背景により、中国人地域エリートを中心に防疫施設・病院施設が設立されていた。

一九〇四年、南洋や香港で伝染病が流行した際、工部局衛生処は、各港から来た船に対し、医師を派遣し検疫を行い、病気にかかっている者、体調不良の者は呉淞口沖の小島である崇宝沙に設立された検疫病院に留め置いて治療を行うこととしていた。『民国宝山県続志』によると、この病院はあまりに隔絶された場所にあり、病院で供される衣食も中国人にはなじまず、また検査も厳しいものであったため、「病によって死ぬことはないが、検査によって死んでしまう」と伝えられていた。そこで、当時の上海商務総会総理の厳信厚は、工部局にこの病院を撤去するよう求めると同時に、上海の商紳と協力して寄付金・物資を集め、呉淞口東岸の高橋郷に新たに中国防疫医院を設立し、中国人と西洋人の医師を置いて旅客の検査・治療にあたった。この時、必要経費は広東・福建・湖南・湖北・安徽・江西・江蘇・浙江の各省が共同で援助した。民国初期に、この各省による補助は停止したが、一九一七年には、当時の上海総商会（上海商務総会の後進、一九一二年に総商会として改組）会長である朱佩珍らが中央政府に対し、埠頭捐から五〇〇〇元を経常費として拠出するよう上申し、許可された。中国防疫医院は、この後一九二〇年代はじめには中国紅十字会の所管とされている（張充高等、銭・袁［一九二一］）。

李平書による上海医院の設立も類似の背景を持つものといえる。清末上海の地方自治運動の中心的役割を担った李平書は、医学や衛生問題に造詣が深く、上海華界の上水道整備、医学会の設立、女性医師の育成を行う女子中西医学堂の設立運営などに深く関与していた（姚［二〇一一］）。一九〇四年、李平書は「上海租界には病院は非常に多いが、それらは皆、外国人が設立したものであり、中国人がそういった病院で入院療病する際には、衣食起居の面で不都合がある」、「外国人が設立した病院は、西洋医学による治療を行っており、中医はいない。逆に各善堂での診療は中医だけで、西医はいない。世界開通した今、旧法にばかりこだわることはできない」として、午前は中医の診療、午後は西医の診療を行い、入院設備も整った上海医院を設立している。この上海医院は一九一六年には、経費に公費からの補助を受けるために公立に移管され、「公立上海医院」と改称している。

また、ペスト騒動の際に大きな存在感を示した沈仲礼は、中国公立医院以前にも租界在住の中国人患者のための病院を設立した経験を有していた。一九〇八年秋、下痢症の流行の際、租界当局は救急病院を設立したものの、中国人はそこへ治療に行こうとしなかった。そこで沈仲礼は、共同租界、フランス租界に一か所ずつ救急病院を設立した。この病院では患者は無料で治療を受けることができ、この年五七〇人の患者に対する診療が行われた。この救急病院設置の成功が、二年後の中国公立医院の設立に繋がったといわれている（張建俅［二〇〇七］）。

二〇世紀初頭の上海では、いわゆる伝統的な善会善堂によるものだけでなく、キリスト教教会による慈善事業としての医療施設も数多くあった。そこで行われる医療は、伝統的中医によるものもあれば、西洋医学に基づいたものもあった。医薬を求める人々には一定の選択肢があり、市民はそれを一定程度利用していたものと考えられる。しかし、情況によっては、とりわけ防疫措置の一環として強制的な入院・診療を伴うような場合、中国人社会は、租界当局によるものを忌避する傾向があった。それが何によるものかは、当該時期の人々の受療行動や医療文化を含めて考察する必要があり、この点に関しては別稿にて検討したい。本章において強調したいことは、中国人社会が租界当局による衛生措置を忌避する中で、中国人社会と租界当局との間に立ち、必要な衛生措置を中国社会にもたらす中心となったのが地域エリートたちであったことである。中国社会においては、伝統的に地域エリートは施医薬といった救済事業に深く関与してきたが、二〇世紀はじめの上海においては、中国人住民と租界衛生当局との間の矛盾を解消するという意味での医薬の提供もまた、彼らによって行われたのである。以下では、これらの民間主導による防疫医院の上海社会での役割について見てみよう。

4 民間主導による防疫医院と上海社会

(1) 中国公立医院

ペスト騒動の解決策の一つとして、中国公立医院は、一九一〇年一一月二二日、天通庵路に沈仲礼を院長として設立された。医院が設立された土地は、張子標という広東人の所有地であり、彼はおよそ一一畝七分の土地を原価の半分にも満たない三三〇〇両で売却した。当時の新聞では、この張子標を「好義の士」として称賛している。中国公立医院の設立運営資金は、官費（江海関税）から銀一万両のほか、寧波・広東の同郷会を中心とする民間からの出資によるものであった。

中国公立医院には、女性医師である黄瓊仙（一八六八―一九三三、上海の人。虹口同仁医院で医学を学んだ後、カナダへ留学。帰国後に北京で診療活動を行う。一九一〇年に上海へ戻る）のほか、王培元、侯光迪、史恵敦、繆頌懋の四人の男性医師が所属しており、彼らにより上述の検査区域内の戸別検査が行われた。検査の際、各医師にはそれぞれ住民に対して説明を行う人員が同行し、また各男性医師には西洋人女性医師が同行して、女性住民に対する検査を行った。開設から一〇日間で、二四〇〇戸の調査が行われ、新たな患者、感染鼠の発見はなかったため、調査は終了した。中国公立医院による戸別調査は、「下流には未だ反対する者もあるが、中上流の人々は西人が口実を言って干渉してくるのを免れたと喜んでいる」と報道されており、概ね住民たちからの歓迎を受けたようである。

中国公立医院は、工部局との間で決められた検査区域におけるペスト調査以外に、華界の南市におけるペスト対策にも関与した。一一月下旬、南市においてもペスト患者が発見されると、南市の市政機関である上海城自治公所は、中国公立医院に対し、ペスト流行状況の情報を提供するよう要請している。これを受けて中国公立医院は、上海医院と協力して南市でもペスト検査を行った。

このように、民間人士により提案され、官民双方の出資により設立された中国公立医院は、ペスト騒動の後も、上海地域の防疫・衛生事業に深く関与していった。一九一一年前半には、東北で流行していた肺ペストの上海への伝播を防止する目的で、関係機関による防疫委員会が設立されているが、一九一一年から一二年という政治的転換期にあって、中国公立医院は、共同租界の中国人コミュニティのみならず上海の中国人社会の衛生問題の代表的発言者・行動者であり続けた。表2は、東北からの肺ペスト防止、および同時期に上海で流行していた腺ペスト対策のための防疫会議の参加者を示したものである。

この防疫委員会会議では、フランス租界、南市においても中国公立医院と同様の防疫施設の設置

表2　防疫委員会参加者（1911-1912年）

1911年2月6日	1911年3月3日	1911年3月17日	1912年5月22日
Von. Buri（ドイツ領事）	Von. Buri（ドイツ領事）	Von. Buri（ドイツ領事）	Von. Buri（ドイツ領事）
A. Ariyoshi（日本領事）	A. Ariyoshi（日本領事）	A. Ariyoshi（日本領事）	M. Dejean（フランス領事）
Kuan Chun（上海道台）	E. D. H. Freaser（英総領事）	E. D. H. Freaser（英総領事）	E. D. H. Freaser（英総領事）
邵卿鋒（商務総会）	Kuan Chun（上海道台）	G. O. Anderson（上海道台）	Ivan Chen（外交委員）
沈敦和（中国公立医院）	邵卿鋒（商務総会）	沈敦和（中国公立医院）	沈敦和（中国公立医院）
H. P. Merrill（海関）	沈敦和（中国公立医院）	H. P. Merrill（海関）	H. P. Merrill（海関）
W. Carlson（海関）	H. P. Merrill（海関）	W. Carlson（海関）	H. G. Myhre（海関）
D. Landale（共同租界）	W. Carlson（海関）	D. Landale（共同租界）	Cox（共同租界）
A. Stanley（共同租界）	A. Stanley（共同租界）	A. Stanley（共同租界）	H. de. Gray（共同租界）
M. Dejean（仏租界）	M. Dejean（仏租界）	J. N. Jameson（商会）	A. Stanley（共同租界）
J. N. Jameson（商会）	J. N. Jameson（商会）	E. F. Mackay（商会）	E. F. Mackay（商会）
E. F. Mackay（商会）	E. F. Mackay（商会）		J. N. Jameson（商会）

出所：福士［2010］62〜63頁。

の必要性が主張された。フランス領事からの要請を受けて、沈仲礼はフランス租界内の福開森路に中国防疫医院を開設した。中国防疫医院には、海関医官でもあるCox医師ら三名の西洋人医師のほか、王吉民ら中国人医師も配置されていた。南市においても、同様の活動を行う上海伝染病医院が設立されている。

以上のように、二〇世紀初頭の上海では、伝染病への対処に関して、中国人社会においては民間の地域エリートが大きな存在感を示していた。そして、彼らの活動は、租界当局や中国側の官・国家と対抗的あるいは無関係というわけではなく、むしろ協力・協働の関係にあった。中国公立医院は、租界当局の防疫措置を受け入れられない中国人社会の受け皿として設立されたが、該医院の活動のありようからは、単なる伝染病隔離病院という枠を超え、地域の衛生・防疫事業に大きく関わる存在となっていたことがわかる。

(2)　上海時疫医院

中国公立医院の設立以後、上海ではコレラや天然痘の流行を契機として民間の地域エリートによる隔離病院の設立が相次いだ。上海時疫医院もその一つである。

上海時疫医院は、一九一九年、コレラの大流行があった際に、寧波出身の商紳である朱葆三、沈仲礼、竇耀庭らによって、共同租界内の西蔵路に設立された。医院章程の総則には、「疫癘を救治し、生命を保衛することを旨とする。……本院は中国人による純然たる慈善的性質の組織であり、いかなる身分の者に対しても一律に応対する」と記されている。上海時疫医院は、基本的には、夏に開院され、疫病の流行が収束してくる秋冬には閉院したが、夏以外の季節に疫病が流行した場合には、董事会による判断で開院するものとされていた。

上海時疫医院は、急な下痢症・嘔吐症状を専門に診るものであった。入院治療費は、特等病室は一日三元、二等病室は一日一元、三等病室は無料であった。表3は、一九二八年の上海時疫医院の収支状況を示したものである。ここに見られるように、収入の内訳には、入院費以外の診療費の項目がたてられていないことから、入院をせず、診療のみ受けた場合は無料であったと考えられる。

医院は診療だけでなく、貧しい患者が死亡した際には棺を提供し、埋葬を行うこともあった。また、旅行中、上海で疫病にかかり時疫医院で治療を受け、治癒した後に故郷へ帰る資力のない者に対しては、審査の上で医院から交通費の補助が行われた。

一九二八年の上海時疫医院の徴信録（活動・会計報告）には、新聞などに寄せられた患者からの感謝文も掲載されている。それらからは、中国公立医院を中心に、こうした伝染病隔離病院がある種のネットワークを形成していたことがわかる。例えば羅序和という患者は、疫病により危険な状態に陥った際、友人から上海時疫医院を紹介され、そこで注射を受けると症状はおさまった。羅序和はその後、中国公立医院に移され、入院看護を受けて回復している。また王鵬殿斉という患者は、嘔吐としびれの症状がでた際、兄が淞滬第五警察署署長に助けを求め、署長は中国公立医院に症状を知らせた。すると中国公立医院の医師がやって来て、応急処置をする一方で、上海時疫医院を紹介し、患者は上海時疫医院へ搬送された。患者は治療を受け、そのまま三日間入院し、その後中国公立医院へ移って療養している。伝染病専門医院の間で、病室の空き状況などに応じて患者の受け入れが調整されていたものと思われる。

ふたたび表3からは、上海時疫医院の主要な収入源が、寄付金および利息収入であったことがわかる。表4は、大口の寄付金拠出者・団体および小口の金額とその件数とをまとめたものであるが、

表3　上海時疫医院収支（1928年1月1日～12月31日）

収入			支出		
捐款	洋	14,091元	食費	洋	2,057元4角4分
	銀	500両	医薬品	洋	2,217元6角7分
特等入院費	洋	336元	洗濯費	洋	102元8角8分
二等入院費	洋	948元	水道費	洋	282元1角8分
救急車	洋	103元	燃料費	洋	438元1角
利息	銀	1,495両9銭9分6厘	電燈費	洋	284元1分
				銀	218両9銭3分
			制服	洋	200元
			保険費	銀	600両
			修繕	洋	203元2角8分
				銀	2,800両
			救急車	洋	410元2角7分
			賃金	洋	7,525元2角6分
			広告・文具・印刷	洋	469元4角5分
			電話	洋	50元9分
				銀	58両5銭
			地租	洋	2,000元
			地捐	銀	92両8銭6分
			物品購入	洋	338元1角1分
				銀	27両
			雑項	洋	401元3角6分
			納棺に係る費用	洋	68元4角
			交通費	銀	1両5銭2分4厘
			付設常年医院への補助金	洋	979元4角1分
総　計	洋	15,478元	総　計	洋	18,028元9角1分
	銀	1,995両9銭9分6厘		銀	3,258両8銭1分4厘

出所：上海時疫医院［1929］。

表4　上海時疫医院寄付金内訳

名　義	金額	件数	名　義	金額	件数
劉吉生（董事）	洋1,685元	1	葉呂氏	洋100元	1
英米烟公司	洋1,000元	1	黄金栄	洋100元	1
フランス租界公董局	洋500元	1	義泰興南北桟	洋100元	1
王子楠	洋500元	1	韋青雲	洋100元	1
義泰興	洋500元	1	衆大善士	洋100元	1
劉院長	洋300元	1	貝経裕堂	洋100元	1
開灤售品処	洋300元	1	九江通益公司	洋100元	1
馮炳南（董事）	洋300元	1	九江通裕紗號	洋100元	1
杜月笙	洋300元	1	九江厳友	洋100元	1
劉院長	洋280元	1	九江金浩如	洋100元	1
上海跑馬総会	洋250元	1	範盈豊	洋100元	1
承裕號	洋200元	1	趙瑞合	洋100元	1
培度記	洋200元	1	陸維鏞（董事）	洋100元	1
黄瑳玖（董事）	洋200元	1	徐玉笙	洋100元	1
中華碼頭公司	洋200元	1	江安壽	洋100元	1
陳義華	洋200元	1	蓬莱山房	洋100元	1
謝衡牕（董事）	洋200元	1	無名氏	洋100元	1
徐明淵	洋200元	1	邵季雲	洋100元	1
黎仁厚堂	洋200元	1	項蓮蓀	洋100元	1
九江裕生火柴公司	洋200元	1	通州輪船賬房同人	洋75元	1
九江湧興裕	洋200元	1	無名氏	洋75元	1
韓芸根	洋200元	1	企業・団体名義	洋50元	20
唐子培	洋200元	1	個人名義	洋50元	27
四明銀行	洋200元	1	企業・団体名義	洋10～49元	17
			個人名義	洋10～49元	70
			企業団体名義	洋９～１元	4
			個人名義	洋９～１元	29

出所：上海時疫医院［1929］。

当該医院の董事をはじめとする個人のみならず、英米烟公司や、開灤售品処、上海跑馬総会といった企業・団体、行政機関であるフランス租界公董局からも大口の寄付金が寄せられていた。また一〇元以下の小口の寄付金は、個人によるものが多いことが見て取れる。人々は、それぞれに可能な範囲で、こうした慈善医院の運営を支援していたのである。

表3に戻ると、この年はおよそ洋二五五〇元、銀一二六三両の赤字であった。上述の診療費システムでは、当然、診察のみの患者や三等病室の入院患者が増加すれば、病院の財政状況は圧迫されることになる。一九二八年のこの年はコレラやチフスが比較的流行しており、六〇〇〇人もの患者が治療を求めて来院し、このような赤字財政となったとされる。この不足分は蓄えていた一万五千両から補われたという（上海時疫医院［一九二九］）。

上海時疫医院の経営情況からは、伝染病の流行状況によっては赤字財政となる可能性を持ちつつも、こうした慈善病院が広範な人々、企業、団体の経済的支持により成立していたことがわかる。また、中国人社会では、中国公立医院を中心に、こうした慈善病院間のネットワークが形成されていた。上海ペスト騒動の際に問題とされた共同租界の伝染病病院は、一九二〇年代の段階で、ベッド数は外国人用が一二七床、中国人用が一八八床であった。時として年間数百人、数千人規模での伝染病患者が発生する情況においては、民間による慈善病院は、市民の生存にとって大きな役割を担っていたものと考えられる。

おわりに

以上、本章では、二〇世紀はじめの上海における伝染病への対応の検討を通して、人々の生活・生存の維持の保障に寄与した社会関係について見てきた。

中国では、明清時期以来、民間人士による善擧の一環として、伝染病の流行時には広く人々に医薬を提供する施医薬所が設立されるなどの活動が活発に行われていた。こうした伝統の上で、二〇世紀初頭の上海においても、地域エリートによる同様の活動が見られたが、そこで特徴的であったのは、導入されたばかりの西洋医療文化や近代的衛生措置に馴染まない（あるいは馴染めない）中国人社会の受け皿として、医療・防疫施設が設立されるケースがまま見られたことである。

上海ペスト騒動の事例は、共同租界当局による、強制性をもった防疫措置に中国人社会が反発し、両者の間を取り持つ形で、沈仲礼ら地域エリートを中心に中国人のための隔離病院である中国公立医院が設立され、それがその後も租界のみならず上海の中国人社会の防疫事業に大きな役割を果たす機関となっていったことを示している。

中国公立医院の設立の後、上海では民間による慈善的性質の伝染病病院の設立が相次いだ。これらの慈善病院は、中国公立医院を中心にネットワークを形成し、財政面では、地域エリートのみならず、租界・華界当局といった官方や企業、団体、広範な市民の援助により支えられていた。

社会からの広範な支持を基盤に、二〇世紀はじめの上海においては、慈善病院は時には単に治療や隔離といった医療面のみならず、例えばペスト被害者家族に対する援助や、上海時疫医院での交通費補助や貧しい死者への棺の供与に見られるように、より広範なサービスを人々に提供することもあった。

上海では、華界においても一九二〇年代末から南京国民政府下の上海特別市政府によって、近代的衛生・医療行政の整備が推し進められるが、増え続ける都市人口に対し、公的医療やそれを支える施設の整備は不十分であった。こうした中で、民間による慈善病院は、それ自体は財政的な不安定性を持ちつつも、都市社会のさまざまな階層の人々の健康を支えると同時に、都市の公衆衛生においても重要な機能を持ち続けたものと考えられる。

参考文献

飯島渉［二〇〇〇］『ペストと近代中国』研文出版
小浜正子［二〇〇〇］『近代上海の公共性と国家』研文出版
福士由紀［二〇一〇］『近代上海と公衆衛生』御茶の水書房
夫馬進［一九九七］『中国善会善堂史研究』同朋舎出版
姚毅［二〇一一］『近代中国の出産と国家・社会』研文出版
ラルフ・クロイツァー［一九九四］『近代中国の伝統医学』創元社
曹樹基・李玉尚［二〇〇六］『鼠疫：戦争與和平』山東画報出版社

何小蓮［二〇〇六］『西医東漸與文化調適』上海古籍出版社
胡成「検疫、種族與租界政治」［二〇〇七］『近代史研究』第四冊
雷祥麟［二〇〇五］「負責任的医生與有信仰的病人」李建民主編『生命與医療』中国大百科全書出版社
李婷嫻［二〇〇八］「近代上海公共租界防疫工作考察：以１９０８―１９１０年鼠疫為中心」華東師範大学碩士学位論文
梁其姿［二〇〇一］『施善與教化：明清的慈善組織』河北教育出版社
彭善民［二〇〇七］『公共衛生與上海都市文明』上海人民出版社
上海市档案館編［二〇〇一］『工部局董事会会議録』上海古籍出版社
上海市歴史博物館等編［二〇〇四］『中国的租界』上海古籍出版社
上海時疫医院［一九二九］『上海時疫医院十七年報告兼徵信録』
申報館『申報』
時報館『時報』
余新忠［二〇〇三］『清代江南瘟疫與社会』中国人民大学出版社
張充高等（修）、銭淦・袁希涛（纂）［一九二一］『民国寶山縣続志』
張建俅［二〇〇七］『中国紅十字会初期発展之研究』中華書局
張自力［二〇〇八］『健康伝播與社会』北京大学医学出版社
鄒依仁［一九八〇］『旧上海的人口変遷的研究』上海人民出版社
B. Goodman, *Native Place, City, and Nation: Regional Networks and Identities in Shanghai, 1853-1937*, California University Press, 1995

C. Benedict, *Bubonic Plague in Nineteenth-Century China*, Stanford University Press, 1996

K. L. Macpherson, *A Wilderness of Marshes: The Origin of Public Health in Shanghai, 1843-1894*, Oxford University Press, 1987

Shanghai Municipal Council Report

コラム1

社会基盤整備費用と公共

小林 啓祐

本書の大きなテーマとなっているのが「公共」と「非公共」という概念である。本コラムでは、近代名古屋における社会基盤整備費用という視点をもってこの両概念を読み解いていきたい。

行政が行う社会基盤整備は公共事業と称されることからも、公共性が強い事業であることはいうまでもない。さらに行政としては、社会基盤整備を通して自らの想定する公共を地域に提供しているとみることもできよう。その財源に着目すれば、中心となっているのは起債や市税、他経済からの繰入金となる。しかし、日本の社会基盤整備において看過すべきではないのが、寄付金の存在である。

寄付金はその文言自体の意味するところは、寄附行為であるので、任意であることが期待される。しかしそのいっぽうで、任意ではなく義務として徴収されていた寄付金があった。以下に具体的な事例に即してその実態をみていこう。

名古屋市広井町南北道路は、一九〇一年に建設された道路である。同所は人馬の往来が急激に増大しており、「幅員狭隘且つ迂曲甚だしく出入りの旅客及荷物の運搬非常の困難を感じ、且つ危険の虞有之候」（名古屋市建設局〔一九五七〕）という状況であった。関西鉄道株式会社は、同道路に隣接して線路や駅を持ち、乗客の利用も多かったことから、その改修の必要を痛感していた。そのため道路改修を名古屋市に希望し、さらに実施の際には建設費として八二〇〇円の寄付を行うことを申し出る。ここでは、街路拡幅によって一番利益をうける鉄道会社が、自ら費用負担することを約束しながら、改築を事業施工者である市に陳情しているのである。寄付金がない場合は、道路拡幅工事が即時行われる可能性は低かった。それをふまえて、関西鉄道は費用負担をすることを約束したのである。つまりこの過程は、寄付金をもって名古屋市の創出する公共にアプローチをすることを可能としたことを示唆しており、また費用負担なしには、行政の創りだす公共とはされえなかったことを意味していた。

　寄付金の問題が複雑であるのは、前述の関西鉄道のように自ら申し出る寄付金のみに限らない点にある。その寄付金の内訳をみてみると、寄付者はこの関西鉄道だけではなかった。一万五〇〇〇円を寄付した関西鉄道株式会社を筆頭として、沿道住民らが個人負担をしていた。これらの寄付は必ずしも自発的なものではなく、義務としての寄付金も存在していた。『名古屋都市計画史　上巻』にはほかにも事例が紹介されていることから、名古屋においてはこうした寄付金をめぐる事例は一般的なものであったといえる。

　鈴木恒夫らは名古屋で形成される「企業家ネットワーク」が、地縁的結合を基礎として、明治期に名古屋経済を人的に基底するネットワークとして構築されていたという（鈴木・小早川・和田［二〇〇九］）。地元企業・住民が期待した社会基盤整備は、寄付金を義務化できていたことを考えると、このネットワークのもとで実行されたものと考えることができよう。義務としての寄付を財源とする社会基盤整備は、行政の創りだす公共に、このような地域における既存の公共が包摂されていく過程とみることができよう。このいっぽうで留意したいのが、寄付金を準備することができない地域は、行政が想定する公共から排除される可能性が高まっていたことである（非公共）。排除された地域においては、寄付金を準備して工事を依頼するか、自力で行う必要があった。このように今回取り上げた事例では、財源が何かが大きな分岐点となっていた。その分岐点となったのは、義務的ないしは、自発的に費用負担をすることにあったのである。

　こうした「公共」「非公共」の混在は、社会基盤整備、とりわけ都市計画において財源がある箇所を優先する風潮を促し、場当たり的とも揶揄されるように、一体感を欠く結果をもたらしたのではないだろうか。その背景にある論理は一様ではないが、これは現代も同様であろう。つまりこの議論は、日本の社会基盤整備における根本的な問題を示唆しているのである。

参考文献

鈴木恒夫・小早川洋一・和田一夫［二〇〇九］『企業家ネットワークの形成と展開』名古屋大学出版会
名古屋市建設局［一九五七］『名古屋都市計画史　上巻』

第2部　エスニック・マイノリティと日本

第3章　近代大阪の都市形成と朝鮮人移民の構造化

岩佐和幸

はじめに

資本主義的都市形成において、移民は常に必要不可欠な役割を果たしてきた。工場や中枢管理機能、交通・通信網等の建設投資に際して、資本は国内外の農村地域から膨大な産業予備軍を都市に吸収することによって、社会的剰余を創出・集積し、資本蓄積にふさわしい都市の形成・再編を実現してきた。しかし、資本の論理に沿って都市に包摂され、その発展に貢献してきた移民が、都市的世界の中で安定的な地位を獲得することは、決して容易なことではなかった。都市において特権をもたない住民は、不安定な労働市場や公共空間からの排除を通じて、「近代市民社会」で享受できるはずの「都市への権利」から経済的にも政治・社会的にも疎外されてきたからである（Lefebvre［一九六八］、Harvey［二〇一二］）。

とりわけ、「都市への権利」から最も排除されてきたのが、国境をこえてやってくる移民労働者であり、近代日本の都市という文脈においては、在日韓国・朝鮮人をまず第一に挙げなければならない。歴史を振り返ると、在日韓国・朝鮮人の起源は旧植民地支配下での帝国内移動であるが、当時（一九四〇年時点）の居住人口は総人口の一・七％を占め、外国人居住者の今日的水準（一・三％）を上回る規模であった（総務省統計局［二〇一一］）。そのような背景から、戦後も在日韓国・朝鮮人は日本最大のエスニック・マイノリティを構成し、数世代にわたって各地の都市で住民生活を送ってきた。にもかかわらず、社会経済的疎外や政治・教育領域での差別、さらには最近の排外主義集団による言説・行動等、「市民社会」の無理解と反発に今なお直面しているのである。

では、戦前の朝鮮人移民はどのような経路で日本の都市へと「越境」してきたのだろうか。また、彼らは都市的公共との関係でどのように位置づけられ、それに対してどのような形で生活基盤を確立していったのだろうか。本章の課題は、都市の公共・非公共を考察する素材として、戦間期大阪における朝鮮人移民に注目し、近代日本の資本主義的都市形成過程における移民労働者の労働・生活両面での構造化を明らかにすることにある。

なお、本章では、分析対象を戦間期の大阪市に焦点を絞って検討を進める。その理由は、後述するように、第一に、大阪が現在も在日韓国・朝鮮人人口の四分の一を占める全国最大の居住地であり、大阪を中心とする人口分布の原型が戦間期に確立されたこと、第二に、当時の大阪は資本主義的都市発展が急激に進行し、いわゆる世界都市「大大阪」へと変貌を遂げる画期であったことが挙げられる。つまり、移民の構造化をめぐる都市の公共・非公共関係を捉える面でも、在日朝鮮人社会の起源と今日的課題を解明する上でも、大阪は格好の分析対象であると考えられるからである。

本論の構成は、以下のとおりである。まず、第1節では帝国内部における朝鮮人移民の全体像を押さえつつ、朝鮮から大阪への移動過程を送出・受入双方の視点から検討する。次に、第2節では、世界都市へと変貌する大阪内部に焦点を当て、朝鮮人移民の大阪労働市場への包摂／排除を通じた構造化を分析する。さらに、第3節では、市全体から生活空間レベルまで下向し、朝鮮人移民の定着と生活の再生産を浮き彫りにする。最後に、近代大阪における朝鮮人移民労働者の構造化の実態を総括した上で、戦後へ至る公共・非公共関係への示唆に触れ、締めくくることにしたい。

1　朝鮮人の「越境」移動と大阪の世界都市化

(1)　朝鮮人移民の大阪への移動過程

まず、戦前の朝鮮人移民の大阪への流入過程を、「本国」のみならず植民地や従属地域を含めた帝国内部の労働力移動の中で確認しておこう。

表1は、一九四〇年の帝国内人口構造を整理したものである。まず、帝国内人口シェアでは、日

民族別人口構成（1940年）

（単位：人、％）

域外人口の主要居住地
「満州国」（819,614人）、朝鮮（707,742人）、樺太（394,603人）、台湾（312,386人）
「満州国」（1,450,384人）、日本（1,241,315人）
日本（23,734人）
—
関東州（1,158,083人）

調査事務局『康徳７年臨時国勢調査報告』（第１巻全国編）。
含んだ領域である。また、人口は、軍人・軍属を含む全人口の数字である。

あり、例えば日本人の場合、日本以外の居住人口を指している。
域外人口は、関東州での居住人口を指している。

本人が過半を占め、ついで「満州国」国民（二八％）、朝鮮人（一八％）の順となっている。それに対して、民族本来の居住地から離れて暮らす「域外人口」（例えば日本人の場合は、日本「内地」以外の居住者数）では、日本人と朝鮮人はいずれも二〇〇万人を超えており、絶対数の大きさが見て取れる。しかも、両者を比較すると、朝鮮人の域外人口は日本人を上回り、民族別では最大規模であった。

次に、域外人口の比重を、民族ごとに検討してみよう。まず日本人の場合、域外人口比は、日本人総人口のわずか三・四％にすぎなかった。これに対して、朝鮮人の域外人口比は朝鮮人総人口の一〇％にも達しており、この点でも他民族と比べれば際立っていた。もちろん、同表の数字には、中国本土や旧ソ連等の帝国圏外の人口は含まれていないことから、現実にはさらに多くの人々が故

表1　「帝国」内部における

民族・国籍名	人口総数		「帝国」内部での域内・域外別人口構成			
			実　数		構成比	
		構成比	域内	域外	域内	域外
日本人	74,319,566	50.1	71,810,022	2,509,544	96.6	3.4
朝鮮人	26,270,901	17.7	23,547,465	2,723,436	89.6	10.4
その他の民族	5,587,355	3.8	5,561,303	26,052	99.5	0.5
外国人	234,704	0.2	—	234,704	—	100.0
「満州国」国民	42,016,556	28.3	40,858,473	1,158,083	97.2	2.8
「帝国」内人口計	148,429,082	100.0				

出所：岩佐［2005］。原資料は、内閣統計局『昭和15年国勢調査結果原表』、国務院総務庁臨時国勢
注：1）ここでの「帝国」の領域は、日本、朝鮮、台湾、樺太、関東州、南洋と、「満州国」を
2）「その他の民族」とは、台湾・樺太・南洋地域の各住民を指している。
3）「域外人口」とは、「帝国」内部において、民族本来の居住地以外で暮らす人口の総数で
4）「満州国」国民とは、満州民族以外に、漢民族等の住民を含んでいる。また、ここでの

郷の朝鮮を後にしていたことが想起される。

　では、域外人口の主要居住地は、どのように分布していたのだろうか。再び表1に注目すると、日本人は、「満州国」、朝鮮、樺太、台湾等、各地で一定規模の人口を形成していた。これは、帝国内での勢力拡大に比例して、圏内各地での入植活動を外延的に拡大していったことを示唆している。これに対して、朝鮮人の場合は、「満州国」と日本へ移動先が二極化していた状況が明瞭にうかがえる。前者は朝鮮半島北部から隣接する間島方面へ、後者は半島南部から日本各地へ移動する者が比較的多数を占めており、いずれも朝鮮とは地理的に近接した地域であるという点で共通している。

　このように、帝国形成は、単なる支配領域の外延的拡大・包摂にとどまらず、内部で大規模な人の「越境」移動を引き起こし、各地域の住民構成を大きく塗り替える事態をもたらした（小野［二

〇〇〇〕、蘭〔二〇〇八〕)。中でも朝鮮人は、域外流出の規模では他民族と比べて突出しており、帝国内部で最もディアスポラ状況を経験した民族であったと捉えることができよう。

では、朝鮮人移民の帝国「本国」=日本への移動状況は、一体どのように展開されたのであろうか。図1は、日本「本国」における朝鮮人人口の五年毎の推移を、六大都市を抱える大都市圏とそれ以外とに分けて示したものである。在日朝鮮人人口は、全国的には、一九一〇年の「日韓併合」以降、一貫して増加基調で推移していった。とりわけ流入が加速したのが第一次大戦以降であり、一九二〇年の四万人強から三〇年には四〇万人強へと、一〇年間で約一〇倍の増加を記録した。これを地域的にみると、一九一〇年代は大都市圏の全国シェアが四割であったのに対して、一九二〇・三〇年代になると五~六割まで上昇しており、大都市圏が基本的な受入地域へとシフトしたことが読み取れる。さらに、府県レベルに注目すると、一九一〇年代は「その他」に含まれる福岡や長崎、北海道等の産炭地が上位に登場していたものの、二〇年代以降は上記地域に代わって京阪神地域ならびに東京、愛知の各府県が上位にランクインするようになった。

このように、戦間期以降は大都市圏の吸引力が高まっていったのであるが、こうした朝鮮人移民の大都市移動の核に位置していたのが、大阪であった。そのことは、図1が示すように、一九二〇年代半ば以降、大阪府が一貫して首位の座を占め、全人口の二~三割のシェアを占めていたことからも明らかである。しかも、大阪の吸引力の大きさは日本内部にとどまらなかった。例えば、都市レベルでの朝鮮人の人口規模に着目すると、一九三九年時点では朝鮮内部の京城府(六三三万人)、

図1　戦前における朝鮮人人口の道府県別推移

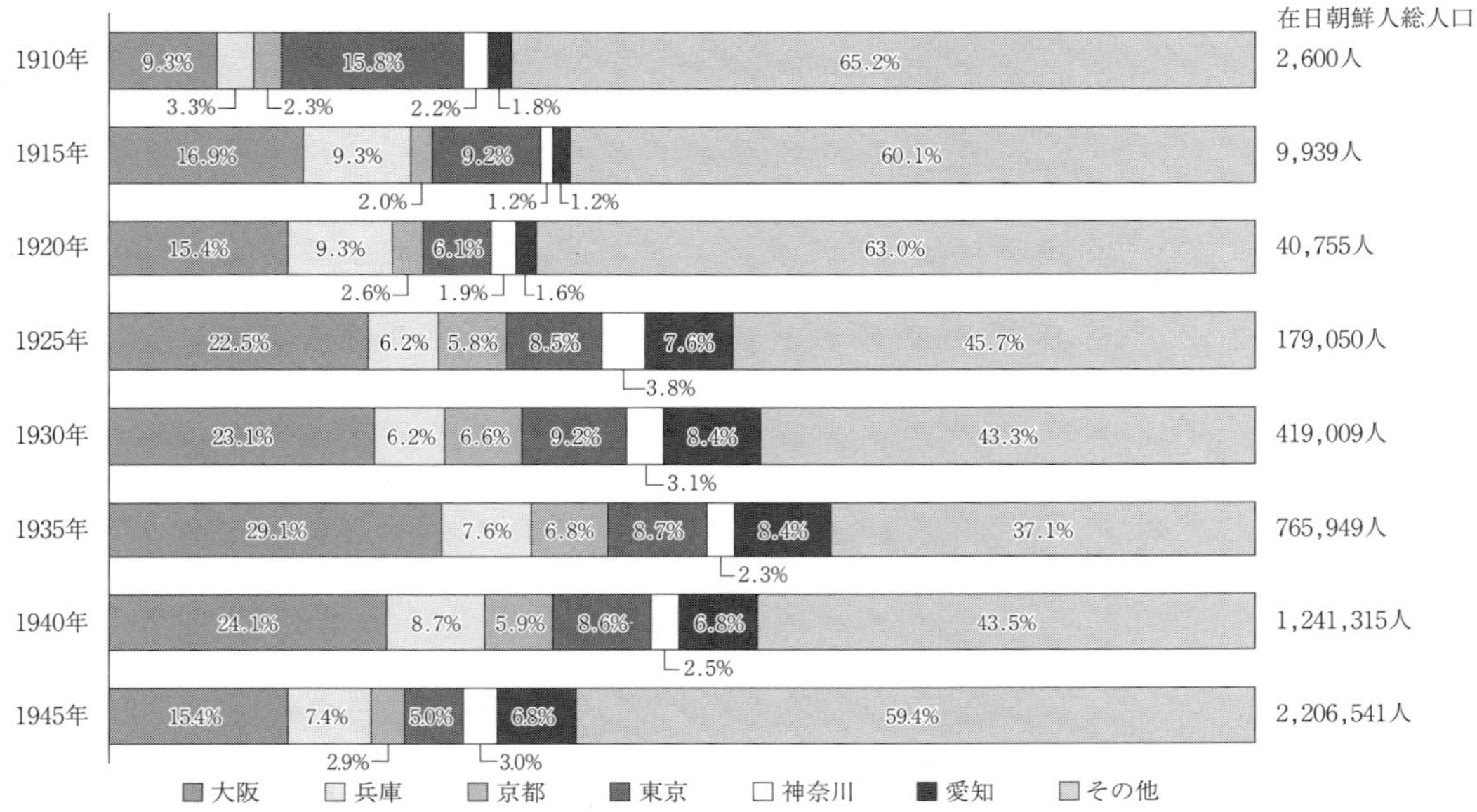

出所：田村［1983］の推計値データより作成。
注：本データは、内務省警保局データを国勢調査データに反映させた推計値である。

平壌府（二二万人）についで、大阪市（二一万人）が釜山府（一七万人）を抑えて第三位に位置するほどであり、大阪の朝鮮人人口は相当な規模に達していた（東京市政調査会［一九四〇］）。つまり、今日の在日韓国・朝鮮人の人口分布構造の原型は戦間期に形成されたものであり、その中心に位置する大阪は、戦前段階で世界有数のコリアン・シティへと変貌していったのである。

では、朝鮮から大阪への大規模移動には、一体どのような力学が働いていたのだろうか。

まず第一に指摘できるのは、朝鮮における植民地支配と本源的蓄積である。例えば、最大の受入地域となった大阪市の調査報告では、一九一三〜三一年の間に、自作農の減少、地主・小作農の増加、火田民の出現という朝鮮農村部の階層分解を指摘した上で、「朝鮮に於ける農業資本主義化による土地所有権の確定とともに、彼等農民は私有又は国有財産権のためにかつて享受したところの土俗的入会、放牧等の土地の権利を奪はれ、他面身分上の不自由と土地の拘束から解放されたとはいへ、それと同時に経済的根拠をも失って貧窮小作人或は無産賃労働者階級に転化せざるを得なくなっ」たと論じている（大阪市社会部調査課［一九三三］）。こうした農村窮乏化を促進した代表的な政策が、一九一〇年代の土地調査事業や二〇年代の産米増殖計画であった。帝国本国から発せられた朝鮮版地租改正と移出米増産政策によって、朝鮮農村における商品経済の浸透と農民の土地からの分離が図られ、その反作用として朝鮮人の本国に向けての流動化が次第に進んでいったのである。

第二に、朝鮮から日本への渡航管理制度の改編が挙げられる。表2は、帝国内における朝鮮人の法的地位をまとめたものである。朝鮮人の内地渡航制度は、第一次大戦中の好景気を背景とする一九一〇年代の「労働者募集許可制」に始まるが、一九年には三・一独立運動を機に「朝鮮人ノ旅行取締ニ関スル件」が発せられ、日本への移動規制が図られた。確かに、帝国領土内での移動阻止の是正に向けた動きや日本の産業資本家の要請を受けて、一九二二年にはいったん廃止され、「自由」渡航制へ転換されたものの、戦後不況や関東大震災に伴う失業・治安対策を理由に翌二三年には旅行証明書制度が復活し、二五年以降は就職口や日本語理解度、旅費以外の所持金を条件とする渡航阻止制度が導入された。それでも、移動の波は収束せず、一九三四年には「朝鮮人移住対策ノ件」が閣議決定され、内地渡航阻止のために朝鮮内部の「安定化」と朝鮮人の満州・北部への移住が掲げられるようになった。こうして本国における景気変動と治安的側面に応じて内地渡航制度は変更が繰り返されたため、同一領土内でありながら渡航者数の変動や「密航」「帰鮮」（強制送還）が生じるようになった（樋口［一九八六］、外村［二〇〇八］）。

第三は、朝鮮と日本とを結ぶ交通インフラの整備である。朝鮮と日本をつなぐ海上交通は、一九〇五年に開設された関釜連絡船が主要航路であったが、大阪の場合は、これに加えて済州島との直通航路の存在が重要な役割を果たしていた（金［一九八五］、杉原［一九九八］）。同航路は、尼崎汽船の「君が代丸」の運行を皮切りに複数の業者が参入し、済州島民の自主運行を目指した東亜通航組合の設立によって乗客獲得競争が激化した路線であった。これにより、釜山―下関経由に比べて日数は二分の一、旅費は三分の一まで圧縮されたことから、一九三四年の渡航戸数は島全体の六

朝鮮人の法的地位

内　容
日本国籍とする一方で、戸籍（民籍）は日本人とは異なる法令であり、朝鮮から日本への戸籍移動は婚姻・養子等を除いて不可とされた。
1925年の男子普通選挙制導入以前は少数にとどまる。朝鮮人の衆議院議員は、1932・37年に当選した朴春琴の1名のみ。
労働者募集の許可制
集団的な労働者募集の許可制
旅行証明書制度の導入。背景には、三・一独立運動。朝鮮域外に出るためには警察の発行する証明書が必要である一方、朝鮮域内に入るためには「在外帝国公館」の証明書が必要。
旅行証明書制度の廃止と、「自由」渡航制への移行。同一領土内での移動阻止の不合理の是正と、低賃金労働力導入を企図する資本家の要請に基づいて撤廃。
関東大震災直後の失業改善と治安対策のため。旅行証明書制度の復活。
同年の内務大臣の朝鮮総督府に対する要望を受けて導入。就職口、日本語理解度、旅費以外の所持金10円以上、モルヒネ中毒以外が内地渡航の条件に設定される。
日本へ渡航の際には、所轄警察署で証明された戸籍謄本が必要。
日本から一時帰国する際に、警察署からの再渡航証明書が必要。
内地渡航阻止のために、朝鮮内部での安定化と朝鮮人の満州・北部への移住を主張。
強制連行政策の開始。同年、朝鮮人管理のための中央協和会が組織。
集団的移住＝強制連行以外の渡航の規制。

表２　日本帝国内における

法律・政策等		年
戸籍	民籍法	1909
	朝鮮戸籍令	1923
選挙権・被選挙権	政府の公式見解で日本人と同様に承認	1920
域外渡航	朝鮮人労働者募集ニ関スル通牒（朝鮮総督府）	1913
	内地ニ於ケル事業ニ従事スル職工及労働者募集認可及渡航後ノ状況ニ関スル件（朝鮮総督府）他	1917
	朝鮮人労働者募集取締規則（朝鮮総督府）	1918
	朝鮮人ノ旅行取締ニ関スル件（朝鮮総督府警務総監令第３号）	1919
	朝鮮総督府警務総監令第153号	1922
	朝鮮人労働者募集ニ関スル件（内務省警保局長）	1923
	朝鮮人ニ対スル旅行証明書ノ件	1924
	内地渡航阻止制度の導入（朝鮮総督府）	1925
	渡航証明書制度の導入（朝鮮総督府）	1927
	一時帰鮮証明書制度の導入	1929
	朝鮮人移住対策ノ件（閣議決定）	1934
	朝鮮人労務者内地移住ニ関スル方針（朝鮮総督府）	1939
	朝鮮人労務者募集並渡航取扱要綱（朝鮮総督府）	1939
	朝鮮人労働者ノ内地渡航取締ニ関スル件	1941

出所：水野［1999］、森田［1955］等より作成。

四%に達し、一世帯当たり平均一・一人の出稼ぎ者を出すに至った(枡田[一九七六])。大阪に済州島出身者が多く占めるのはこうした背景からであり、同航路は、済州島民の大阪移住にとってのいわば動脈であった。

以上の背景を通じて、朝鮮人の流動化と「越境」移動が本格化していくのである。ただし、「帝国臣民」という建前とは裏腹に、朝鮮人は日本への移動・定住においてさまざまな規制を受けていた。その典型例が、表2で示された渡航規制と戸籍制度である。つまり、前者については、朝鮮人は本国への渡航の自由はなく、後者については、朝鮮人は日本国籍でありながら戸籍(民籍)は日本人と区別され、民族を色分けする帝国内ヒエラルヒーの指標とされたのである。実際、一九二〇年代より朝鮮人の流入が「社会問題」となり、「無秩序」な流入は「帝国の調和を破壊する原因」であるとして、当局側は治安・同化の強化に向かっていったが(大阪市社会部調査課[一九二三])、その根拠が、これら法的地位の存在であった。その意味で、朝鮮人のディアスポラと国家の対応は、帝国の内部矛盾の反映であり、移動の自由をはじめ朝鮮人が享受できるはずの「近代市民社会」の権利も大きく制約されていたといえよう。

(2)「大大阪」の誕生——経済的中枢と遠隔地労働力の包摂——

一方、朝鮮人移民の大都市流入が本格化する戦間期は、資本主義的都市化が広範に進む時期であった。大阪は、この「第一次都市化」の最先端都市であり、一九二五年に隣接四四町村を吸収合併した「第二次市域拡張」によって、今日とほぼ同じ市域の近代都市「大大阪」が誕生するのである。次に、最大の受入先である大阪の当時の姿を通して、朝鮮人移民の吸引力学に迫ってみたい。

まず、都市発展の原動力である工業化から見ていこう。「大大阪」の誕生時である一九二五年の大阪の工業生産は、工場数では全国の一三％を占めており、従業者数（一四％）や生産額（一七％）でも全国最大規模を誇っていた。当時の大阪は、東洋紡績等の大工場が集積する綿紡績業を筆頭に、金属・化学・機械・窯業等が集積する工業センターであり、特に、第一次大戦期に欧米から途絶えた製品輸出の空白を埋める形でアジア市場向け輸出が拡大したことを契機に、日本経済の牽引役になっていった（通産大臣官房調査統計部［一九六一］、東尾ほか［一九三五］）。こうして、大阪は、「東洋のベニス」と呼ばれたかつての商業都市的イメージは影を潜め、「東洋のマンチェスター」と称される一大商工業都市へと変貌するに至った。

このような工業生産の集積は、対外貿易・投資活動の拡大を同時にもたらした。大阪では、一八九七年の第一次市域拡張の際に湾岸地域を編入して築港事業が着手され、貿易量の増大に適合的な港湾整備が進められた。これにより、出入貨物量では一九二四年、同価額では三〇年頃より全国トップの地位を占めるようになった（東尾ほか［一九三五］）。また、大阪港は、《トン入超・円出超》という加工貿易が特徴的であり、大阪港の対アジア輸出シェアは一九二五年で四八％、対朝鮮移出額シェアは三六％と、対アジア・植民地貿易のターミナルへと成長した（大蔵省［一九二六］、東洋経済新報社［一九三五］）。さらに、アジア向け対外貿易の発展は、内地ならびに朝鮮・外国航路

表３　大阪府における人口及び工場労働者の出生地別上位10府県の構成（1930年）

（単位：人、％）

順位	人口			労働者数		
		実数	構成比		実数	構成比
	総数	3,540,017	100.0	総数	159,548	100.0
1	大　阪	1,970,160	55.7	大　阪	48,816	30.6
2	兵　庫	194,856	5.5	鹿児島	12,530	7.9
3	奈　良	122,866	3.5	朝　鮮	10,257	6.4
4	朝　鮮	93,648	2.6	兵　庫	7,654	4.8
5	和歌山	91,109	2.6	沖　縄	6,129	3.8
6	京　都	82,746	2.3	広　島	5,582	3.5
7	広　島	78,076	2.2	香　川	4,831	3.0
8	香　川	76,251	2.2	愛　媛	4,143	2.6
9	徳　島	72,291	2.0	和歌山	3,842	2.4
10	岡　山	63,365	1.8	奈　良	3,823	2.4

出所：内閣統計局［1933］『昭和五年国勢調査報告』（第４巻府県編、大阪府）、及び、同［1934］『昭和五年労働統計実地調査報告』（第１巻工場の部）より作成。

の増加をはじめとする物流・人流を促進させるとともに、綿業独占体による在華紡に象徴される資本輸出への途を開く契機にもなった。つまり、戦間期の大阪は、工業生産力の発展を軸に、貿易や海外投資を通じたアジアとの物的・人的ネットワークの拠点へ変貌し、「帝国経済上の中枢たる特質」が表れる都市になったのである（関［一九二五］）。

さらに、生産・貿易の発展は、他地域から大阪への労働力の流入と都市人口の膨張へと導いた。大阪市の人口は、「大大阪」誕生時には二一一万人となり、三二年に「帝都」東京に抜かれるまでは日本最大・世界六位であったことから、当時の市当局は、自らを「世界的都市」と称するほどであった（大阪市役所［一九三八］）。このような経済基盤の拡大は、都市内部で大量の労働力需要を発生させ、他地域からの転入による急激な社会変容と住民構成の劇的な変化をもたらした。この状況を示したのが、表3である。同表は、大阪府における人口と工場労働者の出生地別上位一〇府県を抽出したものである。まず人口に着目すると、大阪府内出生者はわずか半数に過ぎないことから、他地域からの人口流入の激しさを物語っている。そこで、他地域出生者の内訳に下りてみると、上位には近畿や中四国の各県が占める中、遠隔地の朝鮮が四位に登場しているのが注目される。さらに、工場労働者については、府内出生者はわずか三割にとどまり、鹿児島（二位）、朝鮮（三位）、沖縄（五位）といった遠隔地からの流入傾向がより顕著である。こうした遠隔地からの人口・労働力流入について、当時の大阪市は「熟練工は本市に近接せる府縣又は比較的産業の発達し居る地方より吸集せられ不熟練工は経済的発達の程度低き地方より迎えらる、傾向」が生じていると的確に指摘していた（大阪市社会部調査課［一九二六］）。つまり、大阪における急激な経済発展を契機に、帝国内労働力の階層別包摂という労働力移動の大転換が起きたといえよう。

以上のように、当時の大阪は、帝国圏やアジアの経済的中枢として商品生産・流通面で重要な役割を果たすとともに、資本蓄積に伴う大量の労働力需要を都市内部で発生させ、九州、沖縄、朝鮮と遠隔地労働力を包摂していくようになった。その結果、経済的中枢と住民構成の多民族化を内包するアジア最大の世界都市へと変貌するに至ったのである（岩佐［一九九八］）。では、労働力の中で最も遠隔地に位置していた朝鮮人移民は、大阪内部でどのような労働を担いながら、都市形成と関わりをもつようになっていったのだろうか。次節では、大阪内部の都市労働市場に焦点を当て、朝鮮人移民の労働市場への構造化と、そこでの公共・非公共関係の実態を分析することにしたい。

2　大阪労働市場への包摂／排除と階級分化

(1)　労働力の階層別編成と産業予備軍形成

まず、表4をもとに、「大大阪」誕生後にあたる一九三〇年当時の大阪市の就業構造の特徴を確認しよう。

まず、大阪市全体の就業構造に着目すると、工業が四割弱と最も多く、以下商業が三分の一、公務自由業が一割という構成であった。前節で述べた工業化・貿易拡大に伴う工場や商社等での雇用拡大を基軸としながら、都市人口増加に伴う市内消費者向けの商店・百貨店・飲食店従事者の増大ならびに中枢管理機能の集積に伴うホワイトカラー層の形成が進み、大都市特有の社会的分業の広がりが推察される。それに対して、朝鮮人労働者に焦点を絞ると、全体の三分の二が工業部門に集中しており、その規模は市内工業従事者の実に七・六％を占めていた。また、日雇・雑役夫を含む「その他有業者」は朝鮮人就業者の一割強に及び、ここでも市内全体の一四％を占めていた。その反面、市全体では一割を占めるホワイトカラー層を含む公務自由業は、朝鮮人就業者の中では〇・五％にすぎなかった。以上より、朝鮮人労働者の従事する労働分野は、生産的肉体労働ならびに不安定就業が中心であり、日本人労働者との就業構造の格差が、第一の特徴として指摘できる。

表4　大阪市の就業構造と朝鮮人就業者の分布

（単位：人、％）

	実数				構成比				朝鮮人の占める比率	
	1930年		1940年		1930年		1940年		1930年	1940年
	総数	朝鮮人	総数	朝鮮人	総数	朝鮮人	総数	朝鮮人		
農林水産業	16,108	548	9,648	482	1.5	1.1	0.7	0.5	3.4	5.0
鉱　業	969	50	1,717	98	0.1	0.1	0.1	0.1	5.2	5.7
工　業	411,904	31,495	687,898	65,905	37.7	65.5	49.0	75.0	7.6	9.6
商　業	365,107	5,314	436,436	11,536	33.4	11.0	31.1	13.1	1.5	2.6
交通業	89,776	4,307	96,414	6,140	8.2	9.0	6.9	7.0	4.8	6.4
公務自由業	115,820	254	109,311	2,445	10.6	0.5	7.8	2.8	0.2	2.2
家事使用人	51,118	214	57,012	371	4.7	0.4	4.1	0.4	0.4	0.7
その他	43,207	5,916	5,974	869	3.9	12.3	0.4	1.0	13.7	14.5
計	1,094,009	48,098	1,404,410	87,846	100.0	100.0	100.0	100.0	4.4	6.3

出所：内閣統計局［1933］『昭和5年国勢調査報告』（第4巻府縣編、大阪府）、『昭和15年国勢調査結果原表』より作成。

注：1940年は、「銃後一般国民に関する分」で、無業を除く。

第二の特徴は、ブルーカラーの内部でも、朝鮮人の場合は特定の就業部門への偏在と階層性が顕著であった点である。表掲は省略したが、工業部門の中で特に就業者が多い業種は、金属機械（朝鮮人全体の一五・三％）、被服身装品（八・四％）、窯業・土石加工業（七・七％）、土木建築業（七・四％）、紡織（七・一％）であった。中でも窯業・土石加工業は、朝鮮人の占有率が二六・七％、化学工業では一四・〇％と突出していた（岩佐［二〇〇五］）。さらに、職業小分類ベースでの集中職種を抽出したのが、表5である。これによると、工業では土工（土木建築）を筆頭に、釉施、焼成ならびに硝子吹・成型（窯業）、護謨・セルロイド成型（化学）、鍍金・プレス・圧延（金属）、製革（皮革等）、漂白・染織（紡織）といった職種での集中度が高く、工業以外では、日雇や案内人、下宿業主、掃除夫の多さが目立っていた。以上を

表5　大阪市における朝鮮人就業者の集中職種（1930年）

（単位：人、％）

集中度順位	職種	産業分類	実数 総数	実数 朝鮮人労働者数	構成比 総数	構成比 朝鮮人労働者数	朝鮮人の占める比率
1	土　工	工業（土木建築）	5,940	3,137	0.5	6.5	52.8
2	釉施工	工業（窯業）	648	261	0.1	0.5	40.3
3	硝子吹工	工業（窯業）	1,966	765	0.2	1.6	38.9
4	漂白工・精錬工	工業（紡織）	1,089	365	0.1	0.8	33.5
5	護謨成型工	工業（化学）	4,302	1,392	0.4	2.9	32.4
6	焼成工	工業（窯業）	1,454	428	0.1	0.9	29.4
7	硝子成型工・加工工	工業（窯業）	4,831	1,405	0.4	2.9	29.1
8	仕上工	工業（窯業）	1,171	305	0.1	0.6	26.0
9	日雇（申告者）	その他	5,781	1,492	0.5	3.1	25.8
10	選別工	工業（その他）	887	226	0.1	0.5	25.5
11	案内人下足番携帯品係	その他	1,418	329	0.1	0.7	23.2
12	鍍金工・着色工	工業（金属機械）	3,525	732	0.3	1.5	20.8
13	旅館店主・下宿業主	商業（接客業）	1,700	352	0.2	0.7	20.7
14	製革工	工業（皮革骨羽毛品）	978	199	0.1	0.4	20.3
15	掃除夫	その他	3,735	734	0.3	1.5	19.7
16	浴場業主使用人	商業（接客業）	4,901	911	0.4	1.9	18.6
17	プレス工	工業（金属機械）	5,348	942	0.5	2.0	17.6
18	圧延工・伸張工	工業（金属機械）	4,409	744	0.4	1.5	16.9
18	セルロイド成型工	工業（化学）	1,884	318	0.2	0.7	16.9
20	染色工・捺染工	工業（紡織）	5,641	889	0.5	1.8	15.8
21	釘鋲針製造工	工業（金属機械）	1,928	297	0.2	0.6	15.4
22	混綿工・打綿工・製綿工	工業（紡織）	1,273	191	0.1	0.4	15.0
23	製材工・木挽職	工業（木竹草蔓類）	3,831	537	0.4	1.1	14.0
24	靴製造工（護謨靴除く）	工業（被服身装品）	3,119	432	0.3	0.9	13.9
25	配達夫	交通業（運輸）	6,535	895	0.6	1.9	13.7
26	雑役夫	その他	21,676	2,834	2.0	5.9	13.1
27	骨角甲牙貝類細工職	工業（皮革骨羽毛品）	2,038	254	0.2	0.5	12.5
28	織布仕上工	工業（紡織）	3,178	386	0.3	0.8	12.1
29	皮革品・擬革品製造工	工業（皮革骨羽毛品）	2,559	302	0.2	0.6	11.8
30	編工・組工	工業（紡織）	5,987	703	0.5	1.5	11.7
総　数			1,094,009	48,098	100.0	100.0	4.4

出所：内閣統計局［1933］『昭和５年国勢調査報告』（第４巻府縣編、大阪府）より作成。
　注：労働者数で200人前後を上回り、かつシェア10％以上の職業を選択。

踏まえると、在阪朝鮮人の主な就労の場は、①特定の工業部門、②土木建築部門、③都市雑業部門の三部門に整理することができる。

では、なぜこれら三部門に集中するようになったのだろうか。まず、工業部門の共通点は、労働集約的で輸出関連業種も含まれるところにある。それらはいずれも「幼稚な比較的賃金の低いしかも過激な労働を要する」という産業上の特質を有していたため、「内地人労働者がこれら過激不快な工業における労働を好ま」なくなる一方、朝鮮人労働者は「工場主側よりすればたとひ内地語を解せず仕事に不熟練であらうとも結構役に立つ」ことから、「朝鮮人労働者が次第に内地人労働者の地位に代はりつゝ」あった（大阪市社会部調査課［一九三三］）。とりわけ朝鮮人労働者の進出の著しいガラス工業では、工場法制定に伴う幼年工の使用規制や労組結成への対抗策として、朝鮮人使用工場は一九三〇年時点で九八％と、ほぼ全工場に広がっていた（大阪市社会部調査課［一九三一］）。つまり、朝鮮人労働者は、「低賃金・過激・不快」な労働現場を忌避する日本人労働者の代替要員として次第に補充され、大阪の産業・輸出の成長を根底で支える存在になっていったのである。

他方、土木建築部門も、朝鮮人「土工」が市全体の過半を占めるほど、集中度の高い業種であった。その背景にあったのが、世界都市化に伴う物的・社会的な都市空間の再編成である。特に一九二一年に始まる第一次都市計画事業では、無秩序な都市拡大に対処するため、第二次市域拡張で市域に編入される周辺町村を含んだ大規模事業計画が立てられ、御堂筋を代表とする道路舗装・拡張工事をはじめ、区画整理事業や下水道改良事業が市内各所で施行された。加えて、臨海部では対外貿易を支える築港事業や臨海埋立工事が行われる一方、都市内部では市内交通機関である市電や都心と郊外を結ぶ私鉄、さらには地下鉄の新設等、都市拡大に伴う交通手段の整備も図られた。こうして都市空間の再編成に伴って莫大な労働力需要が発生したものの、「土木工事を起すにつきては、従来、少からず土方、人夫の募集難」が生じており、当時の産業高度化の中で日本人労働者の調達が困難な事情があった。そこで、「国家的都市計画事業に刺激され、一般土木建築事業大いに起り、益々土方人夫の労力の欠乏を感ずる秋に、朝鮮人労働者が之に従事し」「内地人土方、人夫の最下級の者の手下に使役され」るようになった（大阪市社会部調査課［一九三三］）。その結果、「最近の大都市建設に伴ふ都市計画或は交通網敷設等の大土木工事の起工に於て、使用さるゝ労働者の大多数はこれ朝鮮人労働者」へと変貌し（大阪工業会［一九三二］）、朝鮮人労働者は、大阪の都市景観の再構築に不可欠な担い手として構造化されていったのである。

もっとも、すべての労働者が就業機会を安定的に確保できるわけではなかった。上述の集中業種にみられる労働過程面での劣悪性に加えて、就労経験や民族差別に基づく就労機会の不安定性を、第三の特徴に挙げなければならない。例えば、一九三二年の大阪府調査によると、就職方法は知人等の「個人紹介」（五二％）、労働者募集の張り紙を見て応募した「自己志願」（二六％）、自ら店を開く「自己営業」（一四％）が主なルートであり、公的な職業紹介所経由はわずか八・六％であった。また、失職経験者は全体の二三％に及び、失職理由は解雇・不況・営業不振といった非自発的失業が全体の四分の三を占めていた（大阪府学務部社会課［一九三四］、岩佐［一九九八］）。こうした産業予備軍としての位置づけの反映が、表5で示した土方や日雇の高水準という形で表れていた。

このような状況下でも、主要大都市において冬季の日雇労働者救済を目的に一九二五年度より実施された失業救済土木事業や、官製団体である大阪府内鮮協和会による職業紹介等、公的な職業紹介を利用する機会があったことは確かである（大阪地方職業紹介事務局［一九三〇］、樋口［一九八六］）。特に前者は、有効登録者数に占める朝鮮人の割合が二四％（一九二五年度）から六三％（一九三一年度）まで上昇し、さながら「朝鮮人救済事業」と称されるようになった（大阪地方職業紹介事務局［一九三〇］、大阪市社会部調査課［一九三三］）。同事業では、一般の労働現場で当然のように行われていた雇用・賃金面での民族差別がなかったため、就業の選択肢が限られた朝鮮人にとっては貴重なチャンスであったといえるのかもしれない。しかし、それは就業構造全体からすればきわめて限られた公共へのアクセスにすぎず、朝鮮人労働者の周辺性・不安定性の裏面であった。むしろ朝鮮人にとっての就職の主な命綱は、同じ民族同士の地縁や血縁といった非公共のネットワークにこそにあったといえよう。

以上のように、一九二〇年代に始まる在阪朝鮮人の急増は、世界都市への再編成を軸に展開されたものの、大阪労働市場の階層の中でも日本人の忌避する底辺労働力として包摂され、限られた公共を背景に産業予備軍として景気循環のバッファー機能を担わされながら、都市の経済的・社会的・物的空間構造を底辺から支える役割を果たしていたのである。

(2) 包摂の深化と民族内資本——賃労働関係の形成

次に、朝鮮人移民労働者の構造化状況を探るために、一九四〇年時点の就業構造に視点を移そう。まず、前掲表4より、市内就業構造における朝鮮人の位置関係から確認しておきたい。市内就業者全体では、工業従事者が約半数、商業従事者が三割という構成であったのに対して、朝鮮人の場合は、工業従事者が四分の三まで比率を高め、市内工業従事者に占める割合も一割近くまで上昇していた。一九三〇年代に入ると工業部門を中心に朝鮮人労働者への依存度が一層高まり、その水準は「大阪から半島同胞を引上げるとしたならば、大阪の大工場の機械は殆んど運転を止むるにいたるであらうと云はれる」程度に達していたことが推察される（高［一九三八］）。

次に、具体的な業種について検討しよう。表6は、産業小分類でみた朝鮮人就業者数の上位三〇業種を抽出したものである。土木建築部門をはじめ、ガラス、ゴム、革靴、裁縫・メリヤス等の労働集約的な工業部門、古物商や新聞販売業、陸上運輸、物品販売といった都市雑業部門の多さは、一九三〇年時点と共通している。加えて、工業内部では、鉄精錬業や鋳物業、ボルト・ナット等製造業をはじめとする金属精錬業や、工作機械器具製造業、塗装業等が上位に登場しているのが新たな現象である。一九三〇年代以降の重化学工業化や戦時体制への突入の中で、大阪市内では金属精錬・材料品を中心とする素材型工業が急速に発展するとともに、機械工業の部品需要の増大を背景に中小下請工場の新設ラッシュが起こっており、そうした影響が如実に表れていると考えられる

表６　大阪市における朝鮮人就業者数の上位30業種（1940年）

（単位：人、％）

順位	産業小分類	産業中分類	人数	構成比
1	土木建築業	土木建築業	6,223	7.1
2	裁縫業	その他の紡織工業	4,200	4.8
3	ガラス及びガラス製品製造業	ガラス及びガラス製品製造業	3,938	4.5
4	鉄精錬業及び材料品製造業	金属精錬業及び材料品製造業	3,070	3.5
5	その他の陸上運輸業	運輸業	2,798	3.2
6	銑鉄鋳物業	鋳物業	2,423	2.8
7	古物商	物品販売業	2,259	2.6
8	ボルト・ナット・座金及び鋲製造業	その他の金属工業	1,828	2.1
9	切削研磨用金属工作機械製造業	工作機械器具製造業	1,671	1.9
10	金属板製品製造業	その他の金属工業	1,640	1.9
11	建築用及び家具用金物製造業	その他の金属工業	1,421	1.6
12	革靴製造業	皮革製品製造業	1,360	1.5
13	貨物自動車運送業	運輸業	1,288	1.5
14	ゴム製品製造業	ゴム製品製造業	1,265	1.4
15	その他の金属品製造加工業	その他の金属工業	1,181	1.3
16	塗装業	塗装業	1,063	1.2
17	工具製造業	工作機械器具製造業	1,054	1.2
18	電気機械器具製造業	電気機械器具類製造業	1,032	1.2
19	メリヤス製品製造業	編物組物業	983	1.1
20	火造（鍛冶）業	その他の金属工業	844	1.0
21	鋼船製造業	船舶製造業	842	1.0
22	紙製品製造業	紙製品製造業	817	0.9
23	鉄砲・弾丸・兵器類製造業	鉄砲・弾丸・兵器類製造業	801	0.9
24	鉄材・鋼材販売業	物品販売業	797	0.9
25	新聞発行販売業	物品販売業	769	0.9
26	蔬菜類販売業	物品販売業	768	0.9
27	船舶運輸業	運輸業	732	0.8
28	メリヤス素地編立業	編物組物業	721	0.8
29	その他の物品販売業	物品販売業	719	0.8
30	料理店・飲食店業	接客業	645	0.7
総　数			87,846	100.0

出所：内閣統計局『昭和15年国勢調査結果原表』より作成。
　注：産業小分類別で従業者数上位30位までを抽出。ただし、「産業の不明なるもの」は除く。

（新修大阪市史編纂委員会編［一九九四］）。また、工業以外では、料理店・飲食店業のように、市内における移住者の増大に伴う民族内部での生活関連業種の広がりも、新たな特徴として指摘できる。

今度は、職業分類で再集計した表7をもとに、就業構造を再検討してみよう。まず、上段の大分類別データが示すように、九八％という圧倒的多数が作業者で占められている。これを小分類の上位職種を抽出した下段のデータで具体的に見てみると、作業者の中でも、荷扱夫等、小使等、見習工といった補助的作業を担う周辺的労働者が多数を占めていることがわかる。また、工業労働者の中では、男性は旋盤工、金属加工工、塗装工、ガラス工、ゴム工といった重労働や危険を伴う作業が上位に登場し、女性はミシン工や洋裁師のような紡織関連の比重が大きい等、特定部門への偏在性も読み取れる。また、建設現場での末端作業を担う「その他の土木建築作業者」の多さも顕著である。

このような底辺労働力と産業予備軍という初期の傾向との共通性に加えて、もう一つ見逃せない点は、大分類別データが示す朝鮮人「経営者」層の出現である。この内部構成に踏み込んだのが、表8である。全体では、金属工業、機械器具工業、物品販売業、接客業に比較的集中していることがわかる。特に工業部門では、ボルト・ナット等製造業や鋳物業、工作機械器具製造業、裁縫業、ゴム製品製造業、編物組物業等、朝鮮人労働者が集中する業種で経営者が多数誕生したことが読み取れる。また商業の中では、食料品等販売業や旅館・下宿業、労務供給業、料理飲食店が主要な業

表７　大阪市における朝鮮人就業者の職業構造（1940年）

（単位：人、％）

			総数	男	女	構成比
計			87,846	79,434	8,412	100.0
職業大分類別		経営者	256	242	14	0.3
		技術者	160	158	2	0.2
		事務者	1,212	1,136	76	1.4
		作業者	86,052	77,752	8,300	98.0
		公務者・自由職業者・その他の職業者	166	146	20	0.2
職業小分類上位職種	1	荷扱夫・仲仕・倉庫夫・運搬夫・配達夫	6,898	6,876	22	7.9
	2	小使・給仕・雑役者	5,731	5,087	644	6.5
	3	物品売買業者・仲買人	5,103	4,948	155	5.8
	4	その他の土木建築作業者	4,240	4,230	10	4.8
	5	ミシン工	3,230	1,655	1,575	3.7
	6	店員・売子・注文取・集金人	3,000	2,678	322	3.4
	7	旋盤工（金属に加工するもの）	2,477	2,460	17	2.8
	8	その他の作業者	2,277	1,963	314	2.6
	9	その他の金属材料の製造加工作業者	2,222	1,881	341	2.5
	10	鋳造工	2,073	2,064	9	2.4
	11	金属プレス工・打抜工	1,867	1,710	157	2.1
	12	自動車運転手	1,769	1,769	0	2.0
	13	塗装工	1,379	1,342	37	1.6
	14	手仕上工	1,270	1,220	50	1.4
	15	見習工・養成工（他に分類せられざるもの）	1,211	1,075	136	1.4
	16	革靴製造工	1,156	1,071	85	1.3
	17	ガラス吹工	1,045	1,012	33	1.2
	18	機械火造工	1,038	1,038	0	1.2
	19	ガラス加工工・細工工	983	843	140	1.1
	20	洋裁師	916	691	225	1.0

出所：内閣統計局『昭和15年国勢調査結果原表』より作成。

表8　大阪市における朝鮮人経営者の業種構成（1940年）

（単位：人、％）

		経営者数	構成比	主要業種（括弧内は人数）
計		256	100.0	
農　業		1	0.4	養豚業（1）
鉱　業		1	0.4	金属鉱業（1）
工　業		180	70.3	
	金属工業	71	27.7	ボルト・ナット・座金及び鋲製造業（19）、鋳物業（12）、建築用及び家具用金物製造業（11）、金属精錬業及び材料品製造業（鉄精錬業等）（6）
	機械器具工業	44	17.2	工作機械器具製造業（工具製造業・切削研磨用工作機械等）（11）、その他の機械器具工業（弁及びコック製造業等）（9）、自動車製造業（自動車部分品及び付属品製造業等）（7）、電気機械器具類製造業（4）
	紡織工業	19	7.4	裁縫業（8）、編物組物業（メリヤス素地編立業、メリヤス製品製造業）（6）、染織及び整理業（精練漂白及び整理業、洗張洗濯業）（3）
	化学工業	12	4.7	ゴム製品製造業（8）
	窯業及び土石工業	4	1.6	ガラス及びガラス製品製造業（4）
	土木建築業	4	1.6	土木建築業（4）
	食料品工業	3	1.2	菓子・パン・飴類、精穀業、製粉及び澱粉製造業
	その他の工業	23	9.0	塗装業（6）、革靴製造業（4）、紙製品製造業（4）、畳製品及び棕梠製品製造業（2）
商　業		71	27.7	
	物品販売業	32	12.5	食料品（7）、貿易業（6）、工業原料（5）、雑貨（4）、衣料品（3）、木材類（3）、古物商（2）、医薬品（2）
	接客業	27	10.5	旅館・下宿業（21）、料理店・飲食店（5）、貸席・待合・置屋・貸座敷業（1）
	媒介周旋業	9	3.5	労務供給業（8）
	預り業・賃貸業	2	0.8	その他の賃貸業（2）
	金融・保険業	1	0.4	保険業（1）
交通業		3	1.2	
	運輸業	2	0.8	その他の陸上運輸業（2）
	通信業	1	0.4	その他の通信業（2）

出所：岩佐［2005］。原資料は、内閣統計局『昭和15年国勢調査結果原表』。
　注：主要業種については、多い業種については産業小分類で、それ以外は中分類で集計している。
　　また、物品販売業は品目別に再集計している。

種であり、いずれも朝鮮人住民が大阪で労働・生活を送る際に必要不可欠な業種である点で共通している。

こうした経営者層は、大阪市内の就業者全体からすればわずか〇・三％にすぎないものの、かつての労働経験の中で監督として登用されたり、給与を元手に資金を貯めて独立して経営を始める「成功者」であった。実際、当時の警察当局が指摘するように、戦時体制への突入過程で「今次事変ノ影響ヲ受ケタル労働者及家内工業ヲ営メルモノハ何レモ飛躍的ニ収入ヲ高メ一躍成金気分ニ浸ルト共ニ相当産ヲ興シ事業ヲ拡張スルモノ多ク」なり、「殊ニ物資不円滑ノ状況ニ乗ジ従来内地人ト取引ナカリシ彼等モ内地人商人ト交流スルニ至リ彼此相当ノ取引関係ヲ拡大シタル模様」になったことを背景に、「中ニハ財力実力ニ依リ内鮮人間ニ指導支配的地位ヲ獲得セルモノ生ジ尚斯ルモノ増加ノ状況」が生まれるようになった。しかも、「本年調査ニ依レバ鮮人《ママ》ニシテ一万円以上の財産ヲ有スルモノ二七九名」も存在し、「其ノ中四〇万円以上ヲ有スルモノ二名アル等曽ツテノ鮮人《ママ》ヲ想フ中隔世ノ感アリ」という評価を示していた。しかも「此ノ鮮人《ママ》ノ経済界進出ニ依リ獲得セル地盤ヲ強固ニセン為一部有力鮮人《ママ》ニ於テハ株式会社ノ創立ヲ図ル」ケースまで登場し、「本年ニ入リ既ニ二件ノ株式会社創立」する等、朝鮮人の間でも事業を通じて財を成す有力者が台頭するようになったのである（警察部特高課［一九四二］）。

このように、大阪の戦時重化学工業化を背景に、移民の都市労働市場への包摂が深化するとともに、滞在長期化の過程で次第に経営者へと上向を遂げる者が登場し、朝鮮人内部でも資本蓄積と階級分化が進展していったのである。しかも、こうした移民企業では従業員の大半は朝鮮人であったといわれており、朝鮮人同士での資本―賃労働関係を通じての雇用の受け皿が創出されるようになった（杉原［一九九八］）。つまり、この時期になると、大阪内部での社会的分極化を背景とする朝鮮人同士の非公共的な地縁・血縁ネットワークが移民企業形成を通じた関係へと一層発展し、在阪朝鮮人の就業において重要な役割を果たしていくのである。

3　空間的分極化、コミュニティと民族ネットワーク

(1)　都市内部における居住分化とスラム・コミュニティ形成

以上のように、朝鮮人移民は、底辺労働力もしくは産業予備軍として包摂／排除されていくとともに、集中業種を中心とする非公共的関係を通じて、次第に大阪経済における地位を獲得していった。他方で、労働力再生産の領域ではどのように日々の生活を確立していったのであろうか。本節では、市全体からコミュニティや世帯のレベルに下向して、朝鮮人移民の生活世界の実態を検討してみよう。

表9は、一九三〇～四〇年における大阪市の区別人口を示したものである。大阪市域は、歴史的には、Ⅰの市制施行時の区域、Ⅱの第一次市域拡張での編入区域、Ⅲの第二次市域拡張での編入区

表9　大阪市内における区別人口の推移と朝鮮人の居住分布

（単位：人、%）

		実数				構成比				増減率		朝鮮人人口比率	
		全人口		朝鮮人		全人口		朝鮮人		（1930〜40年）			
		1930年	1940年	1930年	1940年	1930年	1940年	1930年	1940年	全人口	朝鮮人	1930年	1940年
大阪市計		2,453,573	3,199,499	77,124	215,157	100.0	100.0	100.0	100.0	30.4	179.0	3.1	6.7
Ⅰ	北区	217,070	235,632	5,184	8,857	8.8	7.4	6.7	4.1	8.6	70.9	2.4	3.8
	東区	166,241	146,257	2,465	3,977	6.8	4.6	3.2	1.8	▲12.0	61.3	1.5	2.7
	西区	126,076	114,520	703	834	5.1	3.6	0.9	0.4	▲9.2	18.6	0.6	0.7
	南区	119,793	103,084	1,525	2,424	4.9	3.2	2.0	1.1	▲13.9	59.0	1.3	2.4
Ⅱ	天王寺区	116,741	117,020	1,645	2,831	4.8	3.7	2.1	1.3	0.2	72.1	1.4	2.4
	浪速区	144,672	137,399	5,128	9,315	5.9	4.3	6.6	4.3	▲5.0	81.6	3.5	6.8
	港区	362,582	316,350	8,984	13,346	14.8	9.9	11.6	6.2	24.7	187.1	2.5	4.2
	大正区	—	135,932	—	12,447	—	4.2	—	5.8			—	9.2
	此花区	182,761	212,208	5,619	9,959	7.4	6.6	7.3	4.6	16.1	77.2	3.1	4.7
Ⅲ	東成区	330,876	366,371	22,044	54,617	13.5	11.5	28.6	25.4	84.8	240.5	6.7	14.9
	旭区	—	245,034	—	20,447	—	7.7	—	9.5			—	8.3
	東淀川区	176,952	263,783	8,679	28,613	7.2	8.2	11.3	13.3	49.1	229.7	4.9	10.8
	西淀川区	146,652	223,174	4,943	17,086	6.0	7.0	6.4	7.9	52.2	245.7	3.4	7.7
	住吉区	195,278	370,221	3,077	8,404	8.0	11.6	4.0	3.9	89.6	173.1	1.6	2.3
	西成区	167,879	212,514	7,128	22,000	6.8	6.6	9.2	10.2	26.6	208.6	4.2	10.4

出所：岩佐［2005］。原資料は、内閣統計局［1933］『昭和5年国勢調査報告』（第4巻府縣編、大阪府）、同『昭和15年国勢調査結果原表』。

注：1）Ⅰ：市制施行時の区域、Ⅱ：第1次市域拡張（1897年）で編入された区域、Ⅲ：第2次市域拡張（1925年）で編入された区域である。大正区は港区から、旭区は東成区から、それぞれ1932年に分区・独立してできた区である。そのため、増減率は、分区前の領域を基準に算出している。

2）1940年の大阪市人口は「銃後一般国民に関する分」で、外国人を除いたものである。

域へと外延的に拡大してきたが、その過程で人口はⅠの中心部で減少する一方、Ⅲの周辺部で急増していく形で推移していた。特にこの時期に入ると都心部は「大阪市の商業地区で、会社・銀行・大商店などの大建築物多く是等のビルディングは次第に住宅を駆逐し」、中枢管理機能の集積と人口のドーナツ化が進展していく一方、周辺部では、「中央部の商業地と違つて工業地で」、「此の労働力の供給地は主として工場の附近」であり、工場集積と人口の過密化が立ち現れるようになっていた（東尾ほか［一九三五］）。当時の大阪の都市形成は、都心の業務空間化と周辺部の工場地帯化という空間的変貌を伴うものであり（川瀬［一九八五］、名武［二〇〇七］）、生活空間も、まさにこうした資本蓄積活動に伴う地域的集中と外延的拡大を反映する形で展開していった。

このような状況を踏まえながら、朝鮮人の居住地域に注目してみると、Ⅲの周辺部ならびにⅡの港区や大正区といった湾岸部に人口が集中しており、いずれの区も一〇年間で人口が約二倍の伸びを示していることがわかる。また、区内人口に占める朝鮮人シェアでは、東成区がこの一〇年間で六・七％から一四・九％へ、東淀川区と西成区も一九四〇年に一割を超える等、これら三つの区が朝鮮人の主要居住地へと変貌したことが読み取れる。これらの地域は、いずれも市内を代表する工場密集地域であるとともに、朝鮮人労働者を雇用する工場が集まる地域でもあった。実際、一九三〇年の大阪市調査によると、朝鮮人工場労働者の区別分布では、多い順に東成区（全体の一八・二％）、東淀川区（一七・八％）、港区（一三・五％）であり、朝鮮人使用工場比率はいずれも六割強に達していた（大阪市社会部調査課［一九三一］）。朝鮮人労働者はこうした工場周辺に居を構えるとともに、その後彼らの生活を支える商業・サービス業が集積することで、朝鮮人集住地域が形成されていったと考えられる。

もっとも、彼らは自由な意思で市内周辺部を居住地に選択したわけではなかった。労働市場における階層性や民族差別を背景に、住民生活の面でも居住空間の階層性を帯びながら、条件の劣悪な地域に集住せざるをえなかった。表10は、「不良住宅地区」、いわゆるスラム地区の分布状況を示したものである。まず、不良住宅地区内における朝鮮人戸数比率は二一％と、前掲表9の朝鮮人人口比率（六・七％）を大きく上回っていた。また、民族別でみた一戸当たり平均世帯数は、日本人の一・一九世帯に対して朝鮮人は一・八二世帯と、同じスラム地域の間でも朝鮮人が一層密住状況で生活を送っていたことが推察される。

つまり、朝鮮人移民は、大阪市内の増大する都市下層を構成するとともに、下層民の中でも底辺の位置に置かれていた。そのような状況では、都市における生活難や差別の眼差しが容易に想起されるが、こうした逆境に抗して、自らの力で生活拠点を次第に確保していくようになった点も見逃せない。その中心的な場所が、Ⅲの市内周辺部であった。特に東成区や大正区、西成区、旭区では、三割以上が朝鮮人居住世帯で占められており、戸数比率四割以上の「集中地区」も一〇地区に上った。とりわけ「集中地区」の筆頭に挙がっている東成区鶴橋第一地区は、朝鮮人戸数比率が四分の三を占める、まさに「大阪の中の朝鮮」であった。同地域は、「住宅地と云ふよりも刷子、セルロイド、ゴムなどの新しい小工場と小売商店とが大部分を占めそれに町端には大阪一の鮮人《ママ》の巣で現

表10　大阪市内における不良住宅地区の分布状況

（単位：戸、世帯、％）

			戸数			地域別割合			地区内における朝鮮人戸数比率
				日本人	朝鮮人		日本人	朝鮮人	
大阪市計 （1戸当たり平均世帯数）			16,579 (1.32)	13,026 (1.19)	3,553 (1.82)	100.0	100.0	100.0	21.4
区別分布状況	Ⅰ	北　区	691	562	129	4.2	4.3	3.6	18.7
		東　区	163	123	40	1.0	0.9	1.1	24.5
		西　区	136	131	5	0.8	1.0	0.1	3.7
		南　区	446	340	106	2.7	2.6	3.0	23.8
	Ⅱ	天王寺区	908	881	27	5.5	6.8	0.8	3.0
		浪速区	3,758	3,493	265	22.7	26.8	7.5	7.1
		港　区	252	225	27	1.5	1.7	0.8	10.7
		大正区	738	439	299	4.5	3.4	8.4	40.5
		此花区	1,537	1,320	217	9.3	10.1	6.1	14.1
	Ⅲ	東成区	1,334	774	560	8.0	5.9	15.8	42.0
		旭　区	1,653	1,122	531	10.0	8.6	14.9	32.1
		東淀川区	1,854	1,344	510	11.2	10.3	14.4	27.5
		西淀川区	1,093	860	233	6.6	6.6	6.6	21.3
		住吉区	648	486	162	3.9	3.7	4.6	25.0
		西成区	1,368	926	442	8.3	7.1	12.4	32.3
朝鮮人集中地区	東成区	鶴橋第1	210	54	156	1.3	0.4	4.4	74.3
	此花区	春日出	13	5	8	0.1	0.0	0.2	61.5
	東成区	生　野	123	51	72	0.7	0.4	2.0	58.5
	西淀川区	鷺洲第1	42	18	24	0.3	0.1	0.7	57.1
	大正区	泉　尾	504	220	284	3.0	1.7	8.0	56.3
	東　区	玉　造	47	21	26	0.3	0.2	0.7	55.3
	東成区	中本第1	338	177	161	2.0	1.4	4.5	47.6
	住吉区	田　邊	19	10	9	0.1	0.1	0.3	47.4
	旭　区	城　北	509	276	233	3.1	2.1	6.6	45.8
	東成区	今　里	52	31	21	0.3	0.2	0.6	40.4

出所：大阪市社会部調査課［1939］『本市に於ける不良住宅地區調査』より作成。
注：1）不詳を除く。
2）ここでの「不良住宅地区」とは、低く湿潤な土地で、裏町に所在し、道路は幅員6尺以下、家屋は20数年以上経過し、多くは長屋で破損等がひどい状態であり、家屋は原則10戸以上、家賃15円以下、居住者は概して貧困で、伝染病が頻繁に発生し、便所・水道の共用が多いという条件を満たした地区を指している。
3）Ⅰは市政施行時の区域、Ⅱは第1次市域拡張で編入された区域、、Ⅲは第2次市域拡張で編入された区域である。
4）「朝鮮人集中地区」は、地区内での朝鮮人戸数比率が40％以上の地区を抽出したものである。

に千二三百人が出つ入りつ」する過程で形成された経緯があり（『大阪毎日新聞』一九二三年三月一三日）、すでに紹介した労働現場に近接する地域で居住の場を確保することを通じて集住が進み、朝鮮人のスラム・コミュニティが形成されていったことがうかがえる。

(2)　朝鮮人世帯の生活の再生産と民族ネットワーク

では、大阪の朝鮮人移民は、こうしたスラム・コミュニティの中で、どのように生活の再生産を行っていたのであろうか。次に、一九三二年に「一戸を構へて居住する世帯」を対象にした最も包括的な調査である、大阪府学務部の調査結果（大阪府学務部社会課［一九三四］）を素材に、コミュニティの中での世帯の営みを把握してみよう（岩佐［一九九八］）。

まず、世帯面での特徴から見ていくと、朝鮮人の平均世帯人数は四・三人で、三人世帯が最も多かった（全体の二四％）。また、世帯主の九割に配偶者がおり、七割に一五歳以下の児童がいた。つまり、一九三〇年代前半に入ると、朝鮮からの移民パターンが短期的な単身出稼ぎから中長期的な移住・世帯形成へと推移しつつある傾向がうかがえる。その際、配偶者の来阪期は「世帯主より後」が過半数、「世帯主と同時」のケースも四割を占め、大阪における世帯主の滞在が家族呼び寄せに影響を及ぼしていた。しかし、仕事の有無については、家族の中で有業者が一人のみの世帯は七割弱、無職の配偶者が九割弱に達しており、家族が増えても経済事情は厳しい状況にあった。

居住環境については、大半が普通長屋で暮らしており（九六％）、バラック居住世帯も四％存在した。住宅の所有状況は「借家」五七％、「間借」三九％、「持家」はわずか三％にすぎず、持家でもバラックが六割を占める状況であった。また居住面積も、一世帯平均一・八室（六・五畳）、一人当たり平均一・五畳と狭小で、設備共用率についても、便所では二割強、水道も七割強と貧弱であった。しかも、借家住まいの場合、貸主は大半が日本人だった（九五・六％）こともあり、絶対的な住宅不足に加えて、日本人家主の偏見が大きな壁になっていた。実際、低賃金に規定されて家賃滞納が一割以上に及んだことから、それを口実にした賃貸拒否を発端に住宅争議が頻発した。確かに、こうした住宅難を背景に、大阪府内鮮協和会による住宅経営がわずかに行われていたものの、一定の職業と相当の収入がある者に限られていたため（三木［一九三〇］）、住宅問題の悪循環の解消にはほど遠かった。したがって、密住性と不安定性を特徴とするスラム的居住環境ゆえに、一つの家屋に家族以外の同居人が存在する世帯は全体の一六％にも上った。つまり、公的な住宅市場から疎外される中、借家住まいの朝鮮人による部屋の間貸や下宿業経営が住宅難の緩和策となり、「日本人家主─朝鮮人借家人─朝鮮人下宿人・間借人」という重層構造の中で、朝鮮人世帯は生活の場を次第に築くようになっていったのである。

一方、家計面に目を転じると、支出に占める食費の割合が「四～六割」の世帯が過半数存在し、支払家賃が「一～三割」に上る世帯が四分の三を占めていたことから、多くの世帯は食費と家賃で支出の大半を消尽していたことがうかがえる。また、貯金・剰余金・郷里への送金のいずれもない世帯が全体の三割に達していた。その上、借金のある世帯は二割に上り、逼迫した家計ゆえに通学できない不就学児童が五二・四%と過半を占める等、家計事情の影響は次世代にも及んでいた。

こうした労働と生活の過酷な状況にもかかわらず、次第に大阪内部で世帯形成がなされ、滞在の長期化・定着化が進んでいくようになった。その鍵は、朝鮮人同士のネットワークである。例えば、生活難で他者から支援を受けたことのある世帯に注目すると、親戚・近隣からの援助の割合が四分の三を占める一方、市や方面委員、私設団体からの公的な援助を大きく上回っていた。ここでは、頼母子や「契」と呼ばれる地縁・血縁を通じたインフォーマルな支援が重要な役割を果たしていた状況がうかがえる。このように、生活困難の中でも都市内部で次第に非公共的な民族内相互扶助ネットワークが形成され、「異郷」における生活基盤の確立が進んでいくのである。

以上のように、大阪における朝鮮人労働需要の増大は、移民の包摂や労働市場の階層化と同時に、生活空間の階層化と居住分化をもたらしていった。しかし、こうした民族間居住分化の中でも、労働・生活の再生産の「根拠地」として朝鮮人自身によるコミュニティ形成が進められ(崔[一九九〇])、非公共的ネットワークに依拠した生活の再生産を定着させながら、戦後の在日朝鮮人社会の形成基盤として展開されていくのである。

おわりに

本章では、戦間期大阪における朝鮮人移民に注目し、労働・生活両面で都市内部へと構造化されていく過程を検討してきた。最後に、本章で明らかになった内容を総括しておこう。

朝鮮人移民は、戦前の日本帝国では最も離郷者の多い民族であり、本源的蓄積を通じて多数の人々が「本国」・日本の大都市へ渡るようになったが、その最大の集住地域が大阪であった。当時の大阪は、帝国内部あるいはアジアの人的・物的ネットワークの中枢として生産・流通面で重要な役割を果たすとともに、資本蓄積に伴う大量の労働力需要を都市内部で発生させ、九州、沖縄、朝鮮といった遠隔地労働力の包摂を通じて多様な住民で構成される世界都市へと変貌を遂げていったのである。しかし、遠隔地労働力の中でも朝鮮人移民は日本人と同等の権利を獲得したわけではなく、日本への移動・定住に際しては渡航規制と戸籍制度を通じてさまざまな規制を受けていた。安価な労働力を渇望する資本の論理と、治安維持を至上命令とする国家の論理との狭間で、朝鮮人移民は「帝国臣民」として本来享受できるはずの「近代市民社会」の権利から疎外され、大阪への「越境」移動も包摂と排除という内部矛盾を伴いながら進んでいったのである。

一方、大阪の都市形成に焦点を当てると、朝鮮移民労働者は、世界都市への再編成過程で、工業・土木建築部門を中心に日本人の忌避する底辺労働力として大量に包摂されるとともに、不安定就業や失業といった排除にも晒される産業予備軍として、都市の経済的・社会的・物的空間構造を土台で支える役割を果たした。また、こうした労働特性に規定され、生活過程においても絶対的な住宅不足や民族差別を背景に公的な住宅市場から排除され、市内周辺部を中心に密住性と不安定性を特徴とするスラム・コミュニティを形成していった。朝鮮人が公共へアクセスできたのは、労働面では失業救済土木事業、生活面では市や内鮮協和会が提供する住居等、部分的な享受にすぎず、現実には都市内部における社会的・空間的分極化を通じて、「都市的公共」から事実上疎外されていたのである。

しかし、労働・生活面での包摂／排除の過程で、都市において孤立化を乗り越えるための鍵となったのが、朝鮮人同士の民族ネットワークである。特に労働面では、就職における「個人紹介」等の民族ネットワークから朝鮮人内部での民族内雇用関係の創出へと、朝鮮人同士の非公共的な関係が重要な役割を果たすようになっていった。また、生活面でも、世帯形成や集住化、相互扶助ネットワークを軸にしたコミュニティが形成され、「契」と呼ばれる地縁・血縁を通じた非公共的な民族内相互扶助ネットワークを通じて「異郷」における生活基盤を確立していった。こうした非公共的関係性を通じて、日本の都市に構造化された朝鮮人移民による主体的な定着・再生産が進んでいくのである。

以上のような状況は、第二次大戦後の帝国崩壊＝民族解放直後には、朝鮮からの流入者の途絶と帰郷者の増加でいったん転機を迎える。ところが、終戦直後の故郷での生活難や社会政治的混乱は、帰郷者の波を収束させるとともに、Uターン者や難民の逆流すらを引き起こした。こうした中、在阪朝鮮人の間では、戦前期からの経歴を基盤に経営の再開や零細事業者化を通じて生活の糧を自力で得ようとし、また民族団体が勤労斡旋所を開設する等の支援を構築するようになった。表11は、一九四七年時点の在阪朝鮮人事業者名簿を業種別に整理したものである。同表の事業者構成を見る

表11　戦後大阪における朝鮮人事業者の業種別構成（1947年）

		業者数（社）	比率（%）	主な製造・取扱業務
総　計		832	100.0	
工業		629	75.6	
	ゴム工業	188	22.6	タイヤチューブ・ゴム靴・地下足袋製造
	メリヤス工業	91	10.9	メリヤス品製造
	金属工業	90	10.8	ミシン部品・南京錠・各種部品製造
	油脂加工業	59	7.1	石鹸・洗剤製造
	鋳造業	46	5.5	水道水バルブ・家庭用鍋釜製造
	鉄工業	35	4.2	ボルト・ナット類製造
	硝子加工業	33	4.0	ガラス瓶・注射液器製造
	電機工業	33	4.0	充電器・変圧器・電球製造
	皮革工業	12	1.4	革靴・運動靴製造
	樹脂加工業	10	1.2	セルロイド眼鏡製造
	反毛業	6	0.7	各種反毛品製造
	日用品製造業	4	0.5	ブラシ・靴下・化粧品等製造
	製材業	4	0.5	建材・鉄骨製造販売
	化学工業	1	0.1	理化学機器製作
	その他工業	17	2.0	洋傘・帽子等製造、塗装
商業		158	19.0	
	食堂経営	106	12.7	朝鮮料理、一品料理、割烹、大衆料理、喫茶店
	各製品販売業	14	1.7	ベルト・古物・レコード・帽子・自転車等販売
	食料品販売業	8	1.0	乾物等食料品販売
	雑貨販売業	7	0.8	古着・雑貨販売
	衣料販売業	5	0.6	洋服仕立販売
	時計販売業	4	0.5	時計修理販売
	薬品販売業	4	0.5	各種薬品販売
	化粧品販売業	2	0.2	化粧品製造販売
	水産物販売業	1	0.1	水産物販売
	その他商業	7	0.8	古書販売、写真撮影等
運輸業		23	2.8	
	修理業	14	1.7	自動車修理
	運送業	9	1.1	土建材料運搬、トラック輸送
土木建築業		13	1.6	土木建築請負
出版・印刷業		9	1.1	新聞・雑誌発行、印刷業

出所：在日本朝鮮人聯盟大阪本部勤労斡旋所［1947］『在大阪朝鮮人各種事業者名簿録』（朴慶植編［2000］『在日朝鮮人関係資料集成〈戦後編〉』第5巻、不二出版）より作成。

注：1）重複分や使用者数の誤記は訂正している。

2）事業者が複数で同一会社経営の場合は、1社として計算している。

3）同一会社で事業所が複数ある場合、同一業種の場合は統一し、使用者数を合算している。

と、ゴム、メリヤス、金属、油脂加工、鋳造等の製造業や、食堂経営、各種販売業といった商業等で多数の業者が存在していることがわかる。しかも、すでに戦前に登場した経営者構成が、戦後も継承されており、これが民族コミュニティを土台とする在日企業の発展の基礎となっていくのである（韓［二〇一〇］）。

戦後の在日朝鮮人は、戦前帝国下での「同化」の強制から、一転して「異化」を強制され、労働市場や社会活動といった「市民社会」からの疎外に直面する。しかし、そうした逆境に対して、戦前来築き上げてきた非公共的な労働・生活基盤をもとに日本の都市の中で根を下ろし、現在に至る在日韓国・朝鮮人コミュニティの形成が進んでいくのである。

参考文献

蘭信三［二〇〇八］「日本帝国をめぐる人口移動の国際社会学をめざして」蘭信三編『日本帝国をめぐる人口移動の国際社会学』不二出版

岩佐和幸［一九九八］「世界都市大阪の歴史的形成」（京都大学）『経済論叢別冊　調査と研究』第一六号

岩佐和幸［二〇〇五］「戦前期大阪の都市形成と朝鮮人移民労働者」『歴史と経済』第一八七号

大蔵省［一九二六］『大日本外国貿易年表（一九二五年度）』大蔵省

大阪工業会［一九三二］「朝鮮人労働者に関する調査」『工業』第七四号

大阪市社会部調査課［一九二三］『朝鮮人労働者問題』弘文堂

大阪市社会部調査課［一九二六］『大阪市労働年報』

大阪市社会部調査課［一九三二］『本市に於ける朝鮮人工場労働者』
大阪市社会部調査課［一九三三］『朝鮮人労働者の近況』
大阪市役所［一九三八］『大阪市政五十年の歩み――自治制発布五十周年記念――』大阪市役所
大阪地方職業紹介事務局［一九三〇］『朝鮮人労働者調査』（朴慶植編［一九七五］『在日朝鮮人関係資料集成』第二巻、三一書房）
大阪府学務部社会課［一九三四］『在阪朝鮮人の生活状態』
小野一一郎［二〇〇〇］『資本輸出・開発と移民問題』ミネルヴァ書房
川瀬光義［一九八五］「第二次世界大戦前における大阪の都市形成過程」（京都大学）『経済論叢』一三五巻第一・二号
金賛汀［一九八五］『異邦人は君が代丸に乗って』岩波書店（岩波新書）
警察部特高課［一九四二］「特高課関係事務引継書類。第三、事務情勢概況」『半井知事引継書』（朝鮮人強制連行真相調査団編［一九九三］『朝鮮人強制連行調査の記録（大阪篇）』柏書房）
高権三［一九三八］『大阪と半島人』東光商会書籍部
新修大阪市史編纂委員会編［一九九四］『新修大阪市史』（第七巻）大阪市
杉原達［一九九八］『越境する民――近代大阪の朝鮮人史研究――』新幹社
関一［一九二五］「大阪の現在及び将来」大阪毎日新聞社編『大阪文化史』大阪毎日新聞社・東京日日新聞社
総務省統計局［二〇一一］『平成二二年国勢調査　人口等基本集計結果』（http://www.e-stat.go.jp/SG1/estat/NewList.do?tid＝000001039448）

田村紀之［一九八三］「植民地期在日朝鮮人人口の再推計（Ⅰ）」〔東京都立大学〕『経済と経済学』第八八号
崔碩義［一九九〇］「大阪、小林町朝鮮部落の思い出」『在日朝鮮人史研究』第二〇号
朝鮮人強制連行真相調査団編［一九九三］『朝鮮人強制連行調査の記録（大阪編）』柏書房
通産大臣官房調査統計部［一九六一］『工業統計五〇年史』（資料篇一）大蔵省印刷局
東京市政調査会［一九四〇］『日本都市年鑑』第一〇号、東京市政調査会
東洋経済新報社［一九三五］『日本貿易精覧』東洋経済新報社
外村大［二〇〇八］「日本帝国の渡航管理と朝鮮人の密航」蘭信三編『日本帝国をめぐる人口移動の国際社会学』不二出版
名武なつ紀［二〇〇七］『都市の展開と土地所有——明治維新から高度成長期までの大阪都心——』日本経済評論社
韓載香［二〇一〇］『「在日企業」の産業経済史——その社会的基盤とダイナミズム——』名古屋大学出版会
東尾真三郎・水川直蔵・眞銅捨三・岩田亀三［一九三五］『大大阪物語』東洋図書
樋口雄一［一九八六］『協和会——戦時下朝鮮人統制組織の研究——』社会評論社
枡田一二［一九七六］「済州島人の内地出稼ぎ」『枡田一二地理学論文集』弘詢社
三木正一［一九三〇］「在阪朝鮮人の住宅問題について」『大大阪』第六巻第一号
水野直樹［一九九九］「朝鮮人の国外移住と日本帝国」樺山紘一ほか編『移動と移民（岩波講座世界歴史19）』岩波書店
森田芳夫［一九五五］「在日朝鮮人処遇の推移と現状」『法務研究報告書』第四三集第三号
Harvey, David, *Rebel Cities: From the Right to the City to the Urban Revolution*, Verso, 2012（森田成也・

大屋定晴・中村好孝・新井大輔訳〔二〇一三〕『反乱する都市――資本のアーバナイゼーションと都市の再創造――』作品社）

Lefebvre, Henri, *Le Droit à la Ville*, Editions Anthropos, 1968（森本和夫訳〔二〇一一〕『都市への権利』筑摩書房）

第4章　戦後日本における公共性とその転回

——一九七〇年代を起点とする川崎・在日朝鮮人の問いを中心に——

加藤　千香子

はじめに

本章で論じるのは、「公共」と「非公共」を分かつ境界線の問題である。ここでは、戦後日本における「公共」が「非公共」の位置におかれた側から意識化され問われていく時期の開始を一九七〇年代にとらえ、現代日本にも継続する「公共／非公共」の境界や「公共」の変容について考えていきたい。

日本近現代史研究をふり返ると、「公共（性）」をめぐるテーマは、一九八〇年代以降の農村社会史研究の中で登場している。共同研究として行われた『近代日本の行政村』（大石・西田［一九九一］）は、行政村を「もっとも基礎的な公共＝自治団体」ととらえ、長野県埴科郡五加村を事例としてその構造を歴史的段階的に検証したものであった。そこで設定されたのは、次のような課題である。「いったんは公権的に国家的公共として制度化され近代化された行政村の歴史的展開の中に、それをくぐりぬけて新たな地域的公共関係が成長する『公共性の構造転換』の論理を探り出そうということ」(大石・西田［一九九一］七四一頁)。天皇制国家による「国家的公共」の制度化という歴史的現実をふまえたうえで、なお民主的な地域社会のあり方を探ろうとする問題意識の重要性は首肯できる。しかし、グローバル化が進展した二〇〇〇年代以降の地点で考えると、「国家的公共」に「地域的公共」を対峙させてオルタナティブな可能性を見出そうとするだけでは、少なからず限界があるように思われる。

現代を「〈新〉植民地主義」という切り口で論ずる西川長夫は、その特徴を「グローバル化によって資本と国家の矛盾、あるいは国家それ自体が隠蔽してきた矛盾が一挙に露呈し、公／私をめぐるさまざまな領域の解体・再編が進行している」時代ととらえる。近年議論に上っている「新しい公共」論は、こうした「公／私」の境界すなわち「公共」の枠組みの動揺や解体を視野に入れたものである。現在、「公共」について考えようとするならば、「公共性論の前提をなしている公／私の枠組み自体を疑い、問題の俎上にのせること」(西川［二〇〇三］)は必須とならざるをえない。ここでの「公／私」は「公共／非公共」と言い換えられるが、すなわち現在課題とすべきは、従来の「公共／非公共」の枠組みの問い直しのうえで「新しい公共」を展望することではないだろうか。

「公共」が、理念的には誰にでも開かれ普遍的な議論を行う場であるかのように見えながら、実際にはその場に誰を入れて誰を入れないか、どのような議論が相応しいか相応しくないかという排除や選別の論理を常に孕んでいたことは、フェミニズムやマイノリティ研究が暴いてきた事柄である。「国家的公共」や「地域的公共」の前提となっている「公共」の枠組みそのものを俎上に載せなければならない。

では、「公共」に含まれない「私」領域や「非公共」には、どのようなものがあるだろう。そこに、「周辺」に位置づけられながら、「公共」の存立に欠かすことができず「公共」を支えるという面があることも見落としてはならない。「非公共」には、近代市民社会にそぐわない在来的・伝統的な論理が働く「私」的な集団や場、家族内部の諸関係がある。だが、本章では、そうした問題についてはひとまずおくこととし、国民国家のもとで「国籍」を包摂の条件とした「公共」によって排除される「非公共」について考えていく。「公共と非公共」の検証において、国民国家の論理に基づく「公共」への包摂／排除される「非国民」としての「非公共」との対照関係は、グローバル化の進展のなかでとりわけ顕在化している大きな問題だと考えるためである。本章では、「公／私の区分」を国民国家のイデオロギーとみなす西川長夫の提唱を受けとめながら、「公共／非公共」の境界線の構築と変容の問題を、戦後日本の歴史過程のなかで論じていくこととする。

検証の対象とするのは、戦後日本社会という「公共」と、その「公共」において「見えない」存在とされた在日朝鮮人との関係及びその変化であり、照準を合わせる時代は、一九七〇年前後――広い意味での「一九六八年」――である。講和独立後に立ち現れた戦後日本の「公共」は、「一民族一国家」の論理に裏打ちされたものであり、そこで在日朝鮮人をはじめとする旧植民地出身者の存在は不可視化された。一九七〇年代は、こうして不可視化された在日朝鮮人と「公共」の関係性に変容が起こされる起点と考える。I・ウォーラーステインは、「一九六八年」を「世界システムの内容と本質に関わる革命」とする命題を立てている。彼が注目したのは、反システム運動におけるフェミニズムやさまざまなマイノリティ、エコロジストたちの台頭であった（ウォーラーステイン［一九九一］）。小熊英二が指摘するように、日本の「一九六八年」においては、ウォーラーステインのこうした「（フェミニズムやマイノリティによる）革命の勝利」という定義をそのまま当てはめることは、確かに困難であろう（小熊［二〇〇九］）。しかし、当時の日本社会で、「世界システムの内容と本質」を揺るがす「一九六八年」に共振し、既存の「公共」を支えるパラダイムを転換しようとする動きが起こったことは、今日あらためて検証するべき事柄ではないだろうか。

以下の本論では、まず在日朝鮮人排除の論理を孕む講和独立後の「公共」が、一九七〇年代初めに「非公共」の位置にある在日朝鮮人と「公共」の側の日本人の両者によって問題化され、「公共」の枠組みが問われていく過程を明らかにする。さらにその後、地域社会における在日朝鮮人たちの「公共」へのかかわりの模索と、それに対する地方自治体に体現される「公共」の側の動きについて検証していく。検証を通じて考えていきたいのは、こうした経緯を経て、「包摂と排除」の論理をはらんでいた戦後日本の「公共」の枠組みや「公共／非公共」の境界は、はたしてどのように変容を遂げたといえるのかという問題である。そこから見えてくる現在の課題について、「公共」の今後をも視野におきながら展望していきたい。

1　講和独立後の日本社会と在日朝鮮人——「公共／非公共」の境界線——

最初に、日本が国民国家としての再興を果たしてゆく過程で、旧植民地出身者の「公共」からの排除がなされる経緯を見ておきたい。

終戦直前の日本国内には約二〇〇万人の在日朝鮮人が居住していた。敗戦直後より朝鮮からの日本人の引揚船の片航路を利用して在日朝鮮人の帰還がはじまり、また、GHQも日本政府に対して、在日朝鮮人の計画的送還を進めるよう指示を行った。出国者に対しては再入国を禁止する方針が採られ、不法入国者の取り締まりは厳重に行われた。だが、日本での生活継続を選択する在日朝鮮人も少なくなく、その数は一九五〇年段階で約六〇万人に上った。

占領下、残留した在日朝鮮人に対する措置として、日本政府は、配給や課税、財産等に関して日本人と同じ基準を適用し生活保護法の適用対象ともみなすとともに、日本の法令に服し子どもを就学させる義務を課した。だがその一方で、一九四六年の衆議院選挙時には「戸籍法ノ適用ヲ受ケザル者」という理由で在日朝鮮人の選挙権・被選挙権が停止され、一九五〇年の公職選挙法で明確に在日朝鮮人の選挙権・被選挙権が否定された。同時に一九四八年以降、民族教育を行う朝鮮人学校の禁止が通告され、在日朝鮮人の大きな抵抗を生みながら、各地で朝鮮人学校の閉鎖が強制的に行われていった。

在日朝鮮人の戦後日本における地位は、一九五二年四月のサンフランシスコ講和条約の発効と同時に確定した。すなわちここで、在日朝鮮人は日本国籍を喪失し、外国人登録法施行のもとで日本に居住しながらも「国民」とは区別され、「外国人」として管理の対象となったのである。

講和独立後、戦後復興を目指す日本社会の「公共」関係は再編を遂げていく。日本国籍を有する女性の政治参加が促され、「基本的人権の尊重」をうたう日本国憲法の理念のもとで社会福祉制度の整備が進んだ。一九五〇年代末には国民健康保険法や国民年金法が施行されることとなり、「国民」の生存権を保障するためのシステムが確立をみた。だが、ここで注意しなければならないのは、新たな法律や制度の多くには、「日本国籍を有する者」を条件とする国籍条項が設けられたことである。公務員の就任については、一九五三年に内閣法制局は次のような見解を表明した。「当然の法理として、公権力の行使または国家意思の形成への参画にたずさわる公務員となるためには、日本国籍を必要とするものと解すべきである」。明文化されていない「当然の法理」を根拠として、公務員就任にも国籍条項が設けられたのである。このように、日本国籍をもたない在日朝鮮人は、国・地方を問わず政治参加や公務への就任は拒絶され、生活保護を例外として社会福祉の受益対象からも外されることとなる。

また、多くの在日朝鮮人は、復員した日本人男性の職場復帰が進む中で、工場や会社などで正規雇用労働者としての職を確保することが以前に増して難しくなった。その中で在日朝鮮人の主な生活の糧となっていったのは、どぶろく製造や廃品回収、工場の下請けといった「周辺」的な雑業や底辺労働であった。

こうした過程を見るならば、一九五〇年代以降の日本社会は、在日朝鮮人を、「市民的＝国民的公共」の中で「見えない人々」（飯沼［一九七三］）とし、まさに「非公共」の位置に追いやったと言ってよいだろう。

一方、在日朝鮮人の側に目を移そう。敗戦直後には、日本共産党の指導のもとで民族学校存続や生活権擁護闘争を展開した在日朝鮮人たちの運動は、一九四九年に制定された団体等規制令による在日朝鮮人連盟（朝連）の解散を経て、転回を遂げることとなる。一九五三年七月の朝鮮戦争休戦協定締結後、北朝鮮の南日《ナムイル》外相より「在日朝鮮人は、わが国の在外公民」であるとする声明が出されたが、これをきっかけに一九五五年に日本共産党が在日朝鮮人運動に対する従来の指導方針を転換すると、在日朝鮮人運動にも組織的再編の動きが起こった。新たに在日本朝鮮人総連合（総連）が結成されたが、総連は、「共和国公民」としての立場を鮮明にしながら運動を進めるとともに、「一民族一国家」の志向を強め、日本の政治に対する「内政干渉」を否定した。一方、大韓民国に繋がる在日本大韓民国民団（民団）も、日本に対して同様の立場をとった。こうして五五年以降の在日朝鮮人運動では、「在外公民」としての立場から日本への「内政干渉」を否定するという論理が確立し、在日朝鮮人の側でも日本の「公共」に加わらないとする認識が定着することとなったのである。文京洙は、こうした日本・在日朝鮮人双方による「一民族一国家」志向によってつくられた枠組みを、「五五年体制」と呼んでいる（文［二〇〇七］）。

その後、一九五九年からは、在日朝鮮人を北朝鮮に送還させるための大規模な「北朝鮮帰国事業」が進められることとなる。中断をはさんで一九八四年まで行われたこの事業は、これまで祖国への帰国を求める在日朝鮮人に対する「人道的」措置と理解されてきた。しかし近年、「帰国」後の北朝鮮での劣悪で抑圧的な生活実態が明らかになるとともに、帰国事業を推進した日本赤十字社や承認を与えた日本政府の思惑、実施に至る経緯などの検証をふまえ、再審されるようになっている（金・高柳［一九九五］、高崎・朴［二〇〇五］、モーリス－スズキ［二〇〇七］）。帰国事業の背景については、受け入れ側の北朝鮮政府の思惑とともに、日本社会での生活に不安を抱き「本国」を拠り所とせざるを得なかった在日朝鮮人の状況、治安や財政負担を問題とし在日朝鮮人の国外送還を望んだ日本政府の意図等を考えるべきであろう。だが、そこに「一民族一国家」を前提として戦後復興に邁進した多くの日本人が加担していたということも、忘れるべきではない。日本の戦後復興による「公共」の再構築において、帰国事業が、在日朝鮮人の「公共」からの排除という点で大きな画期となったのは確かであろう（加藤［二〇一三］）。

2　一九七〇年代における「在日朝鮮人問題」の登場

一九五〇年代に進んだ「日本人／在日朝鮮人」＝「公共／非公共」の明確な分離、それにともなう在日朝鮮人の不可視化といった状況は、いつどのように変容がはじまるのか、次に考えていきたい。

一九六五年には、講和以後続けられていた日本・韓国間の国交正常化交渉が日韓基本条約として決着をみた。この時に在日韓国人の処遇に関して「日本国に居住する大韓民国国民の法的地位及び待遇に関する大韓民国と日本国との間の協定」が結ばれ、韓国籍を持つ在日朝鮮人に永住権を付与することが決定された。しかし、この段階で永住権の申請を行った在日朝鮮人は、総数六一万人中約三五万人に過ぎなかったとされる（佐藤［一九七二］）。韓国籍を持つ者にのみ永住権を付与するという処遇は、冷戦下の当時、在日朝鮮人の側で「分断支配」と見る傾向が強く、日本人社会の側でも在日朝鮮人の「公共」への参加・包摂の問題として議論されることはなかったといってよい。

日本人を前提とする「公共」のなかで、在日朝鮮人の存在が意識されるようになるのは、一九七〇年前後のことである。一九六一年に日本人の立場から朝鮮問題を研究する機関として設立された日本朝鮮研究所の事務局長・佐藤勝巳は、次のように述べている。

> ここ一、二年、日本人の間で在日朝鮮人問題に対する真面目な関心が、かなり高まりつつある。思うに、これだけ多くの日本人が、在日朝鮮人問題に関心をよせたのは、はじめてのことではないかと思われる。と書くと、大層の人達が関心をもちつつあるように受けとられそうだ。だが、実際は、日本人全体から見れば、実に微々たる数。事柄の重要性からいって、取るに足りぬ人数

であることは間違いない。つまり、それほど左様に、いままで日本人の間で、在日朝鮮人問題が無視されてきたということであろう（佐藤［一九七二］）。

佐藤は、在日朝鮮人問題に対する関心が高まった理由を、日本人の側の関心と在日朝鮮人の側の変化として説明する。日本人の側では、一九六九年以降の出入国管理法案をめぐる反対闘争（入管闘争）の過程で在日朝鮮人・中国人に目が向けられるようになったことをあげ、特に在日朝鮮人については、世代構成の変化のなかで、「若い在日朝鮮人世代の生き方をめぐって在日朝鮮人自身が改めて自分の存在を問題にしなければならない状況が顕在化してきた」ことを指摘する。

前者の日本人の側について見るならば、入管闘争に先んじているが、まず一九六八年の金嬉老事件に際しての動きが想起される。暴力団員を殺害し寸又峡温泉に立てこもった金の差別告発発言に呼応する形で、「在日朝鮮人にたいする日本人の側の責任の問題」を考えようとする動きが知識人の中から起こり、金の裁判が始まると支援運動が開始された。また、入管闘争の中での大きな画期として、一九七〇年七月の「華青闘告発」がある。日本人を中心とする学生運動に向けられた在日中国人の批判は、「日本人」に対するきびしい告発と受けとめられ、以後の学生運動の中で「在日朝鮮人・中国人」問題が焦点化するようになっていく。

こうして日本の社会運動において、在日朝鮮人・中国人といった人々の存在が日本人への「告発者」という形で目に映るようになり、それに呼応して「日本人の側の責任」を考えようという動きが生まれることとなった。「ベトナムに平和を！　市民連合」（べ平連）の飯沼二郎は、アメリカ黒人の公民権運動を念頭におきながら次のように言う。「わたしたち日本人にとっても、日本に六十万人もいるといわれる在日朝鮮人は、〝見えない人〟たちなのである」。飯沼が提起したのは、「見えない人々」在日朝鮮人のための「日本人による市民運動」である。飯沼の考えでは、「在日朝鮮人の基本的人権をまもるために行われている運動」こそが、「自他の基本的人権をまもることを〝原点〟とする市民運動に最もふさわしい」運動なのであった（飯沼［一九七三］）。この呼びかけのもとに、一九七〇年代前後には、「任錫均を支持する会」、「徐君兄弟を救う会」などが結成され、大阪では「公立学校に在籍する朝鮮人子弟の教育を考える会」が生まれている。

他方、後者の在日朝鮮人の側の状況として、在日朝鮮人人口の七〇％を占めるようになった日本生まれの二世三世の朝鮮人の生き方の問題がある。日本での「非公共」の位置を受け入れながら「本国」に拠り所を求めて生きる在日一世とは異なり、新世代の在日の若者は、ごく自然に日本語や日本社会の習慣を身につけ、民族学校が制限される中で日本の公立私立の学校で学ぶ者も多かった。彼らの多くは、卒業後に日本で生きてゆくための道を模索するようになるが、その過程で、在日朝鮮人である自らを排除する日本社会＝「公共」との対決を余儀なくされたのである。

一九七〇年前後の時期は、この両者――在日朝鮮人からの「告発」とそれを受けとめようとする日本人市民や学生運動――が交錯した時代といえよう。それまでは「見えない人々」（＝「非公共」）であった在日朝鮮人の存在が、そこで「見える」ものとなっていく。これは注目すべき変化である。

ただし、日本人の側の受けとめ方として、日本人の良心や内省という問題に収斂する傾向が強かった。つまり、在日朝鮮人の存在が「見える」ようになったといっても、それは日本人に対する「告発者」という意味に限られていたのである。在日朝鮮人は、基本的人権の立場からの救済の対象ではあっても、あくまでも日本人である自分たちとは異なる場に属する「他者」なのであった。日本人にとって、在日朝鮮人を「公共」の場を共有する者として見る意識は、依然としてきわめて薄かったと言わざるを得ない。

3 「日立闘争」――在日朝鮮人の「公共」への問い――

一九七〇年前後における「在日朝鮮人問題」は、主に日本人の運動や言論界のなかで叫ばれるようになったものであるが、一方、当事者である在日朝鮮人の新しい世代は、日本社会すなわち「公共」に対してどのようにかかわっていったのだろうか。以下では、一九七〇年代において、日本社会に対して声をあげた在日朝鮮人とそれを受けとめた日本人によって展開された運動を、「非公共」の位置にある在日朝鮮人からの「公共」へのかかわり、という視点から取り上げよう。大企業である日立製作所を相手どった裁判の原告となった朴鐘碩《パクチョンソク》と朴を支援する「朴君を囲む会」によって展開された「日立就職差別裁判闘争」(「日立闘争」)である。

(1)　日立就職差別裁判

一九七〇年一二月、在日朝鮮人の朴鐘碩は、日立製作所を相手取った裁判を、横浜地方裁判所に提訴した。原告となった朴は、愛知県生まれの在日朝鮮人二世で当時は一九歳であった。愛知県の公立高校を卒業した朴は、日立製作所を受験し採用通知を得たが、戸籍謄本の提出を求められた際に韓国籍であることを告げると一転して不採用が言い渡された。それに納得できない朴は、横浜駅西口で入管闘争のビラを撒いていたべ平連の学生に相談をもちかけ、べ平連を通じて紹介を受けた弁護士とともに裁判にふみきったのである。裁判は四年にわたったが、日立の民族差別を告発する裁判闘争は多くの支援者を得て大きな反響を呼んだ。

朴は、裁判所に提出した「上申書」で次のように語っていた（朴君を囲む会［一九七五］）。

> 私は生まれて以来、ずっと日本の教育をうけ、自分も日本人の一人として日本の社会に生きるのだと、思いつづけてきました。……〔日本社会に対する――引用者〕あこがれのような、信頼感のような、期待感のようなものが私の心から消えたことはありませんでした。

公立学校で学び日本人の中で生活してきた朴は、「本国」を拠り所とする民族学校や民族団体との繋がりもなく、日本社会の「公共」の一員となることに何ら疑いをもっていなかった。日立の採用取り消しは、その信念の土台を崩したのである。「私がえがいたこの社会にたいする理想は何であったのか、信頼の情といったものが何であったのか、すべてが音をたててくずれおちてしまうような感じ」と朴は言う。朴の「公共」への信頼感は、開かれていたはずの「公共」には国籍という強固な境界が存在し日本国籍をもたない自分を排除する、という冷酷な現実によって裏切られてしまうのである。しかし、朴はそこで「日立が間違っているという強い確信」を持って提訴に踏み切った。「公共」から排除される現実を矛盾と認識し、「公共」の境界に挑んだのである。

日立側は、採用取消しの理由が朴の履歴書記載内容の詐称にあるとし、採用取消しを日立の「民族差別」に基づくものとする朴の訴えに真っ向から対峙した。だが、一九七四年六月に出た判決は、完全な朴の勝訴であった。判決文は、日立の行為を、労働基準法第三条（国籍、信条、社会的身分を理由とする差別を禁止）に抵触するとともに、民法第九〇条（公序良俗に反する法的行為の無効）の「公序」に反するものとし、解雇無効と賃金・慰謝料の支払いを日立に命じた（朴君を囲む会［一九七五］）。朴側の主張は全面的に認められ、横浜地裁は、日立による朴の採用取消しを「民族差別」と見なしたのである。

労働基準法や戦後の民法は、日本社会における「差別」を禁止しており、日本社会は国籍や信条、社会的身分の区別なく誰にでも開かれているという論理に立っている。一九七四年の判決文は、その原則を確認したものにすぎないともいえる。しかしその確認は、国籍による境界を自明のものとする国民国家の論理のもとで、「国民」と「非国民」との間の差別を当然のものとしていた「常識」

を覆すものにほかならなかった。普遍性を有しているかに見られる戦後日本の「公共」の理念と、現実には強固な排他性をはらむ国民国家の「常識」の矛盾がここに見られるのである。この矛盾への問いは、この裁判で完結するものでなく、その後も継続することとなる。

(2)「朴君を囲む会」と在日朝鮮人

「日立闘争」の推進主体となったのは、「朴君を囲む会」（「囲む会」と略）である。「囲む会」は、朴が相談をもちかけた慶応大学べ平連の日本人学生と、それに合流した在日朝鮮人二世の学生によって一九七一年三月に結成されたもので、学生の要請を受けて、弁護士や知識人、朝鮮問題研究者、キリスト教会関係者も名を連ねた。設立時の「囲む会」は、次のような呼びかけを行っている。

われわれは、広く、日本人と、そして在日中国人・朝鮮人に、〈朴君を囲む会〉への参加を呼びかけたいと思います。三者の置かれている状況と、歩んで来た歴史の相違を考えます時、〈共同〉なる言葉が安易に語られることは、決して許されるべきことではありません。しかし、それでもなお、まともに、相手の立場を見つめ、批判をし、受けとめあう場が必要である、と考え、会設立に踏み切ったのです。（「〈朴君を囲む会〉への呼びかけ」『朴君を囲む会会報』創刊号、一九七一年四月）

「囲む会」が提起した日本人と在日朝鮮人・中国人との「共同」の場の創造という発想には、国民国家の枠組みを前提とした既存の「公共／非公共」の分離を超える新しい「公共」を構築しようとする志向を見ることができよう。

ただし、新しい「公共」形成に向けての「共同」の試みには、困難がつきまとった。日本人と在日中国・朝鮮人によってもたれた「相手の立場を見つめ、批判をし、受けとめあう場」は、実際には、在日朝鮮人の厳しい「告発」に対して日本人が「沈黙」する場となったという。「囲む会」では、裁判開始から一〇カ月余り経った時点で次のような中間総括を行っている。「この間の朴鐘碩君自身の裁判闘争における主体性獲得のための問題提起と毎回の〈朴君を囲む会〉における、日本人の沈黙の内実の問題、即ち裁判闘争と支援闘争および在り方そのものを問うものとして問題が噴出してきているように思われるのである」（小塚隆夫「〈朴君を囲む会〉の中間総括」『朴君を囲む会会報』第三号、一九七一年一〇月）。

「囲む会」に集まった日本人・在日朝鮮人の若者たちは、裁判支援を通じて差別に反対するという共通の目標をもちながらも、両者が向き合う場で、「共同」よりもそれぞれの「主体性」の問題に悩むこととなった。日本人学生の和田純は、「我々日本人は、囲む会での自らの位置を、今たしかに、問い直されている」ととらえ、「この問いに何らかの形で『答えよう』とするならば、その『答え』は、自らを総括し自分の問題を持ち出してくる過程でしか望みえないだろう」と述べる（和田純「〈朴君を囲む会〉で日本人は…」『朴君を囲む会会報』第三号）。

「主体性」の問題は、在日朝鮮人にとってさらに深刻な問題であった。朴は、裁判にあたって、過去の「日本人として生きようとした自分」を自省しながら、「この裁判闘争を契機として、僕は〝朝鮮人になろう〟と決意した」と宣言した（「朴鐘碩君の手記〈朝鮮人としての自覚を持って〉」『朴君を囲む会会報』創刊号）。ここで、朴のいう「朝鮮人になる」という意味は、韓国や北朝鮮といった「本国」の「在外公民」であることを重視する在日朝鮮人の「民族的主体性」論とは異なる。あくまでも日本の「公共」への参加を前提としたものであるということは、確認しておかねばならない。そのため、民族団体に属する在日朝鮮人からは、日立への入社を求める朴に対して、「まず韓国人としての主体性を築き、生きてゆくべき指針を持ってもらいたいものである。われわれ同胞の中でも働き場が多くある……それをけってまで日本社会に潜む必要が一体どこにあるのか」といった批判がたえず投げかけられた。朴や「囲む会」の在日朝鮮人二世たちは、「同胞」の団体が掲げる「民族的主体性」論にも対峙しながら、自らの位置を見定めねばならなかったのである。

この問題――「本国」を拠り所とする民族団体から要請される「朝鮮人」としての「民族性」と日本の「公共」へのかかわりの問題――は、特に日本で生まれ育った在日朝鮮人の新しい世代にとっては大きな難問であった。しかし、その模索の中から、既存の「民族意識」とは異なる意識が生まれることとなったといえよう。「囲む会」の結成にかかわった崔勝久《チェスング》（当時は国際基督教大学学生）の、次の言葉はそれを表すものである。

ぼく達が朝鮮人として生きようとするというのは、何も民族の優秀さを誇示するということではなく、被差別者、弱者、被搾取者を生み出す現代の社会の中で、〈被害者〉としての朝鮮人として最も人間らしく生きるということである。……朴君の裁判の意味は実に、ここにある。つまり、ぼく達在日朝鮮人が、真に人間らしくありたいために、自分の置かれている生活の場で、自分の生活を通して社会に関っていくということである。（崔勝久「差別社会の中でいかに生きるか――朴君の訴訟を手がかりに――」『朝鮮研究』一〇六号、一九七一年）

崔がはっきりさせようとしたことは、日本の「公共」にかかわって生きる「在日朝鮮人」としての自己の位置であった。崔が提起した「〈被害者〉としての朝鮮人」とは、「素朴な民族意識」や「国民としての民族意識」といった本質的属性を示す既存の「民族意識」とは異なる意味をもつ定義である。崔が何より重視したのは、「公共」とのかかわりといえよう。この主張からは、日立闘争の中で浮上した「主体性」をめぐる論議を通じて、在日朝鮮人の側で「公共」とのかかわりに関する認識が深められていたことがうかがわれる。

4　在日朝鮮人の地域運動――「公共」とのかかわり――

(1)　「民族運動としての地域運動」の開始

「自分の置かれている生活の場で、自分の生活を通して社会に関っていく」という崔の発言に表れた「在日朝鮮人」として地域社会＝「公共」と積極的にかかわろうとする志向は、日立闘争後に実際の地域運動として体現されていく。崔は、それを「民族運動としての地域運動」と呼んだ。「民族運動としての地域運動」の場となったのは、京浜工業地帯の一角を占める臨海部の地域で、当時「スラム」と呼ばれた川崎市川崎区桜本町（以下、桜本）である。一九六〇年代の調査では、地域住民の約半数が在日朝鮮人であった。地域活動の拠点となったのは、この地区の在日大韓基督教会川崎教会である。川崎教会の李《イ》仁《イン》夏《ハ》牧師は「神の宣教」運動を進めており、一九六九年に教会堂を地域住民に開放した桜本保育園を開設、さらに一九七三年には社会福祉法人青丘社を設立して本格的な保育園運営を手がけるようになっていた。「日立闘争」を進めていた「囲む会」のメンバーたちは、崔勝久が同教会青年部のリーダーであった関係から川崎教会に集まるようになり、地域の子ども会活動などに積極的に参加するようになっていく。

日立闘争が終盤を迎えた一九七四年四月、「囲む会」に生まれた在日韓国人部会は、桜本で「日立と地域を考える川崎集会」を開いた。この集会は、地域の在日朝鮮人住民に向けて呼びかけられたものであった。集会の呼びかけ文には次のように書かれている。

朴君の受けた就職差別は氷山の一角であり、私たち川崎地区に住む在日韓国人にとっては、身近かな、誰もが経験していることではないでしょうか。……私たちは韓国人として、人間らしく生きたいのです。そこで身近な問題として、私たちの生き方が問われる教育の問題を手がかりに、地域のみなさんと話し合いたいと願っています。（「4・28日立と地域を考える川崎集会報告――在日韓国人部会――」『玄界灘』第一五号、一九七四年六月）

ここで企図されたのは、「韓国人として」生きるという立場の表明とともに、地区に住む在日韓国人住民として抱える問題の解決であった。この集会を機に「差別」の場と見られた学校教育の問題が公然と語られるようになり、それまで在日朝鮮人は受けることができなかった児童手当や市営住宅入居の問題が、川崎市に対する要求として提出されていくこととなる。その時のことを、崔は、「朝鮮人（外国人）だから仕方がないと思い込んでいたのに、『意識革命』が始まったのです」と、ふり返っている（崔・加藤［二〇〇八］）。

この呼びかけに率先して動いたのは、地域の在日朝鮮人女性たちであった。すでに桜本保育園では、保母たちによって在日朝鮮人の園児を対象にした「民族保育」の実践がはじまっていたが、さらに在日朝鮮人の園児の母親たちの間で「在日同胞子弟の教育を考えるオモニの会」（一九七五年に「子どもを見守るオモニの会」）がつくられた。「オモニの会」の女性たちは、地元の公立小学校に進学させた後の子どもたちの教育について語り合う集まりをもつようになっていった。

こうしてはじまった桜本での在日朝鮮人による地域運動は、日立闘争の終結後に本格的に展開されていく。裁判勝訴後の一九七四年一〇月、「朴君を囲む会」在日韓国人部会は、「川崎・在日同胞の人権を守る会」（「同胞の人権を守る会」）と改称し、桜本に拠点を定めて活動を行うこととした（「朴君を囲む会」自体は、全国組織である「民族差別と闘う連絡協議会」（民闘連）に発展解消）。「同胞の人権を守る会」の代表には朴鐘碩が就任し、崔勝久は会の理論的リーダーとなった。「民族差別と闘う砦づくり」をめざす「民族運動としての地域運動」は、この新しい会のスローガンとされていく。

「同胞の人権を守る会」（一九七七年一一月以降は「青丘社」運営委員会）が進めた運動には、「行政闘争」と日常的な地域活動があった。「行政闘争」は川崎市に対する要求運動で、国籍条項のために在日朝鮮人住民が対象から外されていた児童手当・市営住宅・奨学金の問題を取り上げ、市に対してそれらの支給を要求した。この結果、川崎市は、これらに関する国籍条項の廃止を決定している。

一方、「同胞の人権を守る会」は、桜本保育園とも連携しながら地域子ども会活動に力を注いだ。会の運営する桜本学園は、一九七四年四月には学童保育の場として川崎市の委託を受けることとなった。桜本学園では、在日朝鮮人の子どもたちが日本社会に潜む「民族差別」と闘って生きていくための自信をつけるための教育の方法が探られていった。

(2)「民族運動」の模索と行方

在日朝鮮人による地域運動――「公共」とのかかわり――において大きな問題となったのは、「民族運動」についてである。「川崎・在日同胞の人権を守る会」は、スローガンとして「民族運動としての地域運動」を掲げたが、「民族運動」が何を示すかという点は当初から問題となった。

既存の在日朝鮮人団体が自明のこととして掲げる「民族運動」を批判的にとらえる崔勝久は、次のように言う。「民族運動とは何であろうか？　それは非人間化をもたらしている現実社会にあって全体的な人間性回復を指向する解放運動のことである。それに『民族』という形容詞がつくのは、具体的に民族の優劣というつくられた神話による支配・抑圧・搾取があるからに他ならない」（川崎・在日同胞の人権を守る会編　資料集No.1『川崎における地域運動――民族運動としての地域活動をめざして』一九七五年八月）。一方、このように「民族」を「つくられた神話」と表現する崔に対して、「同胞の人権を守る会」のメンバーから次のような批判が出ている。「このような見解を持つ同胞の方が絶望的に少数ではなかろうか。……やはり納得できない。私は、たとえ『民族性』が、狭い意味でしか通用しない概念だとしても人権を守る会が、民族集団としての位置づけをすべきだと思う」（姜博「川崎在日同胞の人権を守る会を正しくとらえる為に」〔手稿〕一九七八年、崔勝久氏所蔵)。

戦後日本の「公共」は、国籍条項に示されるような排他性を持ち、単一民族論を孕んでいた。非日本人がこうした「公共」とのかかわりを考える際に、「民族」をどう位置づけるかは難題である。一つの方法は、崔のように「民族運動」と言いながらも既存の「民族」には依らず、それを「人間性」と言い換え、「公共」の中での抑圧や「民族」の優劣に関する「神話」と闘おうとするもの。他方は、崔への批判として出された意見のように、対抗のための拠り所として「民族性」(エスニシティ)を打ち出し「民族集団」としてのまとまりを重視するものである。この二様の立場は、「公共」から疎外されたマイノリティの承認・参加の方法をめぐる議論にも繋がっていく。

「民族運動」観の差異は、「同胞の人権を守る会」の保育・教育実践や地域活動にも影響を及ぼした。桜本保育園や学童保育・桜本学園では「民族保育」や「民族教育」が進められたが、その実践は、普遍的な「人間性」と「民族性」の両者の間で揺れ動くこととなった。桜本学園は、「朝鮮人の子」を「差別に負けない子」にすることを目的とし、朝鮮語や朝鮮の歴史の学習、本名を名乗ることを重視した教育方針に掲げた。だが、そうした「日本人の子」と「朝鮮人の子」とを分けるという教育方法に対して、次のような声が出されていることに注意したい。桜本学園講師の木村健は、「確かに朝鮮人が一番しんどいところを生きてるとは思うけれど、でも障害児の子供なり、現象的に言えば、生活保護の子供なり、底辺の生活をしいられている子供だったら、学校に行けば色んな意味で大変疎外されてるわけでしょう」と言い、指導主事の朴世一《パクセイル》も「在日朝鮮人の子供だから、差別を受けていじめられてると思っては大まちがいで、あらゆる色々な、この地域で持っている矛盾というのが混じっている」と語る（「子供と向き合って――桜本学園の実践――」『朝鮮研究』一五七号、一九七六年七月）。実践の中で、理念としての「日本人／朝鮮人」二元的な区分と、「疎外」されている子どもの現実とのズレが確かに認識されていたのである。

「民族保育」に取り組んだ桜本保育園でも、矛盾が顕在化した。桜本保育園の「民族保育」は、「差別に負けない子」に育てるために、「民族文化」に触れさせることや「集団主義保育」を重視したものであった。だが、桜本保育園が「民族保育」への協力を父母会に求めるようになると、日本人を含む父母会の母親たちから疑問の声があがるようになり、一九八〇年にそれに応じた保母とともに保育園のあり方を問う集会が企画されるまでになっていた。しかしながら、桜本保育園に対する母親や保母たちの問題提起は保育園との「すれちがい」や「混乱」とされ、従来の「民族保育」方針は見直されずに終わることとなった（崔・加藤［二〇〇八］）。その後も「民族保育」や「民族教育」と現実との矛盾を直視し問い直そうという動きは、地域運動の中で深く追究されることはなかった。

さらに注意したいのは、「民族保育」への問題提起を背景とする桜本保育園をめぐる動きの過程で、「日立闘争」以来「民族差別と闘う」地域運動を牽引していた崔勝久・朴鐘碩や元保母の曺慶姫《チョウキョンヒ》らが、桜本を離れたことである。地域運動の形がつくられていくなかで、「民族性」を前提とした保育や運動のあり方を問い直そうとした崔らの問題提起は退けられることとなったのである。そして、その後の桜本における「民族運動としての地域運動」は、朝鮮という「民族性」に基づく結集を基盤としながら、川崎市に対する「行政闘争」に照準を定め、「公共」におけるエスニックグループとしての承認と権利の拡充に主眼を置くものとなっていった。

5　地方自治体と外国人施策――「公共」の多文化主義的変容とその限界――

次に、一九七〇年代に起こった「民族運動としての地域運動」という在日朝鮮人の側のアクションに対し、「公共」を体現する地方自治体＝川崎市の側はどのように対応したのか、また、そこで「公共」はどのように変容を遂げることになったのか、その限界も含めて見ていきたい。

(1)　一九七〇年代の「人道的」外国人施策

一九七〇年代以前の川崎市が、在日朝鮮人を「市民」と見なさず「公共」から排除していたことは明らかである。生活保護は、社会保障制度から締め出されていた在日朝鮮人が受けられる唯一の福祉施策であったが、保護費支出の増大を問題とした厚生省のもとで、神奈川県は一九五六年に「適正化」という名目で在日朝鮮人に対する大規模な保護打ち切りを断行している。また、一九五九年から開始された「帰国事業」に際して川崎市議会は、「在日朝鮮人帰国促進に関する意見書」を全会一致で採択し、「本市に在留する朝鮮公民のうち約三四〇〇名は経済生活不安定等のため、朝鮮民主主義人民共和国への帰国を希望し、本市議会に対しても諸般の援助を要請している」として、「一日も早くこれが解決に特段の配慮をなされるよう」首相と外務大臣に宛に要望を行った（川崎市議会［一九八四］）。以後一九六七年まで川崎市議会では、毎年のように北朝鮮への「帰国」促進の要望が繰り返された。

在日朝鮮人の「公共」からの排除に重きをおいた川崎市の方針が、一九七〇年代に変化をみせていくことは確かである。一九六五年の韓国籍保有者への協定永住権の付与に伴い韓国籍の在日朝鮮人の国民健康保険加入が可能となったが、さらに、一九七一年の市長選で伊藤三郎を当選させ革新自治体となった川崎市は一歩進んで、一九七二年に国保加入条件から韓国籍という制限をも外すという決定を行った。「市民生活重視」を掲げる伊藤市長は、「市内に居住し、市民と一体になって健全な社会生活を営んでいる外国人に対し、人道的な見地から医療の平等を保障し、その生活の安定を図るため、外国人の国保への加入を実現する」という見解を発表している（「47年度施政方針」『川崎市議会月報』四四二号、一九七二年三月一〇日）。日本人を前提とする「市民」との区別を前提としながらも、「非公共」の位置に放置していた「外国人」を、「人道的な見地」から「公共」の福祉施策の対象と見なす姿勢を示したのである。

(2)「多文化共生」施策の開始

「川崎・在日同胞の人権を守る会」やその後の青丘社による「行政闘争」は、革新自治体となった川崎市の「外国人」に対する「人道的」な福祉施策方針のもとで成果をあげた。一九七〇年代半ばには、児童手当や市営住宅入居条件、奨学金受給資格に付されていた国籍条項が撤廃され、それらは全国的に先駆的な「外国人施策」として注目された。一九八〇年代に入って、在日朝鮮人によって指紋押捺制度に反対する運動が巻き起こるなかで、伊藤市長は「押捺拒否者を告発せず」という声明を出している。

一九八〇年代に川崎市は、桜本の青丘社の働きかけを受けて、地方行政の枠組みのなかで在日朝鮮人の要望に対応しようとする姿勢をみせ、「外国人市民施策」を編み出していく。一九九〇年代に川崎市が「多文化共生」都市をうたうようになったのは、こうした背景がある。八〇年代から九〇年代にかけて展開された川崎市の外国人市民施策については、それを「多文化共生」施策とみる視点から、山田［一九九八］・星野［二〇〇五］や金［二〇〇七］らが明らかにしている。それらをもとに川崎市の「多文化共生」への過程をまとめると、以下のとおりである。

桜本での「民族運動としての地域運動」を起点として行政闘争に力を注ぐようになった青丘社は、一九八〇年に「対市プロジェクト・チーム」、一九八二年には「川崎在日韓国・朝鮮人の教育をすすめる会」（「すすめる会」）を発足させた。「すすめる会」は、川崎市教育委員会（市教委）に対し、民族差別解消のための施策を求める要望書を提出、交渉を繰り返していく。一九八三年に市教委は、「地域社会や学校での民族差別を認め教育を進める」ことを明言、それを皮切りに施策が形をとるようになった。一九八四年度からは桜本地区で「ふれあい教育」が開始され、一九八六年には「川崎市在日外国人教育基本方針――主として在日韓国・朝鮮人教育」が制定された。一九八八年には、在日朝鮮人をはじめとする外国人と日本人のための社会教育施設「川崎市ふれあい館、子供文化センター」が桜本に開設されている。

一九九〇年代に入ると、川崎市は、神奈川民闘連の要望に応えて「外国人市民施策推進幹事会」を設置した。幹事会は川崎市・神奈川民闘連・川崎市職員労働組合の三者によって構成されたが、一九九六年には二つの柱となる外国人市民施策が打ち出されるに至った。一つは、市職員採用試験における国籍要件の撤廃である。公務員採用における国籍条項の根拠は、「公権力の行使」にあたる者は日本国籍者に限ることを「当然の法理」とする内閣法制局の見解（一九五三年）にあったが、川崎市の方策は、「法制局見解」に抵触することなく、「公権力の行使」に適応しない職種を選定してそれを外国人にも広げるというものであった。二つ目は「川崎市外国人市民代表者会議」である。国籍別に選出されたメンバーで構成され、市長の諮問機関として位置づけられたこの機関は、「外国人市民の地方参政権に代わる」ものとして設置された。

このような形で表われた一九九〇年代川崎市の「多文化共生」は、「非公共」の位置にあった在日朝鮮人の「公共」への一定の包摂と見ることもできよう。ただし、そこで注意したいのは、包摂にあたって「外国人市民」というカテゴリーが設定され、あくまでも「市民」＝日本人とは別枠とされたことである。エスニックグループとしての在日朝鮮人の「公共」へのかかわりを求める動きに応えながら、なおかつ従来の国民国家の境界をも揺るがすことなく、両者を共存させるために考え出された苦肉の策が、こうした「多文化共生」施策であったといえよう。この施策は「川崎方式」

と呼ばれ、川崎市は、グローバル化の時代における「多文化共生」都市のモデルケースとなっていく。

(3)「多文化共生」への問い

「多文化共生」がうたわれ、外国人市民施策が進められるようになった一九九〇年代の「公共」は、どのようにとらえることができるだろう。確かに、「外国人の教育を受ける権利」と「民族的自覚と誇り」の保障を明記した在日外国人教育基本方針や社会教育施設「ふれあい館」、外国人市民代表者会議などの新しい施策は、「単一民族（文化）」を暗黙の枠組みとしていた「公共」において、異質な「（民族）文化」（エスニシティ）の存在を認めようとするものであった。言い換えれば、「公共」の「多文化主義」的変容と表現されよう。

しかしここで、「多文化共生」のもつ意味について、最初に課題として提起した「公共／非公共」（「公／私」）二分法的枠組みに照らし合わせながら、そこにはらまれた問題を含めてさらに考えていきたい。

この問題を考察するうえで、一九八〇年代初めに桜本から離れた朴鐘碩・崔勝久らの運動を見落すことはできない。一九九四年、東京都職員に採用されながら「公権力の行使」を理由に管理職試験の申込みを拒否された鄭香均《チャンヒャンギュン》が東京都を提訴して裁判が起こされていたが（鄭［二〇〇六］）、この裁判に接した崔は「外国人への差別を許すな、川崎連絡会議」を立ち上げ、新たな運動を起こした。参加したのは、在日朝鮮人、沖縄県出身者、日本人であった。川崎連絡会議が問題としたのは、「公権力の行使」を根拠とした差別であり、具体的には、川崎市の市職員採用時の国籍条項廃止後につくられた「外国籍職員の任用に関する運用規程」である。「運用規程」では、「公権力の行使」に該当する職種（税金徴収、伝染病患者隔離、ケースワーカーなど）を抽出し、外国籍職員が従事できる職種をそれ以外と定めていたが、川崎連絡会議は、この制度を「外国人は同じ公務員であってもそのような仕事に就かせず昇進させない」制度、「外国人は入れても中で差別するようにしたものであると批判した（崔・加藤［二〇〇八］）。朴鐘碩は、こうした「川崎方式」を「民族差別の制度化」と呼び、一九七〇年代と比較して「状況は良くなっているどころか、悪くなっています。本質的には何も変わっていません」（朴鐘碩「川崎市による民族差別の制度化に抗して」『批評精神』六号、二〇〇〇年）とまで断じている。

川崎連絡会議は、川崎市が掲げる「多文化共生」について、「差別を生み出した社会の変革ではなく、差別を温存したままその社会に埋没すること」と厳しい目を向ける。在日朝鮮人の「公共」における承認や参加も、あくまでもそれが国民国家の論理を前提にするものである限り、「国民」との差異が設けられることとなる。つまり「外国人」は、「公共」の中で一定の承認が与えられるが、マジョリティとの対等な形での「包摂」はありえず、マジョリティの「日本人」とは区別されたうえで「周辺」の位置に甘んじなければならないのである。

一九九〇年代後半の鄭の裁判や川崎連絡会議の運動は、「非公共」に位置した者を「公共」に包摂しようとする「多文化共生」に潜む二元的区分に基づく枠組みや序列構造をクローズアップし、問題としたものにほかならない。そこにあるのは、「公共」の「多文化主義」的変容を到達点とすることなく、さらにその後を切り開こうとする視点である。

おわりに

「一民族一国家」論に裏打ちされていた戦後日本社会＝「公共」が孕んでいた排他的な枠組みが問われるようになったのは、一九七〇年代である。本論で検証したように、生きる場を模索していく過程で自らが「公共」から排除されていることに気づいて上げられた在日朝鮮人たちの声と、その声を受けとめた日本人によって、「公共」の枠組みが問われるようになったという点で、一九七〇年代は「公共／非公共」の転換の起点ということができよう。

ただし、「公共」から排除された側が、「非公共」の位置に甘んずることなく「公共」とのかかわり――参加・承認――を求めようとする時、次のような問題に向き合わざるを得ない。「一民族一国家」を前提とし「日本人」であることを暗黙の条件としていた「公共」に対して、どのような方法をとるのかという問題である。すなわち、「日本人（民族）」とは異なる文化をもつ「朝鮮人（民族）」という「民族性」（＝エスニシティ）を拠り所とするか、それとも「民族」という神話自体を暴いてそれを超えようとするのか、という難問である。本論では、一九七〇年代の「日立闘争」およびその後の地域社会＝「公共」にかかわっていく運動の過程で、まさにこうした問題が浮上していたことを明らかにした。

一方、在日朝鮮人からの働きかけに対して、「公共」を体現する都市自治体の側でも、一九七〇年代の革新自治体での施策を起点に、一九八〇年代以降に外国人市民施策の検討がはじまった。川崎市は、在日朝鮮人の地域運動の核となった青丘社との交渉の中で、「外国人市民」の権利を認めるようになる。八〇年代後半から九〇年代には、在日外国人教育基本方針の制定、福祉施策での国籍条項廃止、市職員採用における国籍条項廃止、外国人市民代表者会議の設置といった形で「公共」の中に「外国人市民」の場が設けられ、「多文化共生」がうたわれるようになっていく。

これらの外国人市民施策や「多文化共生」を、「公共」の多文化主義的変容への過程と評価することは可能であろう。国家レベルでも、一九九一年に特別永住者制度ができ、二〇〇〇年代には総務省はニューカマーを対象に多文化共生推進プログラムの検討をはじめるようになっている。

しかし、さらに考えなければならないのは次の点である。この「公共」の変容は、承認されるエスニックグループに「公共」の中での一定の場を与えるものであっても、決して国民国家の枠組みの変更にまで及ぶものではない。したがって、それが意味するのは、「日本人／外国人」というマジョリティ／マイノリティ両者間の区別や「日本人」マジョリティを中心に据える序列構造は維持されるということである。そこで、マイノリティとされるエスニックグループが、マジョリティと対等な位置に着くことは想定されていない。つまり、二分法的枠組みに由来する「差別」は、依然として消えることはないのである。

さて、二〇一〇年代という現在の状況をどう考えればよいのだろう。在日外国人数は一九九〇年代に入って急激に増加し、二〇〇五年以降は二〇〇万人を超えている。その内訳は、ニューカマーと呼ばれる中国・ブラジル・フィリピンなどからの入国者の増加が顕著で、対して在日朝鮮人の比率には減少がみられる。日本で多国籍化が進んでいることは確かである。しかし、その一方で、排外主義的言論の高まりは目を覆わんばかりの状況を呈している。現実の多国籍化の進展による「公共／非公共」の揺らぎと、境界線の再強化をはかろうとする動きが併行している現状がある。そして後者の動きは、「公共」の多文化主義的変容ですら困難にしているようにも見える。

だが、こうした状況のなかでなお、「公共」を開いていこうとする動きが進められていることにも目を向けたい。川崎で日立闘争を起点とする運動経験をもつ朴や崔らは、二〇〇九年に「新しい川崎をつくる市民の会」を立ち上げ、川崎を拠点としながら「国籍にかかわらず住民自治の内実を形成」する運動をはじめた。二〇一一年の「三・一一」以後には、さらに脱原発をめざす国際連帯の運動をも起こしている。一九七〇年代以降の運動経験をふまえ、既存の「公共／非公共」の境界線を揺るがしながら新しい住民自治をつくり出そうとする試みは継続しているのである。

参考文献

大石嘉一郎・西田美昭編［一九九一］『近代日本の行政村』日本経済評論社

飯沼二郎［一九七三］『見えない人々——在日朝鮮人——』日本基督教団出版局
I・ウォーラーステイン［一九九一］丸山勝訳「一九六八年——世界システムにおける革命——」『ポスト・アメリカ——世界システムにおける地政学と地政文化——』藤原書店、原著は一九九一年
小熊英二［二〇〇九］『1968』上・下、新曜社
加藤千香子［二〇一〇］「一九七〇年代日本の『民族差別』をめぐる運動——『日立闘争』を中心に——」『人民の歴史学』一八五号
加藤千香子［二〇一一］「〈周辺〉層と都市社会——川崎のスラム街から——」大門正克ほか編『高度成長の時代3　成長と冷戦への問い』大月書店
加藤千香子［二〇一三］「一九五〇年代日本における包摂と排除——戦後復興と在日朝鮮人「帰国」事業——」樋口映美編『〈近代規範〉の社会史——都市・身体・国家——』彩流社
川崎市議会［一九八四］『川崎市議会史　資料編I』
金英達・高柳俊男編［一九九五］『北朝鮮帰国事業関係資料集』新幹社
金侖貞［二〇〇七］『多文化共生教育とアイデンティティ』明石書店
齋藤純一［二〇〇〇］『思考のフロンティア　公共性』岩波書店
佐藤勝巳編［一九七二］『在日朝鮮人の諸問題』同成社
高崎宗司・朴正鎮編［二〇〇五］『帰国運動とは何だったのか——封印された日朝関係史——』平凡社
テッサ・モーリス‐スズキ［二〇〇七］田代泰子訳『北朝鮮へのエクソダス——「帰国事業」の影をたどる——』朝日新聞社
崔勝久・加藤千香子編／朴鐘碩・上野千鶴子著［二〇〇八］『日本における多文化共生とは何か——在日の

経験から――』新曜社
鄭香均編［二〇〇六］『正義なき国――「当然の法理」を問い続けて――』明石書店
西川長夫［二〇〇三］「多文化主義から見た公共性問題――公共性再定義のために――」山口定ほか編『新しい公共性』有斐閣（立命館大学人文科学研究所研究叢書第一六輯）、同『〈新〉植民地主義論』平凡社、二〇〇六年に再録
文京洙［二〇〇七］『在日朝鮮人問題の起源』クレイン
朴君を囲む会編［一九七五］『民族差別――日立就職差別裁判――』亜紀書房
星野修美［二〇〇五］『自治体の変革と在日コリアン――共生の施策づくりとその苦悩――』明石書店
山田貴夫［一九九八］「川崎における外国人との共生の街づくりの胎動」『都市問題』八九巻六号

コラム2

近代家族と「公共」的生活様式の発達

嶋　理人

本書が主題とする、社会の再生産を支える役割を担う「非公共」的存在の代表例として、近代家族を挙げることができよう。落合恵美子は歴史社会学的観点から近代家族の特徴を検討し、その中で家内領域と公共領域の分離、男は公共領域・女は家内領域という性別分業を指摘している（落合［一九八九］）。落合は近代家族の特徴としてそのほかに、家族成員相互の強い情緒的関係・子ども中心主義・家族の集団性の強化・社交の衰退・非親族の排除・核家族を挙げているが、これらも総じて、近代家族が公共から切り離された領域であることを示している。このような近代家族のあり方は、家内領域を割り当てられた女性を非公共の世界に囲い込んできたと考えられる。

近代家族的な家族像は、現代の日本ではほぼ「家族」というものの通念となっているといえよう。その形成過程を遡って検討すれば、公共領域と家内領域を区分し男女で性別分業するという近代家族的形態に適合的なのは、農家や商家のように家族が生産共同体の側面を持つ場合よりも、職住が分離して家族がもっぱら消費をともにして結びついている、勤労者層であろう。したがって近代家族形態の普及には、郊外住宅から通勤する新中間層が深く関わることとなるが、戦前の日本でのその代表として挙げられるのは、戦間期における阪神間の郊外生活である。

阪神間の郊外の生活文化は「阪神間モダニズム」と呼ばれ、その代表的な研究者である竹村民郎は、揺籃の地として「阪急『交通文化圏』」との考え方を打ち出し、阪神間に路線を有する阪神急行電鉄（現在の阪急阪神ホールディングス、電車事業は傘下の阪急電鉄）の沿線に注目している（竹村［一九九六］）。竹村によれば、阪神間での郊外住宅は阪急よりも先に開業した阪神沿線が先鞭をつけてはいるが、それは船場の老舗や大企業・工場の経営者、医師・弁護士など「一握りの上流階級や、プロフェッショナルなエリートとその家族たち」によるものに過ぎず、サラリーマン層向けの住宅を手がけ、消費社会の先取りをして沿線住民の「均質化」を促した阪急こそが、重要な存在と位置づけられている（竹村［二〇一〇］）。

このように阪急沿線が注目されるのは言うまでもなく、阪急の事実上の創業者で、独創的な経営者とされる小林一三の業績によるものである。周知のように小林は、電鉄の沿線に郊外住宅地を開発し、ターミナルデパートを設けて、日本の電鉄業経営のモデルとなった。特に小林の名を今日なお高からしめているのは、彼が創設した宝塚歌劇団の存在であろう。

こういった、阪神間モダニズムを育んだ小林の商略を、津金澤聰廣は「宝塚戦略」と名づけ、健全な家庭生活を重視し、女性や子どもを主な対象に据えて、新中間層の生活モデルを提供したとする（津金澤［一九九一］）。「中産階級のユートピア」と称されるこのモデルは、現在の標準的な生活様式（「一人前」とされる生活水準）の源流であると同時に、まさしく近代家族モデルであり、女性を非公共の領域に囲い込む性格を一貫して持っていたといえよう。

しかしまた同時に、異なった見方もできる。本書における「公共」とはむろん政府や地方自治体のような「官」のみを指すのではなく、市場における取引関係も包含するものである。経済活動においてより公共的な関係とは、財やサービスの提供においてより万人に公平な関係――具体的には、何者であっても同じ対価を支払うことにより同様の財やサービスが享受できる関係とさしあたり考えられよう。その対極には、駆引きによって対価が変わり、「茶代」（チップ）のような明示的でないコストを必要とし、常連客を重視する「一見さんお断り」の商慣行など、属人的で「前近代的」とされるそれが挙げられよう。

このような視角から小林と阪急の施策を見直す

と、近代家族という非公共のあり方を後押しした商略が、同時に公共的な経済形態の普及でもあったことに気付かされる。百貨店が正札販売や陳列販売を取り入れたことは周知であるが、小林は宝塚少女歌劇に代表される娯楽興行において、従来の芝居小屋を介した複雑怪奇な料金システムを明快かつ平等なものとし、また梅田の大食堂ではチップを廃止するなど、さまざまな分野で合理的な経営手法を導入しているのである。

余談にわたるが、茶人・逸翁としても名高かった小林には、茶道具をめぐる興味深いエピソードがある。小林はある時、出入りの茶道具商に持参した道具類を一列に並べて順に価格を言わせたのち、今度は反対側からもう一度値段を言うように命じた。思わぬことに道具商が先ほどと違う値段を言ってしまうと、小林はどちらが正しいのだと迫ったのである〔白崎［一九九〇］〕。骨董のような世界に対しても、明示的で公正な取引を要求したところに、小林の性格がよくみてとれる。

お茶はともあれ、小林の施策は、社会的地位の低かった女優や女給といった職業を、宝塚やデパート店員として中産階級女子の嫁入り修行へ「格上げ」すると同時に、生活のための職業ではないとして、彼女たちの賃金を抑える経営的な意義をも有していたのである〔津金澤前掲書〕。なお、こういった小林と阪急の女性への着目を「〈男性〉性を強調する近代日本そのものに対する異議申し立てという要素もあったと思われる」として、阪急が歌劇や百貨店での女性の活用に対し運輸業務では女性を登用しなかったことを「限界」とする見方もあるが〔原［二〇〇三］〕、小林と阪急の商略が性別分業を伴う近代家族様式に親和的であることからすれば、女性を鉄道労働者のような高度の熟練を要する――嫁入り修行では済まされない――職場に雇用しないことは、むしろ当然というべきである。

新中間層がこういった小林と阪急の商略を受容したのは、新たな都市郊外に成立した彼らの求める水準にふさわしい再生産の環境を整えるに当たって、新たな非公共関係を築くよりも公共的な取引でサービスを購入する方が有利であったためといえよう。日本の近代家族はいわば、電鉄企業の商略によってその沿線を揺籃として生まれた、「電鉄家族」とでも称するべき存在なのである。

同時に、このようなサービスを提供する事業者の発展なくしては、新中間層自体の拡大も困難であったと考えられる。サービス事業の発展が近代家族の成長を促すと同時に、近代家族への非公共的役割の集約をもたらし、さらにそれがサービスの発達を加速するという循環が形成され、戦後の高度成長を支える要因ともなったのである。

そして、これは単に電鉄の商略に人々が踊らされたのではなく、近代家族に非公共的な関係を集約する生活様式自体が新中間層の希望に沿っていたのだと考えられる。そもそも阪急が開発した最初の住宅地・池田室町では、会社によって住民の親睦のためにとクラブが設けられたが、利用者が少なく数年にして廃止された。小林はこれをむしろ「郊外生活といふ一種の家庭生活は……矢張り家庭本位の自宅中心になるので、誠に結構な話」と前向きに捉えている（小林［一九七九］）。

以上、雑駁な検討ではあるが、近代社会における「非公共」の代表である近代家族の成長には、「公共」的な経済活動形態の伸張が支えとなっていた、表裏一体の関係は読み取れよう。これはかつてのさまざまな非公共的関係を、近代の公共をてこに近代家族という新たな非公共が一手に呑み込んでいった、あるいは押しつけられていった過程と考えられる。

この近代家族モデルは都市で発展しつつ、やがては日本の大部分を包含するに至ったが、今や変容を余儀なくされている。近年、教育や介護などの分野などではむしろ家族の重要性を強調する言説も見られるが、それは近代家族による非公共的役割の引き受けが極限まで達した結果、事実上の公共的な存在になっている状況を示しているとも考えられよう。とすれば、新たに多様な非公共的存在が求められるであろうし、現在そうなりつつあると思われるが、ただそれは、単純に前近代の共同体などを「取り戻す」ものではないことは、留意すべきである。

参考文献

落合恵美子［一九八九］『近代家族とフェミニズム』勁草書房
小林一三［一九七九］『逸翁自叙伝　青春そして阪急を語る』阪急電鉄
白崎秀雄［一九九〇］『耳庵　松永安左ェ門』新潮社
竹村民郎［一九九六］『笑楽の系譜——都市と余暇文化』同文館出版
竹村民郎［二〇一〇］『大正文化　帝国のユートピア——世界史の転換期と大衆消費社会の形成』増補版、三元社
津金澤聰廣［一九九一］『宝塚戦略——小林一三の生活文化論』講談社
原武史［二〇〇三］『鉄道ひとつばなし』講談社

第3部　東京にみる非公共

第5章　近代日本における生存・生活と「都市小経営」
――戦間期東京市の中小商工業者を中心として――

谷本雅之

はじめに

小論は、戦間期の東京市における中小商工業者の存在に焦点をあて、戦前期日本のメガロポリスにおいて、人々の生存と生活の保障がどのような社会関係に支えられていたのか、その一端を示すことを課題としている。このような課題設定は、以下の史実および研究史に関する認識に基づいている。

近代日本の経済発展は、着実に非農業部門の拡大をもたらした。産業別有業者数の一推計によれば、第一次大戦前に限っても、農林業有業者数は一八七二年の一五五五万人余から一九一〇年の一五八三万人余に停滞的に推移する一方、非農林業就業者数は五八四万人余から八〇三万人余（第二・三次産業計）へ二〇〇万人以上の増加をみている（梅村［一九七三］）。他方、一八九三年から一九一八年の都市人口の五年増加率は、一貫して一五％を超え、全国人口の増加率の三倍前後を記録していた。東京市も、この間、一三％弱〜一七％強の五年人口増加率を示し、日本最大の都市として、一九二〇年には人口二一七万人余を擁する巨大都市（メガロポリス）となっていた（伊藤［一九八二］）。

では、メガロポリス東京は、どのような人々で構成されていたのであろうか。東京市役所は一九〇八年および一九二〇年の職業・産業別就業人口統計（『東京市市勢調査原表　明治四一年』および『東京市市勢統計原表　大正九年』）を公刊している。後者は第一回国勢調査の調査データの別集計であるが、前者は、東京ほかいくつかの都市と地域のみで実施されたプレ国勢調査ともいうべき人口全数調査に基づくものであった。この両者の対比によって、東京市は商工業都市の様相を強めていたことがわかる。一九二〇年の男性就業者数は一九〇八年の一・三五倍となるが、工業部門の倍率は一・五七、商業も一・四三であり、両者あわせて全体の七割強を占めるようになった。逆に交通、土木および日雇労働者を中心とした「その他有業者」は比重を低下させている。また女性就業者数も、一九〇八年の男性の四分の一弱から一九二〇年には二割余まで比率を下げた。国勢調査の女性労働の就業把握の妥当性には後述のように吟味を要する部分が残るが、「商工業」の担い手として、男性労働力の比重が高かったことは確かであろう。ちなみに「工場労働者」（五人以上雇用工場）の全国平均の女性比率は五二・九％（一九二〇年）であったから、商工業の女性比率がその半分に満たないことは、東京市における工業展開に「工場労働者」が占める比重の低さを暗示する事実であった（農商務省『工場統計表』による。なお東京府の女性工場労働者比率は三三・一％）。

実際、東京市の工業人口の増加は、ただちに雇用労働に基づく「工場の世界」の広範な成立を意味するわけではなかった。たとえば、『工場統計表』と前掲の就業者数の全数調査を組み合わせるならば、一九〇八年の東京市内の男性製造業就業者の七割程は、雇用労働五人未満の作業場の就業者（経営主または被雇用者）と見積もられる。また税務統計によれば、一九〇八、一九二〇年ともに、東京府下で課税対象となった物品販売業に限っても、営業人員（東京府）当たり従業者は三人弱であった（大蔵省主税局編『主税局統計年報書』第三五回、第四七回）。このほか課税対象外の、さらに零細な物品販売業者が存在している。集積する東京市の商工業者の多くは、経営主とその家族＋少数の雇用労働によって営まれる「小経営」に、自営業就業（経営主または家族）として、または被雇用労働力として、就業機会を見出していたと考えられる。

このような、都市部に部厚く存在する、工場労働者に代表される賃労働者とは区別されるべき就業者層は、研究史の上でも比較的早くから注目されてきた。農村に滞留する過剰人口の存在を強調する伝統的な議論に対して、農村からの人口流出に注目し、その受け皿を「都市雑業層」としたのは一九六〇年代前半の隅谷三喜男の論文である（隅谷［一九六四］）。中村隆英も「全部雇用」のための職業創出過程として、都市「在来産業」を位置づけている（中村［一九七一］）。ただこれら先駆的な研究は、実証面で立ち入った検討を行ったものではなかった。近代日本都市、なかんずく東京市の就業構造に関する実証研究の深化は、津田真澂、中川清らの「下層社会」研究の潮流によってもたらされた（津田［一九七二］、中川［一九八五］）。各種の調査報告が駆使され、「貧民」「細民」「窮民」などと呼ばれる都市低所得者の実態が詳細に明らかにされたことは、これらの研究の重要な成果である。

しかし一方で、これらの研究では都市「小経営」についての立ち入った分析はほとんどなされていないことが指摘されなければならない。明治期（第一次大戦前）については、建設、土木、交通業の比重が高いこともあり、「下層社会」を主題とした研究の視野に、商工業「小経営」が入りにくいことは理解できる。しかし「商工業」都市化が進み、かつその「商工業」の大きな部分を「小経営」が占めた戦間期の都市社会分析において、都市「小経営」への関心が希薄であったことは、実態の反映というよりも、分析視角の問題といえよう。「下層社会」研究の潮流は、「下層社会」からの離脱の方向を、「工場労働者」の世界、ないしは新中間層に求める傾向が強かった。近代都市のダイナミズムを、「下層社会」から「工場労働者」「新中間層」への移行過程に見出すとすれば、都市小経営を独自の存在として分析する視点は生まれ得ないのである。

これに対して筆者は、量的比重の大きさと、そこに内包される産業発展の論理から、戦間期東京市の商工業発展における「小経営」の意義を指摘してきた（谷本［二〇〇二］、同［二〇〇五ａ］、同［二〇〇五ｂ］、同［二〇〇七］）。小論では、これまでの筆者の都市小工業研究に立脚しつつ、東京市における「公共」的、あるいは「非公共」的な社会関係形成の一環として、改めて都市小経営を位置づけることを目指したい。人々の「生存と生活の保障」を可能とする社会関係のあり方は、就業形態に応じて多様であったと考えられるからである。以下、都市小経営をめぐる固有の社会関係を、小経営が内包する固有のライフコースの存在、および小経営の地理的な集積・集住の特徴の二つの側面から探っていこう。

なお、本章第1節の都市小経営に関する議論は、おもに谷本［二〇〇二］および同［二〇〇五a］に、第2節の玩具工業に関する議論は谷本［二〇〇五b］に依拠している。

1　都市在住者のライフコースと小経営

(1)　小経営の労働力構成

前述のように、東京市ではプレ国勢調査ともいうべき調査がなされたため、労働人口に関しては一九〇八年と一九二〇年とで同水準のデータが得られる。この二つのセンサスの対照から、小経営の創生と再生産が、都市在住者のライフコースと密接に関係していたことが浮かび上がってくる。

一九〇八年の東京市有業者の年齢構成のピークは、一〇代から二〇代前半の年齢層にあった。そこでは、労役者（一九〇八年）・労務者（一九二〇年）層が圧倒的な比重を占めていたから、この

表1　加齢と「従業上の地位」の変化（労務者から業主へ：男性）

（単位：人）

		（コーホート別人数の増減：1908～1920年）						
1908年時点の年齢		4～8	9～13	14～18	19～23	24～28	29～33	34～38
1920年時点の年齢		16～20	21～25	26～30	31～35	36～40	41～45	46～50
工業	労務者	50,448	27,444	671	−8,866	−4,576	−2,437	−870
	業主	613	4,272	10,186	9,477	4,216	222	−724
商業	労務者	29,563	5,198	−11,916	−13,044	−5,284	−2,866	−1,476
	業主	883	4,627	12,061	13,125	8,084	3,624	1,060

出所：東京市役所『東京市市勢調査原表　明治四一年』第2巻、第7表、第4巻、第13表。同『東京市市勢統計原表　大正九年』第4巻上、第6表。同『東京市統計年表』第7～19回。

注：1908年と1920年の同一コーホート（生年別集団）の人数の差を死亡数を調整して算出した。詳細については谷本［2002］、表1-5を参照されたい。

局面にのみ着目すれば、明治後期の東京市は、「賃労働」の集積地として語られることになろう。しかしこれらの人々が、そのまま労役者・労務者の地位にとどまることは、必ずしも一般的ではなかった。表1に示されるコーホート分析によれば、一九〇八年に一八歳から二三歳であったコーホートの労役者のうち、その五〇%が一二年後（一九二〇年）までに、東京市内の労役者・労務者の地位から離脱していた。二〇歳を超えていれば、一九〇八年時点ですでに労役者から離脱していた者もいたであろうから、このコーホートの実際の離脱率はさらに高かったはずである。都市居住者にとって、労役者・労務者として被雇用の地位にあるのは、必ずしも生涯を通じてのことではなかった。その離脱後の有力な選択肢として、独立者（一九〇八年）・業主（一九二〇年）形態での就業があったのである。それは、加齢後の労役者・労務者に予想される相対的低所得からの離脱の試みでもあった。実際、四

○代の労役者・労務者の有配偶率が七〇％を切る産業・職業が見られるのに対して、独立者・業主のそれは、産業・職業を問わず、九〇％を超えている。都市居住者にとって「従業上の地位」の変更は、世帯形成の可能性にも関係する、ライフコースにおける大きな節目でもあった。事実、中川清は「家族としての世帯形成」を、下層社会とは異なる「生活構造」の獲得として重視し、日露戦後期には家族形成とその維持のために、多くの家計でエンゲル法則の逆転が起こり、「生活構造の緊張」が見られたとしている（中川［一九八五］第三章）。

労働力構成からも、小経営をめぐるライフコースが浮かび上がってくる。小工業経営は、家族労働力（業主を含む）と雇用労働力から成り立っていた。基幹となるのは男性家族労働力であり、工業経営の全数調査である東京市役所編『東京市・工業調査書』（一九三二年調査）によれば、最も零細な階層から資本金二〇〇〇〜五〇〇〇円層（そこでの一戸あたり平均就業者数は四・三九人）まで、小工業の範囲にある工業経営では、いずれも一経営当たり平均一人以上がカウントされていた（なお資本金五〇〇〇円未満の工場・作業場は、一九三二年の東京市全体の工場・作業場数の八七％、従業者数の四九％を占めている）。規模の上昇に伴って、男性家族員数が増加していたこともわかる。ただし、業主以外の家族労働としては、規模を問わず〇・三人前後を記録する女性家族員の比重の方が高い。業主の女性配偶者の労働参加が想定されよう。パートタイム的な労働を加味すれば、配偶者の労働参加の貢献度はさらに大きかったと考えられる（谷本［二〇〇三］、同［二〇一一］）。先の一九二〇年の就業統計によれば、二〇代の有配偶率が独立者・業主で約五〇％、労役者・労務者および役員・職員が一〇%ほどで、前者が後者を四〇ポイントも上回っていた。配偶者が重要な経営内資源であったことが示唆されているのである。

雇用労働の構成では、まず、男性比率が家族労働にも増して高く、資本金五〇〇円未満層を除けば九〇%を大きく上回っていたことが指摘できる。小工業は、まずもって男性労働の就業の場であった。さらに通常、現業労働の担当者を表す「職工」も、雇用労働全体の半数に満たない点が注目される。最大部分を占めていたのは「徒弟」(資料用語である)であった。その比率は規模が小さいほど高かったが、資本金二〇〇〇~五〇〇〇円層でも、平均一人強の「職工」に対して、「徒弟」は平均一・五人が雇用されていた。他方、資本金五〇〇〇円を超える経営では、職工数が徒弟数を大きく上回るようになり、最上層ではネグリジブルなものとなる。すなわち、徒弟比率の高さは、小工業の特徴であり、事実、徒弟全体の四分の三が資本金五〇〇〇円未満の経営内に存在していたのである。小工業の労働力構成の特徴は、家族労働(業主を含む)に男性中心の職工、「徒弟」が組み合わされていたことにあるといえよう。

これらの労働力の年齢構成は、東京市役所『東京市・小工業調査書』(一九三五年調査、一九三七年刊行)のデータによって判明する。全体で最も人数の多い「徒弟」は一〇代に集中し、この年代の労働力の四分の三を占めていた。さらに二〇代の徒弟の減少を職工の増加が補えていないため、一〇代が労働力構成の最大となっている。逆に三〇代以降は業主を含む家族労働が八割を超えていた。このことは、徒弟―職工―家族(業主)の組み合わせの背後に存在する、加齢に伴う「従業上の地位」変更運動を窺わせるものである。では「徒弟」とはどのような存在として位置づけられるだろうか。

(2) ライフコースにおける「徒弟」

東京市役所『東京市・小工業調査』（一九三五年調査、一九三六年刊行）によれば、玩具、帽子から自転車にいたるすべての対象業種（二六）において、四五％以上の経営が二年を上回る練習期間の必要性を指摘していた。五年を上回る期間を挙げた経営が四〇％を超えている業種も六あった。これを同年の「内職」に関する調査結果と比較するならば、その差は歴然としている。内職仕事の五〇％は無経験でも作業可能であり、二五％は、せいぜい一カ月の練習期間で足りた（東京市役所『東京市・内職調査』一九三五年調査、一九三六年刊行）。「小工業」の特徴の一つは、この内職作業とは異なり、一定程度の技能習得を要請されたことにあった。そこに、「職工」とは区別される「徒弟」概念が成立する根拠がある。この時期の小工業に、制度化された徒弟制度――徒弟年限や入職制限の存在――が機能していたわけではない。経営側からみれば、若年労働力の低賃金での利用という意図も否定できないだろう。しかし、上述の「練習期間」の存在は、少なくとも新規労働力が標準的な作業効率を実現しうる技能を身につけるまで、一定の期間を要したことを示している。「徒弟」となる側にも、それが技能形成の機会であるとの認識は存在していた。一九三〇年代後半の一調査によれば、就職して「徒弟」となる理由に「業務収得」を挙げる者が、全体の過半を占めていた（東京府学務部職業課『中小工場の経営事情と徒弟の労働事情調査　第2部』一九三九年）。一〇代での「徒弟」修行を経て一人前の「職工」となる道筋が、「小工業」を場として一定程度成立していたのである。

このように、都市「小経営」は、固有の存続と再生産の論理を内包していた。徒弟・見習としての入職から独立開業に至る将来設計の認識は、就業者間で共有され、それは「熟練工場労働者」「新中間層」と並立する、現実的で実現可能な、ライフコース上の一つのモデルとして位置づけられていたといえる。そこでキーとなるのは、一〇代での入職と、住み込み形態を中心とする広い意味での「徒弟」修業であった。もとよりそれは、厳格な規制に基づいた、資格付与と入職規制を伴う「徒弟」制とはいえない。同職集団としての規制力も前提にはできないだろう。「修業」を経ても、独立開業が約束されたわけではなかった。しかしその「修業」の経験は、小経営の存立に不可欠な「技能」――そこには、業界知識や取引先との関係構築等も含まれる――の形成の必要条件ではあったろう。やや図式化していうならば、この経験の有無が、不熟練労働市場とは区別されるべき、中小商工業自営への可能性を担保していたのである。中小商工業の展開は、家族従業を伴う自営業就業モデルの広がりであったとともに、若年層の就業機会としても、固有の位置づけを要請されているといえるのではないか。

明治期以来の労働市場が、「立身出世」主義に典型的に表象される学歴主義的な階層構造を形成しつつあったことは、通説となっている。最近の研究では、各種の学校設立を伴いつつ、中等教育・

実業教育のレヴェルにおいても、戦間期に学歴主義的な編成が進行していることが明らかにされた（菅山［二〇一一］）。ホワイトカラーで先行し、さらに現場労働者にも広がりつつあるこの組織化過程は、しかし、中小商工業者のライフコースの枠外にあった。別言するならば、学校制度の成立・展開に即して進行する労働市場の編成と、それを介した労働力の組織化（そこには企業組織・労働組織の双方が含まれる）から排除されていたのが、都市小経営層であったといえる。一九三〇年代の調査（前掲、『中小工場の経営事情と徒弟の労働事情調査　第二部』）によれば、徒弟となった男子は東京府外の出身者の方が多く、彼らの出身世帯で最も多い職業は農業であった。徒弟の続柄に次男以下が過半を占めることを考慮に入れれば、農家の非相続人たる次三男が家族経営の自営業を営む道として、徒弟としての都市小工業への入職が位置づけられていたと考えられる。このように出自が農家の非跡取り層であったことに鑑みれば、小農社会の基軸たる農村社会からも排除された存在であったともいえるかもしれない。「都市雑業層」あるいは「インフォーマル・セクター」論は、都市労働市場をこれら排除された階層の堆積場として捉える傾きを有していた。しかしそれを、技能形成の機能を備えた固有のライフコース・モデルの提供者として位置づけられることが可能であれば、都市中小商工業——非農自営業——の広範な存在は、近代日本の都市形成過程に安定化をもたらす源の一つとして、改めて検討に値するのではないか。本書の問題提起に即して言えば、都市における生存と生活の保障に資する「非公共的関係」の一端を、そこに見出すことができるように思われる。

2 集積と集住――小経営と社会関係――

(1) 小経営の集積

地理的に狭い範囲に立地していたことも、東京市の商工業者の特徴をなしている。各業者は、町レベル（およそ数百メートル四方）の範囲で、高い集積を示していた。たとえば戦間期に輸出産業として発展した玩具工業の一九三〇年代前半の業者名簿によれば、玩具問屋は浅草区の蔵前片町・南元町（のち蔵前・浅草橋）に集中して立地し、金属玩具製造者は本所区内の三つの町に集住していた。そのうちの一つ、厩町には三九の業者が存在した。セルロイド玩具の業者数は、城東区亀戸町三六、向島区寺島町二二、荒川区尾久町二二と続く。よりカヴァリッジの広い一九三九年名簿（『東京セルロイド商工業者人名録』）によれば、尾久町のセルロイド玩具業者は、八〇を超えていた。ゴム玩具でも、向島区の三つの町と城東区亀戸町、荒川区日暮里町に二桁の製造業者の集積がある。

問屋・製造業者のこの高密度の集積は、集積内における情報流通の濃密さが、経営活動にとって積極的な意味をもっていたことを窺わせる。問屋についてみれば、同業者に隣接することは、何らかの市場情報を獲得する機会を増やすものであったろう。玩具のように流行品的要素の強い商品では、それは死命を制する要素ともなりえるものであった。製造業者においても、同業者の集積は製

表2　東京市における諸組織

組織の種類	調査時点	範　囲	数	出所
重要物産同業組合	1935年度	東京市	82	①
準則組合	1933年3月31日	東京府	226	②
商業組合	1935年度	東京市	115	①
工業組合	1935年度	東京市	52	①
産業組合	1935年度	東京市	117	①
商店会	1931年10月調べ	東京市（旧市域）	515	③
同上（組織をもたざるもの）	1931年10月調べ	東京市（旧市域）	309	③
町　会	1935年度	東京市（旧市域）	1,257	①
町　会	1935年度	東京市（新市域）	1,705	①

出所：①東京市役所『東京市統計年表』、②東京府商工課［1935］『重要物産同業組合・準則組合一覧』、③東京市役所［1932］『東京市に於ける中小商工業者の実際』下巻、707頁。

造業者間の分業―受託生産―の展開を容易にしていたことが推測される。

では、この都市小経営の集積は、どのような社会関係の形成に繋がっていたのであろうか。まず挙げられるのが同業者組織である。表2に見られるように、一九三〇年代前半の東京市には、重要物産同業組合、商業組合、工業組合、産業組合が各五〇から一〇〇前後存在していた。法的な拘束力の弱い準則組合は、東京府下全体で二〇〇を超えている。これらの同業者組織は、それぞれが根拠法を背景にもつ団体であり、そこで扱われるのは、営業活動と直接関連のある問題群である。結合範囲は、狭くても数区にまたがり、東京府下一円とするものも少なくなかった。同業者組織は、都市小経営をめぐる「公共的」な関係を代表しているということができる。

その機能はさまざまであったろうが、ここでも玩具業界の事例を紹介しておこう。玩具業界が抱える大きな問題として、模倣品の横行が指摘されている。玩具業者にとって、開発した製品の意匠や仕組みの盗用・模倣は、売り上げを大きく左右する。特にそれが、地理的集積による情報流通の濃密さ故に、同業者に迅速に伝わる場合に、開発者が蒙る損害は大きなものとなった。当事者による対応では処理しきれないこうした問題への対応には、制度的な措置が重要となる。政府によって制度化された「実用新案」、「意匠登録」の利用は、一つの対処策であった。しかし、流行品の要素が強い製品の場合、出願・登録に半年以上を要するこの制度のもとでは、模造品への掣肘が可能となった登録時点で、すでに商品の寿命が尽きていることが少なくなかった。そうした状況の中で、一九二八年に始まる東京輸出セルロイド玩具工業組合による「意匠専用権登録」制度は、短期間での登録審査により広範な登録者を生みだし、模造品抑制効果が顕著であったという（島津［一九七九］）。

同組合は、委託共同販売にも力を入れた。組合員の製品を、問屋に比して低いマージンで輸出商に売り込むのであるが、意匠登録によって、製品と製造元との照合を迅速に行えることが、輸出商との取引に際して競争力となった。問屋と製造業者の利害対立もあり、施策の有効性はまちまちではあったが、これら同業者組織が、個別経営単独では果たし得ない機能を、一定程度担っていたことは認められよう。

しかし、この職縁を媒介とする関係は、日常的な活動領域の基盤としては、いささか広域である。実際、機械工業関係の同職の組合組織では、その内部に地域単位を設け、それが活動の基盤となっていることが指摘されている（今泉［二〇〇八］）。これは、個々の業者が取り結ぶ関係の基盤に、居住の地理的近接性が関係していることを予想させる事実である。実際、同業者および関連業者の集積は、従業の場だけの問題ではなかった。以下に見るように、戦間期の人口調査は、職住の隣接性が東京市を特徴づける一つの特徴であることを示しているのである。

(2)　居住と従業

政府は一九三〇年の『国勢調査』から、就業場所に関する情報の収集を始め、有業者および通学者を、「自宅に於て従業する者」「地域内に従業所ある者及地域内に在る学校通学者」「一定の従業所なき者」「従業所の申告なき者」「地域外に従業所ある者及地域外に在る学校通学者」に区分し、行政単位ごとに集計値を公表している。また別に東京市役所は、国勢調査の収集情報をもとに『東京市昼間移動人口・昭和五年国勢調査』を編纂し、東京市の各区の従業者を「移入従業者」「同区内に止まる従業者」「一定の従業所のなき者」「自宅従業者」の四つのカテゴリーに区分して、それぞれの人数を表示した。そこでは、一九三〇年のデータが一九三二年に合併した新市域の二〇区を含めて再集計されている。『東京市市勢統計原表　昭和五年』の「新市部篇」でも、有業人口に関して同様の再集計が行われており、一九三〇年のデータからでも一九三二年以降の新市域に含まれる地域を含んだ分析が可能となっている。以下では、これらの人口統計調査をもとに、職住の隣接性について見ていこう（同資料を用いて主に東京市の機械関連工業従業者の従業地を論じた研究に今泉［二〇一〇］がある）。

図1　自宅従業者の位置（男性・1930年）

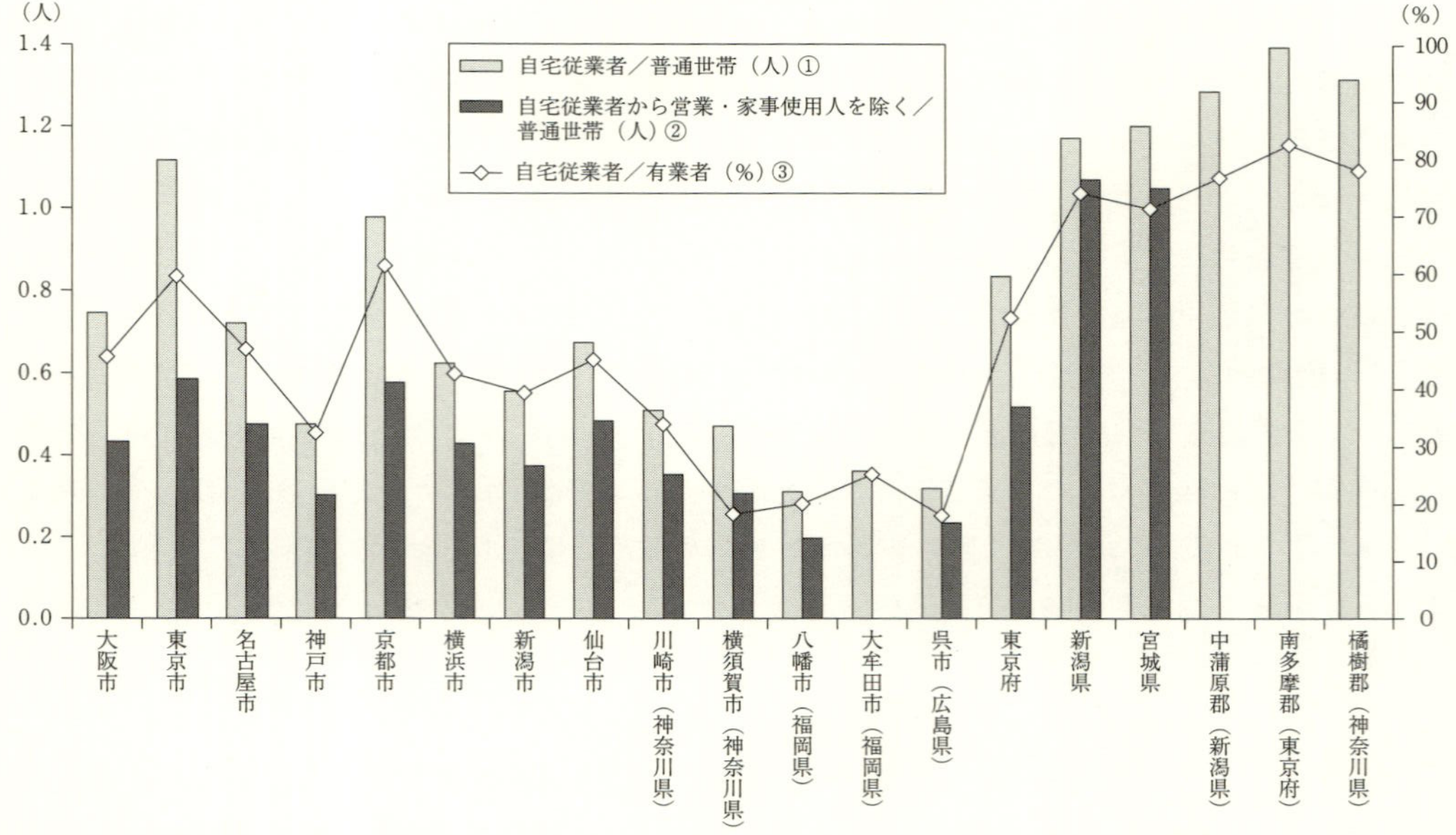

出所：内閣統計局編『昭和五年　国勢調査』（各府県別）。
注：大牟田市および郡部は、営業・家事使用人のデータが得られない。

図1は、各行政区域内で男性の「自宅従業者」が占める位置を、三つの指標で表している。③自宅従業者／有業者（％）は、行政区画内に居住する男性有業者のうち、自宅を従業場所にしている有業者の割合である。都市に限って言えば、同図の東京市は京都市についでこの割合が高く、六〇％前後を示していた。その他の六大都市（大阪市、名古屋市、神戸市、横浜市で、いずれも男性有業人口が一〇万人超）および県庁所在市（新潟市、仙台市）では五〇％を割り、さらに八幡市など人口規模が小さい都市群でこの値は二〇％を切っていたことも注目される。戦間期に急速に都市化が進んだ新興都市の川崎市も、三〇％強の割合に留まった。これに対して、農業県である新潟県、宮城県では七〇％を超え、東京府・神奈川県でも郡部（南多摩、橘樹）を取り出せば、その割合は八〇％前後を示していた。

図は省略したが、女性についても、上記の地域間、都市間の差異はほぼ同様の傾向を見せている。ただし③の指標が、東京をはじめとした都市部においても高い水準にあり、農村部との差異は男性よりも小さい。逆に、①、②の水準が全体的に低いが、それは国勢調査の基準による「有業者」が、女性都市部で少なかったことによる。前述のようにその妥当性は吟味を要するが、いずれにせよ、女性は都市・農村を問わず、有業者であれば自宅で従業する割合が高かったといえる。このことは、職住の地理的関係に影響をあたえるのは、おもに男性（とくに男性世帯主）の就業形態であったことを示唆している。世帯と就業形態の関係に着目する小論では、以下、男性従業者に焦点をあてて議論を進めることとしよう。

男性に顕著な都市間、地域間の自宅従業率の差異の中から、東京市の特徴が浮かび上がってくる。自宅従業者の割合が農業地域で高いことは、家族農業を基幹とする農業就業形態から容易に説明できることであろう。農業就業者が僅少な都市において、自宅従業者割合が下がることも自然である。しかし一方で、大都市への人口集中が、自宅従業割合の低下と並行するわけではなかった。都市の規模は小さくとも重工業都市の様相を呈する諸都市（官営製鉄所のある八幡市、海軍工廠を擁する横須賀市、呉市、石炭業の大牟田市）では、大工場や炭鉱関係労働者の集積を反映して男性自宅従業者の割合は相対的に低かった。また、農業県下であるにもかかわらず政治・行政都市の性格を備える新潟市、仙台市は、東京・京都以外の六大都市とほぼ同水準を示していた。③の指標によれば、商工業都市化が進行し人口集中の進む戦間期東京市の特徴は、自宅従業者の割合の高さにあったことになるのである。

残る二つの指標である①自宅従業者／普通世帯と②（自宅従業者—営業使用人・家事使用人）／普通世帯からは、自宅従業者の内実の一端をうかがうことができる。新潟県以下、農業の状況を反映する地域においては、両指標ともに一を上回る高い水準を示していた。これは、平均して一人以上の従業者が各世帯に含まれていること、かつそれらの従業者の大部分は雇用関係にはない、すなわち世帯主を含む家族世帯員であったことを意味している。家族労働力に依拠する農家世帯のイメージとは整合的であろう。一方東京市においては、まず①が一を超え、農村地帯と同水準の高さにあったことが目を惹くと同時に、①と②の乖離が顕著であり、②は〇・六に留まっている点に大きな相違があったことがわかる。すなわち、東京市の世帯は平均して、一人以上の男性自宅従業者を抱えていたことになるが、その半数は雇用関係にある「営業使用人・家事使用人」であった。これらの被雇用者の大多数は、雇用主の世帯内に住み込み、雇用主世帯の自宅を従業の場としていたと考えられる（厳密には住居を別にし、雇用主から与えられる業務を「使用人」の「自宅」で行っていたケースが含まれることになるが、そのようなケースは多くはないであろう。問屋制のもと、委託された業務に自宅で従事する従業者は、ここでの「使用人」には当てはまらない）。世帯主を含む家族世帯員と被雇用労働者が、同一世帯に属し、かつ世帯主の自宅を従業の場とするここでのイメージは、前節で論じた「都市小経営」の労働力構成と整合している。そして、②が〇・六ということは、仮に被雇用者以外の家族労働者が世帯主に限定されるとすると、全世帯の六割が自宅を仕事場とする職住一致の従業形態をとっていたことになるのである。現実には世帯主以外の男性家族労働の存在は否定されないから、六割というのは過大であろう。しかし、この②の指標においても、東京市は京都市と並んで他の大都市や県庁所在地を一五～二〇ポイント上回っていたのである。

(3)　職住接近と都市のコミュニティ

もっとも上記は全東京市の平均値を見ているだけであり、東京市内部の地域的な相違を考慮に入れていない。加えて、図1の東京市の数値がカヴァーするのは、一五区からなる旧市域ともいうべき範囲に限られていた。戦間期の東京の人口増大は、これら一五区に隣接する郡部において顕著で

図2　東京市・区別の自宅従業者（男性）の位置（1930年）

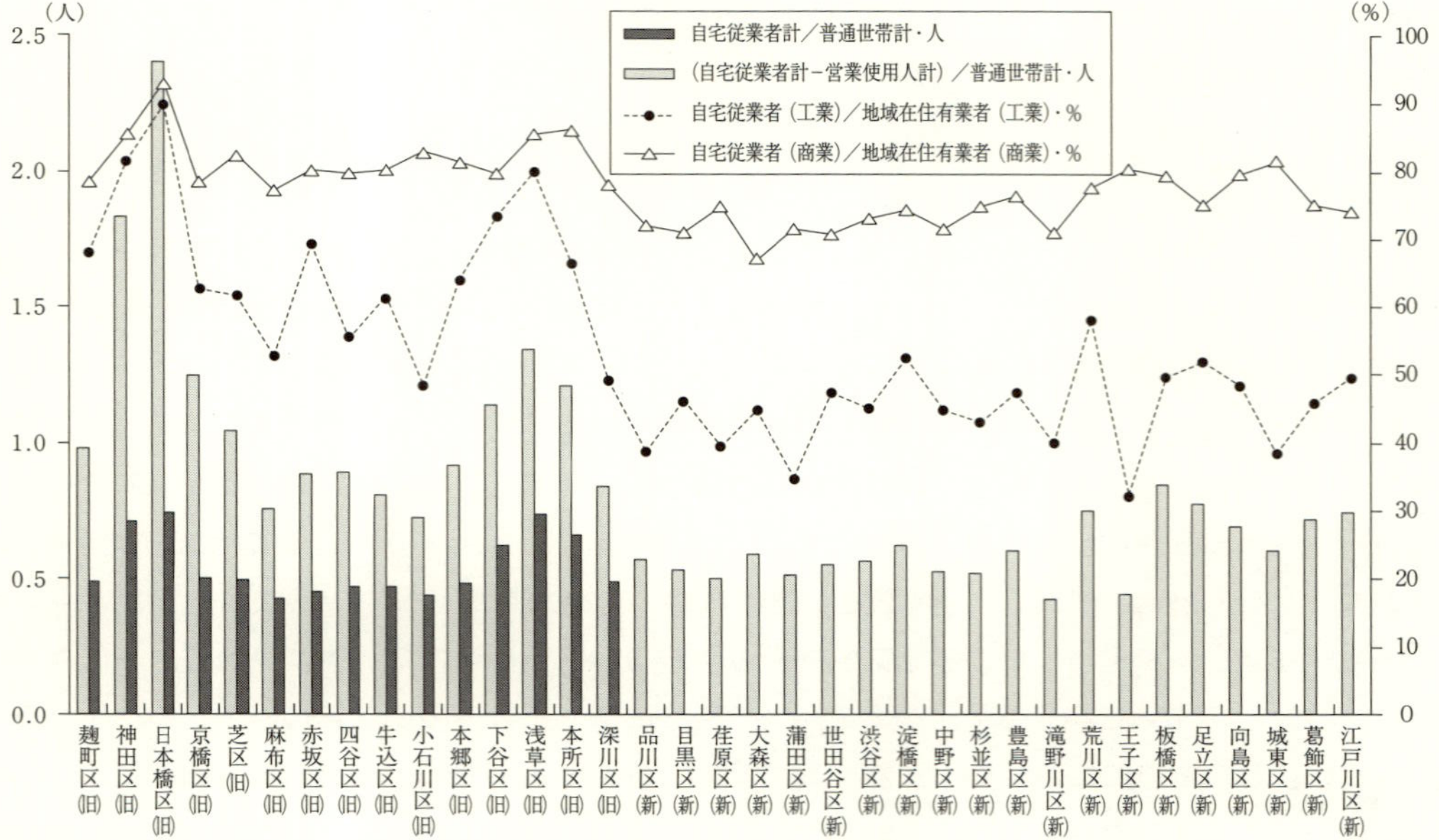

出所：内閣統計局編『国勢調査　昭和五年』（東京府）および東京市役所『東京市市勢統計原表　昭和五年』第六巻。
注：新市域については、区別の営業使用人数は不明。

あり、先にも触れたように、一九三二年に東京市はこれらの地域を新たに加え、合計三五区の「大東京」として再構成されることとなった。では旧市域と新市域ではどのような差異があるだろうか。

旧市域が新市域に比して、自宅就業者の割合を示す指標（①、②）の値が大きいことは図2から明瞭であろう。神田、日本橋、京橋の商業地区、およびいわゆる城東の商工業集積地として知られる下谷、浅草、本所、深川地区では、①が一・〇を上回り、②でも〇・七〜〇・八の水準を示していた。中でも日本橋区は、多くの住み込みの労働者を含んだ自宅従業世帯が存在していたことが伺われる。また本所区を核とする城東地域は、芝・京橋から南に広がる城南地域とともに、戦前期東京の二大工業集積地を形成していた（沢井［一九九〇］）。これに対して、新市域では①の指標で〇・五前後の区が多く、明らかに新市域よりも平均的に自宅従業者の割合は低かった（なお区別の営業使用人・家事使用人データが得られないので、新市域については②の指標は計算できない）。ただし荒川、板橋、足立、向島、城東、葛飾、江戸川といった城東工業地域の隣接区では、〇・六〜〇・七の世帯当り平均自宅従業者数（指標①）を示していた。

次の図3には、有業者の昼間移動従業者数とそれが有業者中に占める割合が区ごとに示されている。見られるように区域を超えて移動する従業者は新市域に多く、品川区から滝野川区までの新区に王子区を加えた一三の区で、昼間移動従業者率が三〇％を超えていた。このうちの七区は移動者が区当り一万五〇〇〇人を超えている。これに対して移入従業人口の方は、旧市域の麹町区が八万人を超えて突出した地位にあり、それぞれ三万五〇〇〇人前後の日本橋、京橋、芝の三区がそれに

図 3　東京市の各区別男性昼間移動従業者数（移出・移入）および男性有業者中の移出者比率（1930年）

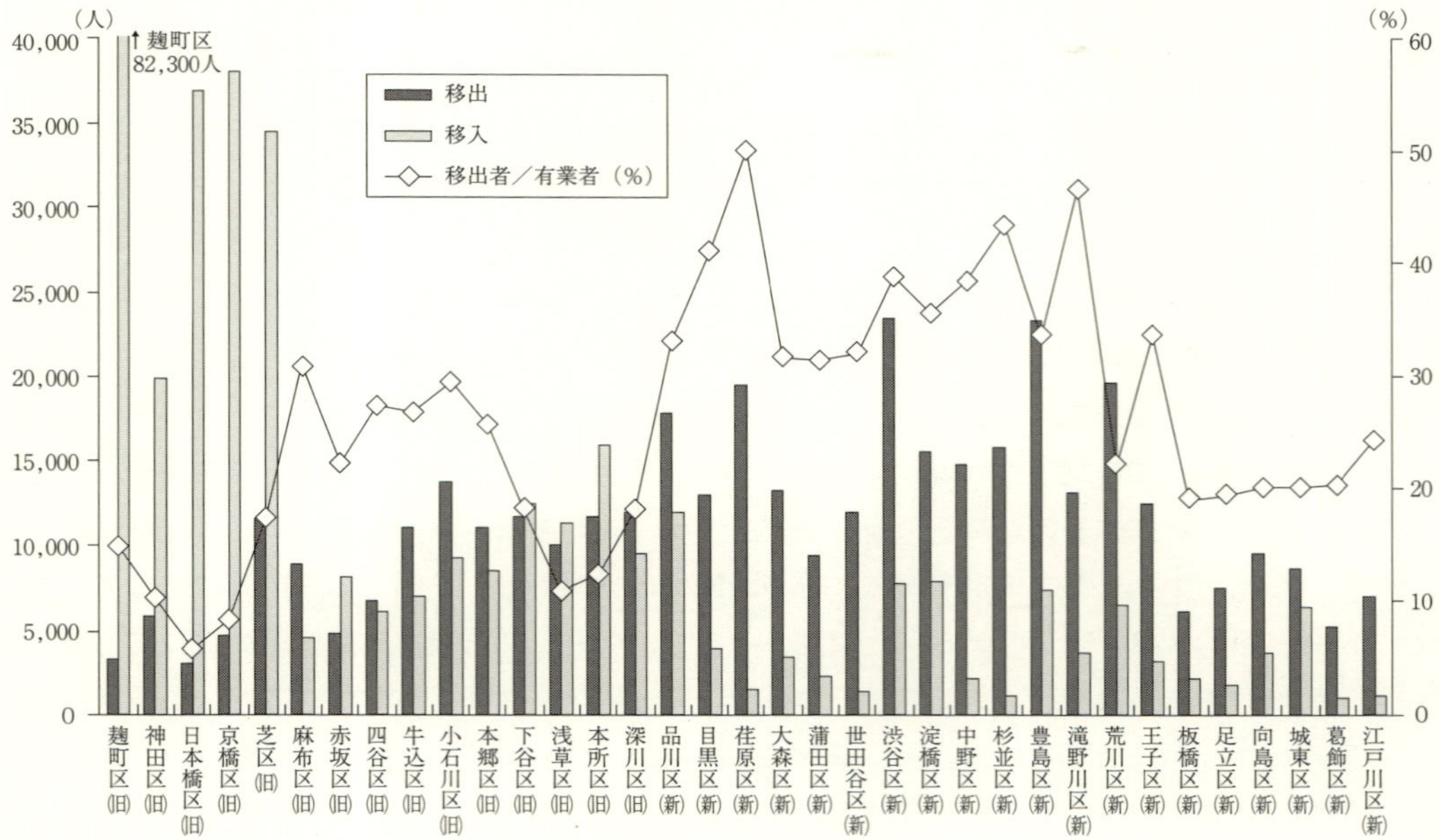

出所：東京市役所『東京市昼間移動人口　昭和五年国勢調査』および同『東京市市勢統計原表　昭和五年』の「新市部篇」。

続いた。本所、浅草、下谷の城東地域の三区も各区一万人を超えている。対照的に新市域で昼間移入従業者が一万人を超えたのは、品川区の一区のみであった。新市域から旧市域への昼間従業人口の大きな流れがあることが読み取れよう。移動従業者の産業別の分布を示した図4からは、この新市域の移動従業者の多くが、公務・自由業の従業者であったことがわかる。公務・自由業従業者を移入する区としては、麹町区が突出して全体の三五％を占め、芝、京橋を加えた三区で四九・九％に達していた。東京市新市域における自宅従業率の相対的な低さは、職住分離の特徴を備える公務・自由業従事者――いわゆる「新中間」――の集積を反映しているといえる。

一方、商工業従業者は、やや様相を異にしている。先の図2にあるように、商業の自宅従業者率は新市域においても七〇％前後の水準にあり、区外を従業地とする商業有業者は、区単位で見れば比較的少数に留まっていた。しかし一方で、移入従業者の集中度は高く、日本橋、麹町、京橋の三区で六五・三％を占めていた。おもに旧市域に居住する一部の通勤商業従事者が商業地区へ集積する一方で、自宅従業を中心とする商業経営が広く各区に存在していたことが読み取れる。地域により特徴が分かれる工業については、図5を参照しよう。昼間の従業者数が二万人を超えているのは、旧市域では神田、京橋、芝、下谷、浅草、本所、深川であった。このうち、京橋区と芝区は、移入従業者数の比率が相対的に高い。これに対して従事者の最も多い本所区、およびそれに隣接する下谷、浅草、深川は、移入従業者の割合が相対的に低く、かつ同区に居住する有業者の自宅従業率が高かった。自宅従業率の高さは神田区にもあてはまる。他方、新市域で工業従事者二万人以上なの

図4　区外への男性昼間移出従業者の産業別割合（1930年）

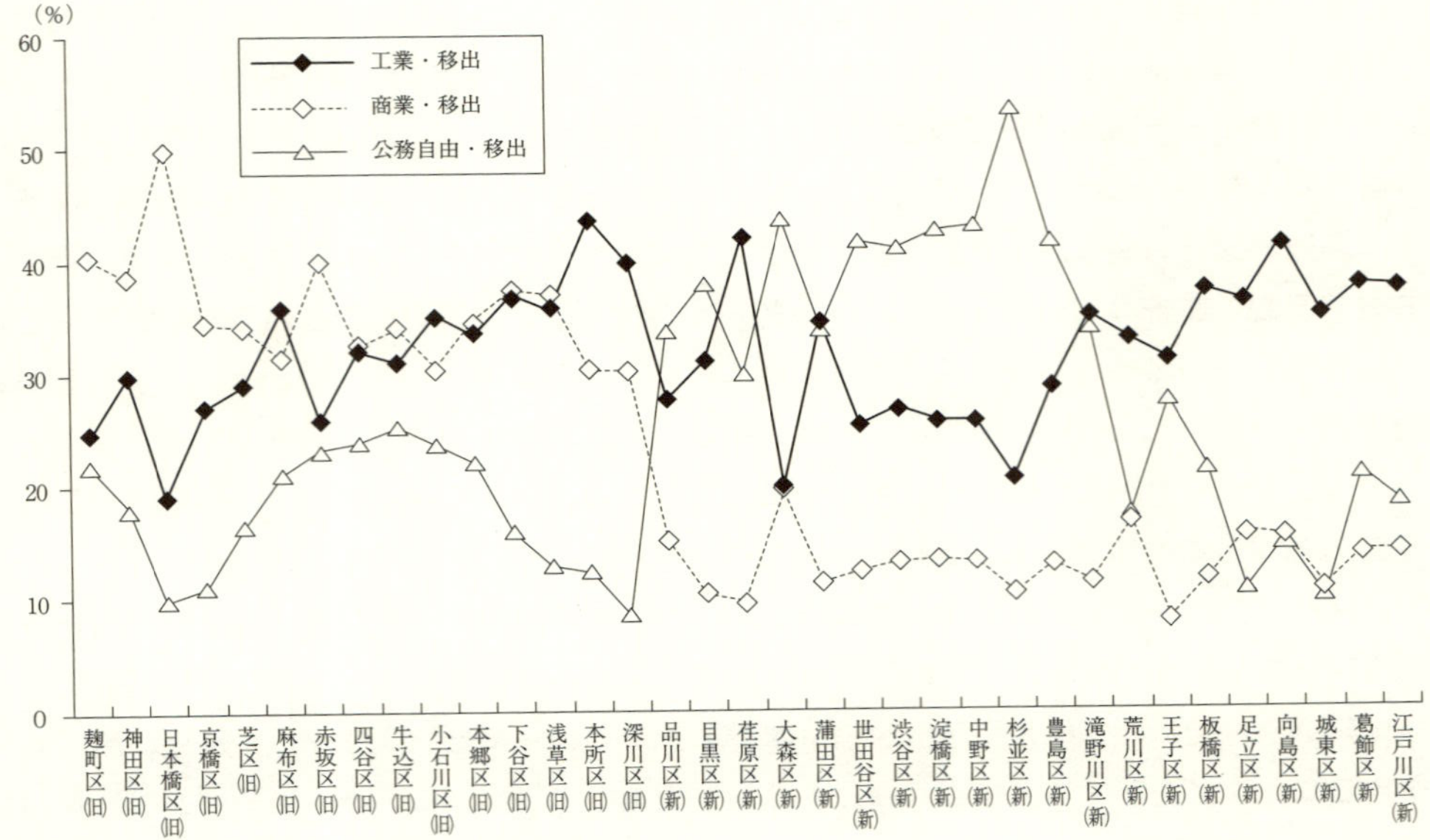

出所：東京市役所『東京市昼間移動人口　昭和五年国勢調査』。

図５　男性工業従業者の従業場所（区別・1930年）

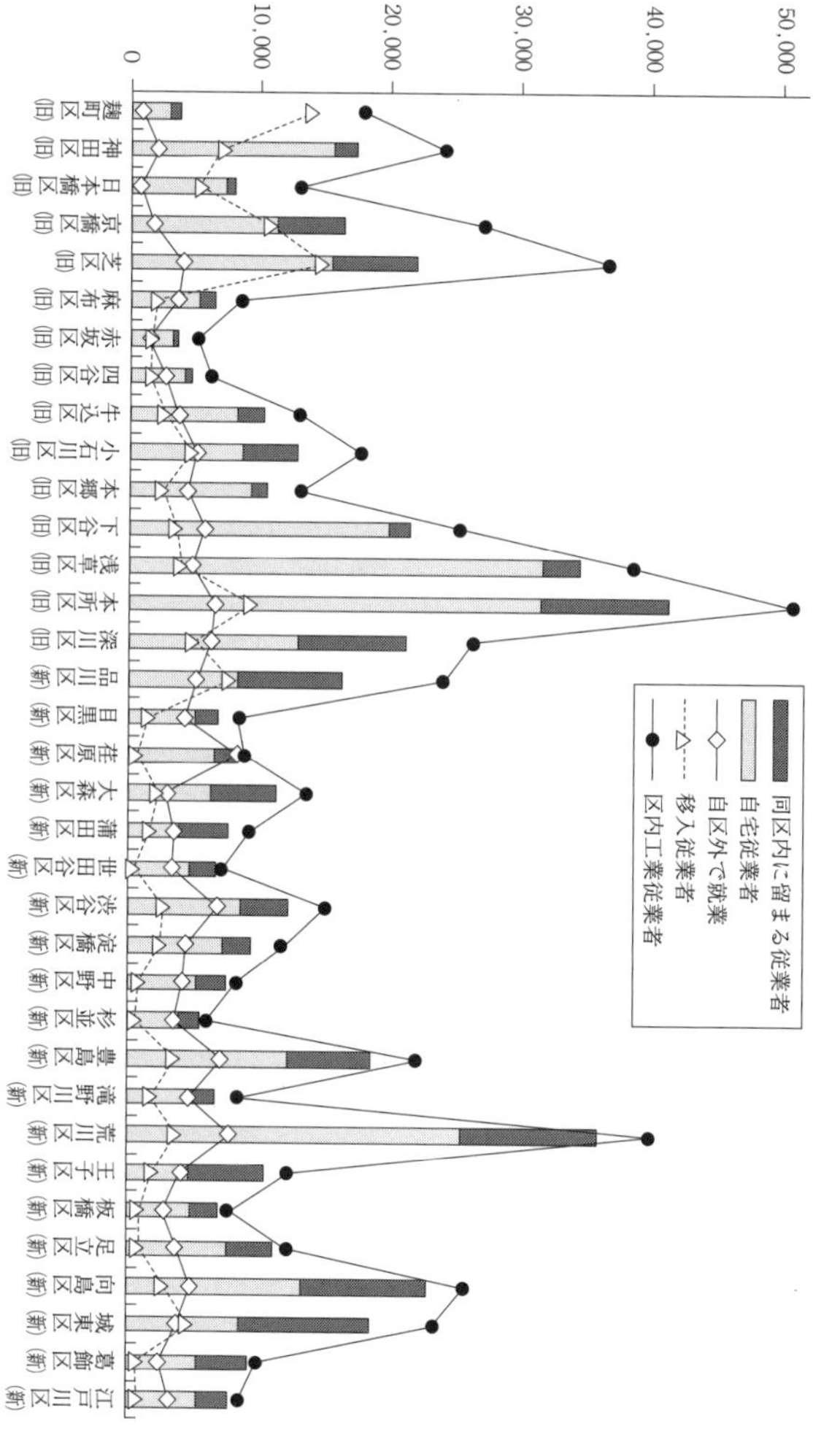

出所：東京市役所『東京市昼間移動人口　昭和五年国勢調査』および同『東京市市勢統計原表』（昭和五年）の「新市部篇」。
注：「自区外で就業」は、『東京市市勢統計原表』の各区有業者数から『東京市昼間移動人口』の各区「自宅従業者」および「同区へ留まるもの」の人数を差し引いて算出した。

表3　各区への男性昼間移入従業者の移入元および従業内容（1930年）

（単位：%）

	各区への昼間移入従業者の中での割合			
	区境を接している区からの移入者	工業従事者	商業従事者	公務自由従事者
麹町区（旧）	20.7	17.1	28.6	39.9
神田区（旧）	24.6	34.8	33.5	20.6
日本橋区（旧）	22.6	14.3	72.3	6.9
京橋区（旧）	17.9	28.2	51.1	15.3
芝区（旧）	35.9	43.5	14.7	23.1
浅草区（旧）	51.4	36.3	30.0	24.5
本所区（旧）	48.8	60.3	12.9	12.9
深川区（旧）	42.1	54.3	16.0	19.7
品川区（新）	68.2	65.9	6.6	14.7
荒川区（新）	66.2	60.0	9.5	11.3

出所：東京市役所『東京昼間移動人口　昭和五年国勢調査』。

は品川区、豊島区、荒川区、向島区および城東区である。品川区を除いて、移入従業者の割合は低いが、同時に自宅従業者率も相対的に低い。その一方で、自宅外の区内で従業する人数が比較的高い割合を占め、城東区では自宅従業者数を上回っていた。また区外で従業する者の数も少なくない。ただし、区外従業者の分布は先の公務・自由業や商業に比べて、明らかに分散的であった。移入従業者数最多の芝区でも一万五〇〇〇人余で、麹町区、京橋区を加えた上位三区の割合は、各区への移入従業者総数の三割に満たなかった。また、表3によれば、公務自由業や商業の移入従事者が多い麹町、日本橋、京橋では隣接の区からの移入者の割合が二〇％前後なのに対して、工業従業者の移入が五～六割に達する本所・深川・品川・荒川では、隣接区からの移入者が五〇％前後から六〇％台に達していた。

これらのデータを総合すると、新市域の工業従事者の特徴は、区内および隣接区への通勤者の比重の相対的な高さに特徴があるといえよう。新市域の工業従事者は、職住一致の自宅従業者と並んで、比較的居住地と近接した従業地へ通勤する、職住近接の従業者の存在によって特徴づけられるといえる。自宅外従業といえども、それは、公務自由業や一部商業に見られる都心と郊外との職住分離とは、その様相を大きく異なるものとしていた。戦間期東京の人口集積と市域の拡大は、確かに、新中間層に典型的な、居住地と従業地が地理的に分離した従業形態を産み出してはいたが、しかし一方で、商工業人口の増大の下、職住一致ないしは職住近接の居住形態の拡大再生産も進行した。そこには、都市小経営の増大を含む、東京の商工業化の特質が色濃く反映されていたのである。

この職住一体、ないしは職住隣接の就業形態は、経済活動においても居住地との関係を強め、都市小経営における地縁に基づく関係の意義を上昇させることになる。その一つの現われとして、一九二〇年代半ばで、すでに一〇〇〇（旧市域一五区）を数える町内会の存在が挙げられる（東京市政調査会編『東京市町内会に関する調査』）。先の表2によれば、その数はさらに一九三〇年代に増加し、新市域においても一〇〇〇を超えていた。研究史の中で町内会は、その官製的、行政下請け的な性格が指摘されることが多かった。しかしその特質は、戦時体制下における政府主導の再編成によって付与された側面が強いことが、日本近代史の分野で明らかにされている（雨宮［一九九三］）。一九二〇～三〇年代の町内会の族生は、むしろ民間主導といいうるものであり、かつ、それをリードしたのは新興自営業者の活動力であった（玉野［一九九三］、同［二〇〇五］）。実際、先の表2

にも示されているように東京市役所の一調査によれば、「現在町内会否寧ろ商店会を組織するもの五一五（昭和六年一〇月調）を算し、別に組織を持たざるもの三〇九を数える」（東京市役所編『東京市に於ける中小商工業者の実際』下編、工政会出版部、一九三二年、七〇七頁）とあり、町内会と、勃興する商店会との関係が示唆されている（「商店街」の歴史的展開に着目した最近の研究としては、柳沢［二〇〇二］、新［二〇一二］など）。さらに谷沢弘毅は、社会政策の担い手として導入された方面委員制度が、町内会の活動と代替的であったとし、戦間期東京の「公共区間の再統合化」に果たした町内会の機能を展望している（谷沢［二〇〇九］第四章）。本章では、町内会活動をはじめ、「コミュニティ活動」の内実に立ち入る準備はない。しかし、職住一体を特徴とする都市小経営の広範な存在とその活動力が、地縁を媒介に地域社会における「公共的」な課題の解決に、固有の機能を果たしたことは、想定可能といえよう。それは、東京市による用途地域制導入への工業経営集積地からの批判に見られるように、自治体の都市計画——それは「公共政策」を体現するものともいえる——への対抗を内包するものであった（今泉［二〇一〇］）。そこに、産業固有の利害とともに、地域固有の利害の反映を読み取ることができるのではないだろうか。都市内に胚胎する、職住の隣接を基盤とした社会関係の存在とその歴史的意義が、改めて問われているように思われる。

おわりに

近代日本における社会関係の特質は、農村社会を対象に論じられることが多かった。経済発展の社会的な基盤を論ずる最近の坂根嘉弘の成果も、「家」と「村」をキーワードに、農村社会が考察の対象となっている（坂根［二〇一一］）。しかし一方で、工業化を伴う経済発展は、農村社会を離脱する人々を産み出すことになった。では農村を離れた人々は、どのような社会関係のもとに編入されていたのだろうか。明治の都市「下層社会」に焦点を定めた研究では、木賃宿や低所得者集住地（細民地区）における「共同性」が論じられている（中川［一九八五］）。一方、戦間期の労働史・労使関係史の分野では、新中間層や大経営工場労働者層の再生産における、企業内福利厚生や雇用保障の意義に注目が集まった（兵藤［一九七一］、ゴードン［一九八五／二〇一二］）。そこから零れ落ちる人々については、政府の政策が論点となり、内務省社会局や東京市など地方政府の「社会政策――救済策」が議論された（中川［一九八五］、中川［二〇〇〇］、加瀬［二〇一一］など）。

これに対して小論では、戦間期の東京の住民構成の特徴を商工業「小経営」の集積に求め、この就業形態をめぐる固有の社会関係を、小経営が内包する固有のライフコースの存在、および職住近接の従業形態の二つの側面から見てきた。農家から離脱し、企業への関与も薄く、しかし救済政策の直接の対象でもない。このような存在であった都市小経営は、しかし、都市流入者のライフコースのモデルを形成し、また職住近接を基盤に、地域社会において固有の役割を果たしていた。そしてこれらの階層は、量的に見て近代日本のメガロポリスの中核を占めていたといっても過言ではないのである。そこから産み出される社会関係にはいかなる特質があり、かつそれは、自身の生存と生活にどのようにかかわっていたのか。そして都市成長の中で、近代日本の社会関係に、どのような特質を刻み込むことになったのか。小論は、これらの問題群を認識する上で基礎となるべきデータの一端を示したにすぎないが、その史実認識の共有化によって、今後、これらの問題群への本格的な取り組みが活性化することを期待したい。

参考文献

新雅史［二〇一二］『商店街はなぜ滅びるのか：社会・政治・経済史から探る再生の道』光文社
雨宮昭一［一九九三］「総力戦体制と国民再組織化――町内会の位置づけを中心として」坂野潤治他編『シリーズ日本近現代史・構造と変動3　現代社会への転形』岩波書店
今泉飛鳥［二〇〇八］「東京府機械関連工業集積における関東大震災の影響」『社会経済史学』七四巻四号
今泉飛鳥［二〇一〇］「用途地域制導入が東京府機械関連工業集積にもたらした影響――都市計画の効果と産業集積」『経営史学』四五巻三号
伊藤繁［一九八二］「戦前期日本の都市成長（上）」『日本労働協会雑誌』二八〇号
梅村又次［一九七三］「産業別雇用の変動――1880―1940年」〔一橋大学〕『経済研究』二四巻二号
加瀬和俊［二〇一一］『失業と救済の近代史』吉川弘文館

坂根嘉弘［二〇一一］『日本伝統社会と経済発展：家と村』農山漁村文化協会
沢井実［一九九〇］「機械工業」西川俊作・阿部武司編『日本経済史４・産業化の時代　上』岩波書店
島津清水［一九七九］『東京セルロイド業界史――東京プラスティック会館史』財団法人東京プラスティック会館
菅山真次［二〇一一］『「就社」社会の誕生』名古屋大学出版会
隅谷三喜男［一九六四］「日本資本主義と労働市場」同『日本の労働問題』東京大学出版会
谷本雅之［二〇〇二］「近代日本の都市「小経営」――『東京市市勢調査』を素材として」中村隆英・藤井信幸編『都市化と在来産業』日本経済評論社
谷本雅之［二〇〇三］「近代日本の女性労働と『小経営』」氏家幹人・桜井由幾・谷本雅之・長野ひろ子編『日本近代国家の成立とジェンダー』柏書房
谷本雅之［二〇〇五ａ］「戦間期日本の都市小工業――東京府の場合」中村哲編『東アジア近代経済の形成と発展：東アジア資本主義形成史Ⅰ』日本評論社
谷本雅之［二〇〇五ｂ］「分散型生産組織の〝新展開〟――戦間期日本の玩具工業」岡崎哲二編『生産組織の経済史』東京大学出版会
谷本雅之［二〇〇七］「戦間期日本における都市型輸出中小工業の歴史的位置――在来的経済発展との関連」中村哲編『近代東アジア経済の史的構造：東アジア資本主義形成史Ⅲ』日本評論社
谷本雅之［二〇一一］「近代日本の世帯経済と女性労働――『小経営』における『従業』と『家事』」法政大学大原社会問題研究所『大原社会問題研究所雑誌』六三五・六三六号合併号
玉野和志［一九九三］『近代日本の都市化と町内会の成立』行人社

玉野和志［二〇〇五］『東京のローカル・コミュニティ：ある町の物語　１９００―８０』東京大学出版会
津田真澂［一九七二］『日本の都市下層社会』ミネルヴァ書房
中川清［一九八五］『日本の都市下層』勁草書房
中川清［二〇〇〇］『日本都市の生活変動』勁草書房
中村隆英［一九七一］『戦前期日本経済成長の分析』岩波書店
兵藤釗［一九七一］『日本における労資関係の展開』東京大学出版会
谷沢弘毅［二〇〇九］『近代日常生活の再発見：家族経済とジェンダー・家業・地域社会の関係』学術出版会
柳沢遊［二〇〇二］「戦後復興期の中小商業者」原朗編『復興期の日本経済』東京大学出版会
Gordon, Andrew, *The evolution of labor relations in Japan: heavy industry, 1853-1955*, Council on East Asian Studies, Harvard University, 1985（二村一夫訳『日本労使関係史：１８５３―２０１０』岩波書店、二〇一二年）

第6章　食料品小売業における販売「合理化」の限界
――戦間期東京市の掛売・御用聞きに着目して――

満薗　勇

はじめに

両大戦間期の日本においては、流通の「合理化」という問題に対して、政策的な関心がにわかに高まっていった。その端緒となったのが、公設小売市場政策である。公設小売市場とは、地方自治体が開設・管理運営し、食料品を中心とする日用品の廉売を行う小売市場のことで、第一次世界大戦期における物価高騰を受けて、大阪市で最初の公設小売市場が開設された（一九一八年四月）。その後、一九一八年夏に起きた米騒動を契機として、地方都市を含めて他の都市にも公設小売市場を開設する動きが広がり、公設市場を模倣した民間業者による私設小売市場も数多く開設された。一九三八年時点における六大都市の公設・私設小売市場数は、東京市が五三八（うち公設四四）、大阪市が二一七（同五三）、京都市が一一一（同一三）、名古屋市が一〇三（同一四）、神戸市が八一（同一一）、横浜市が五二（同六）にも上っている（石原［一九八九］）。

公設小売市場政策の主眼は、流通の「合理化」によって物価騰貴を抑制しようとする点にあり、市場内で率先して「合理化」を行って低価格販売を実現し、市価を牽制することを通じて、市場外の一般小売商にも「合理化」を迫ろうとするものであった。なかでも、商慣習の「改善」に力点が置かれ、その一環として、それまでの掛売・御用聞きを廃して、新たに現金販売・持ち帰り制を徹底することが目指された。掛売では、掛倒れリスクが価格に転嫁されるために、現金販売に比べて販売価格が高くなるとされ、御用聞きでは、配達費用が販売価格に上乗せされるとともに、押し込み販売のような形で不必要なものまで買わされるとされた。さらには、掛売・御用聞きを通じて、顧客は特定の商店に囲い込まれて、自由な比較購買ができずに高い買い物を強いられるという問題も指摘されていた。要するに、掛売・御用聞きは、非「合理」的な「因襲」として打破されるべきものと位置づけられ、消費者に対しても、官民によるさまざまなキャンペーンを通じて、消費の「合理化」が求められていった（以上、公設小売市場政策については、藤田［一九七二］、石原［一九八九］、中村［二〇〇二］、廣田［二〇〇七］による）。

しかしながら、公設小売市場の開設から十数年以上も経過し、公設・私設の小売市場が広く普及した一九三〇年代においても、食料品分野を中心に、掛売・御用聞きが都市部でも根強く展開していたことが知られている。本章もこの史実に着目することから出発するが、研究史に目を向けると、こうした根強い展開がなぜみられ、いかなる論理で説明され得るのかという問題については、これまでのところ十分に検討されておらず、主として、廣田誠氏による説明と、幸野保典氏による説明が並列されているような状況にある。

廣田［二〇〇七］は、掛売比率の地域差を公設小売市場政策のインパクトによって説明するとともに、地域差を超えてなぜ掛売が根強く残ったのかという疑問に対しては、「都市住民（主として中・下層の）」は、「物価高騰・失業・賃金切り下げなどで一時的に生活が危機に陥った場合には、これを乗り切るために掛売りを利用せざるを得なかったので、掛売りへの依存を断ち切ることは容易なことではなかった」点を強調した上で、根拠として、土木建築労働者・日傭労働者・失業者の調査資料において、生活費不足の補填方法として掛売が上位に登場することを例示している。要するに、困窮する中下層住民に強いられた結果として、掛売が根強く残ったという説明である。

他方、幸野［二〇〇五］は、消費者にとっての掛売・御用聞きの利点として、①「現金がなくても買い物ができる」、②「俸給生活者・労働者の多くは月給制であり、月に一回の支払いのほうが便利である」、③「御用聞き・掛売を享受できる消費者は顧客として信用がある証拠で、ある種の「ステータス」でもあった」という三点を挙げ、「御用聞き・掛売制度は、消費者の日用消費購買習慣ともかかわっており、とりわけ米屋・八百屋・魚屋など食料品店にとって最も重要な販売戦略であった」と結論づけている。要するに、掛売・御用聞きは、消費者にとって利便性のある一種のサービスという面をもっており、食料品小売店が掛売・御用聞きを戦略的に採用していた結果、掛売・

御用聞きが根強く展開していたという説明である。

廣田・幸野両氏どちらの説明も、それぞれに説得力があり、実態としては、両者の論理が混在していた可能性も想定できるが、いずれにしても、主として資料的な限界のために、小売業経営に即した具体的な検討を欠いているため、一般論としての指摘に止まっていると言わざるを得ない。結論を先取りすれば、本章の検討結果は幸野説に近い論理を指し示すことになるが、しかし、幸野説では業種による論理の違いが見落とされていることが明らかになるだろう。

以上を踏まえて、本章においては、一九三〇年代の都市部においても、掛売・御用聞きが根強く展開し続けたのはなぜかという問題について、食料品小売業の経営に即して実証的に検討することを直接の課題とする。主に利用するのは、『東京市内に於ける小売業経営並に金融調査』(東京商工会議所、一九三七年、以下「経営調査」と略記)の個票データという、これまでに用いられてこなかった史料であり、分析のフィールドは東京市となる。同調査個票は、東京商工会議所に所蔵されており、本章では、『全国商工会議所資料　第Ⅰ期　東京商工会議所関係資料』(雄松堂書店、二〇一〇年)のデジタルデータ版を利用した。この「経営調査」は、一九三五年末時点の状況を調べたサンプル調査であり、個票データは食品・非食品あわせて一二業種の九三九軒に上る。個票からは、損益計算書と貸借対照表を作成することができ、兼業や商外所得の有無と内容、立地、仕入および販売方法、組合加入、金融などの情報を得ることができるため、本稿の目的にもかなう貴重な史料といえよう。

さて、ここで本論に入る前に、本章の課題設定と、本書が掲げる「非公共」論との接点を明示しておかねばなるまい。

公設小売市場政策における販売「合理化」論の背後には、都市の住民が誰彼の区別なく、あまねく低価格販売を享受できるよう求める発想がある。都市の住民を同一の利害を抱える「消費者」として括りだし、「消費者」が価格と品質を基準として、商品を（そして小売店を）主体的に選択することで、財の効率的な需給調整が達成されるという発想である。そして、そのことが労働力の安価な再生産を可能にし、日本産業の国際競争力を高めることにつながるという論理が見通されていた（廣田［二〇〇七］）。本書の用語を用いれば、これは小売—消費の世界に持ち込まれた「公共」と呼ぶことができよう。このような意味での「公共」の論理は、高度成長期においても官民によるさまざまなキャンペーンを通じて繰り返し喧伝され、たとえば生産性向上運動に連なる消費者教育の分野でも、地元商店への「義理」から、低価格販売を行う「近代的」な小売施設で買い物をしないような消費者のあり方が批判のやり玉に挙げられていた（倉敷［二〇一三］）。そこには、地域小売店と地元顧客との間の顔馴染みの関係やつきあいという側面を、そしてそれを基盤としたコミュニティ形成という側面を、ポジティブに評価する視点は全くなかった。

巨視的にみれば、こうした「公共」の論理を人びとが受け入れていった結果、小売革新の展開とモータリゼーションの進展が相俟って、中小小売商とその集積である商店街が衰退し、中心市街地の賑わいが失われていくという動きが、とりわけ一九九〇年代以降に顕在化していった。グローバルな調達網を抱え、徹底した低賃金で従業員を働かせる巨大なディスカウント・ストアが、産業の空洞化と地域社会の破壊をもたらしかねないにもかかわらず、圧倒的な低価格販売によって「消費者」の支持を集めるという、いわゆる「ウォルマート化」の構図に通底する動きといえるだろう（アメリカにおける「ウォルマート化」の構図については、原田〔二〇〇八〕参照）。それに対して、流通政策の分野では、二〇〇〇年にいわゆる「まちづくり三法」が成立し、それまでの大規模小売業と中小小売業との事業機会を調整するという調整政策の枠組みを放棄し、都市計画と連動して中小小売商を「まちづくり」、すなわちコミュニティ形成の担い手という側面から振興する政策へと一大転換を果たした。現在までのところ、中小小売商による「まちづくり」の取り組みについては、いくつかの成功事例を積み重ねている段階にあるが、そうしたコミュニティ形成の動きが、「消費者」の論理と断絶したままにあり、本業である商業活動とどのような有機的連関を持ち得るのかという問題には、十分な解を見いだせていない状況にあるように思われる（加藤・石原〔二〇〇九〕、石原・加藤〔二〇〇九〕、宇野〔二〇一二〕など）。

以上の歴史的展開を視野に収めると、掛売・御用聞きという販売方法に着目することは、売買行為そのもののなかに、小売商と顧客との顔馴染みの関係やつきあいという側面が埋め込まれていた点に注目することにつながってくる。本書の問題提起に従って、そうした小売商と顧客との関係を「非公共」的関係と呼ぶとすれば、それを直ちに非合理的な因襲として一蹴してしまうのではなく、「非公共」的関係が小売業経営にとってどのような意味をもつのかを明らかにした上で、一方でコミュニティ形成の問題を展望しながら、しかし経済合理性を評価する視点を手放さずに、そこに含まれる論理を丁寧に解きほぐしていくことが必要になるだろう。本章のささやかな実証課題は、これらの大きな問題群に連なっている。

1　東京市の位置づけと分析対象の概要

(1)　東京市の位置づけをめぐって

掛売については、一九三〇年代に主要都市で行われた商業調査に基づき、これまでの研究においても、その根強い展開の実態が注目されてきた。特に、東京市と大阪市の比較を通じて、東京市は大阪市に比べて極端に現金販売比率が低い、すなわち掛売が広範に展開していたとされ、そうした違いを生んだ一因として、公設小売市場が発達した大阪市と、発達しなかった東京市との対比が指摘される。廣田［二〇〇七］は、「日用品小売商業における現金販売は、都市化の進行と共に自然に普及するものではなく、公設市場のような人為的な努力（政策）が大きく影響するものであった」と結論づけている。しかしながら、幸野［二〇〇五］も含めて、これまでの研究では、『東京市商業調査書』（以下「商業調査」と略記）所載の数字が無批判に採用されており、根拠となっている数字そのものに疑問が残る。まずはこの点を吟味したい。

表１　東京市の各種調査にみる現金販売比率の高い小売商軒数の構成比

	「商業調査」(1930年)					「実際」(1930年)			「経営調査」(1935年)		
	総数	現金８割以上(A)		現金８割以上(B)		総数	現金７割以上		総数	現金８割以上	
総数	58,602	6,945	11.9%	38,176	65.1%	1,197	697	58.2%	922	409	44.4%
穀類粉類	3,175	245	7.7%	1,086	34.2%	157	15	9.6%	140	29	20.7%
蔬菜果物類	2,580	395	15.3%	1,418	55.0%	82	43	52.4%	66	21	31.8%
魚介藻類	2,209	278	12.6%	1,206	54.6%	43	11	25.6%	55	10	18.2%
酒類調味料清涼飲料	3,231	318	9.8%	1,372	42.5%	82	11	13.4%	81	4	4.9%
菓子麺麭類	8,466	678	8.0%	7,365	87.0%	109	102	93.6%	89	56	62.9%
建具家具指物類	1,027	139	13.5%	609	59.3%	18	13	72.2%	85	65	76.5%
織物被服類	2,801	443	15.8%	1,671	59.7%	45	30	66.7%	81	55	67.9%
小間物洋品類	1,862	165	8.9%	1,466	78.7%	119	104	87.4%	73	66	90.4%
履物雨具類	4,043	760	18.8%	2,627	65.0%	36	31	86.1%	71	60	84.5%
薬品染料顔料化粧品類	2,001	502	25.1%	1,178	58.9%	61	51	83.6%	81	42	51.9%

出所：「商業調査」は、東京市役所［1933］『東京市商業調査書』。「実際」は、東京市編［1932］『東京市に於ける中小商工業者の実際』中編（工政会出版部）。「経営調査」は、東京商工会議所［1937］『東京市内に於ける小売業経営並に金融調査』個票データより。

注：１）「総数」は、表示した業種以外も含む。

２）「商業調査」のうち、「現金８割以上（A）」は、原表記載の数字をそのまま採用したもの。「現金８割以上（B）」は、掛売と現金売を取り違えていると仮定した場合のもの。

表1は、現金販売比率が八割（七割）以上を占める小売商の軒数が、小売商全体の軒数に対してどの程度の割合で存在していたかについて、東京市の「商業調査」の数字を、同市における同時代の他の調査資料と比較したものである。「商業調査」は全数調査であり、表に挙げた他の二つの調査はサンプル調査である。表のなかで、「商業調査」のⒶ欄は、原表に記載された数字であるが、二つのサンプル調査に比べても極めて低い数字であり、信憑性に疑問が生じよう。加えて、「商業調査」原表では、「現金売〇割・掛売十割」「現金売一割・掛売八割」……「現金売十割・掛売〇割」という形で、現金販売と掛売の比率別に該当小売商軒数が表示されているが、そのなかで「現金売十割・掛売〇割」が非食料品業種を含めてもゼロ軒となっており、あまりに不自然である。本章が利用する「経営調査」個票データでは、掛売〇割が二〇％弱にも上っている。

そこで、「商業調査」原表にはなんらかの誤記が疑われるが、ここでは一つの仮説として、「現金売」と「掛売」が逆に記載されている可能性を指摘しておきたい。表1の「商業調査」Ⓑ欄は、そうした仮定を置いて整理したものであるが、Ⓐ欄に比べれば、他の調査資料との整合性は格段に高まる。ただし、業種別にみれば、表で示す「実際」の穀類粉類と、「実際」および「経営調査」の酒類調味料清涼飲料の数字は、「商業調査」Ⓐ欄に近いが、しかし、これは細分類での業種構成が影響していると思われる。

たとえば、「実際」の穀類粉類は、ほとんどが白米であり（白米が一七三軒、雑穀が一四軒）、白米では他の穀類粉類業種に比べて現金販売比率が顕著に低い。「経営調査」によれば、白米のみで

表2　現金販売比率8割以上の小売商軒数構成比

	東京市（1930年）	大阪市（1935年）	同市除く大阪府（1935年）	神戸市（1932年）	名古屋市（1932年）	札幌市（1936年）	仙台市（1933年）
総数	65.1%	65.8%	45.1%	64.7%	69.2%	31.4%	66.2%
穀類粉類	34.2%	21.0%	12.5%	15.0%	16.1%	18.6%	21.9%
蔬菜果物類	55.0%	80.8%	37.0%	72.4%	65.5%	24.0%	54.5%
魚介藻類	54.6%	80.8%	30.3%	78.5%	65.6%	22.7%	39.7%
酒類調味料清涼飲料	42.5%	29.9%	19.2%	32.3%	31.0%	25.0%	48.1%
菓子麺麹類	87.0%	97.8%	69.0%	91.3%	93.0%	53.0%	87.9%

出所：東京市役所［1933］『東京市商業調査書』、大阪市役所［1937］『大阪市商業調査書』、大阪府［1938］『大阪府商業調査書』、神戸市役所［1936］『神戸市商業調査書』、名古屋市役所［1935］『名古屋市商業調査書』、札幌小売業組合同盟会［1936］『第一回札幌市商業調査』、仙台市役所［1936］『仙台市商工業調査書』より作成。

注：1）東京市の原表は、「現金売」と「掛売」を取り違えている可能性が高いと判断して修正した。

2）「総数」は、表示した業種以外も含む全軒数についての値。

現金販売比率八割以上の小売商軒数構成比をとると、七・一％（七／九九軒）となり、雑穀とあわせた穀類粉類二〇・七％（表1）よりも顕著に低いのである。それに対して、「商業調査」の穀類粉類は、白米が三〇八七軒、玄米が一〇五軒、雑穀・穀粉類が三五八一軒という構成であり、白米以外の比重が大きいため、現金販売比率が高めに出ていると考えられる。

酒類調味料清涼飲料についても同様に、「商業調査」では酒類以外の比重が大きいためであると推察される。「実際」は、酒清涼飲料が八二軒、調味料が五軒、「経営調査」は、すべて酒類であるのに対して、「商業調査」は、酒類清涼飲料が三五三四軒、砂糖・食用油脂・味噌・醤油・味醂・ソース・其他の調味料が三八九八軒という構成になっている。

表2は、こうした仮定に基づく東京市の数字を、他の主要都市および大阪府と比べたものである。これをみれば、改めてもともとの東京市「商業調査」所載の

数字が、いかに極端な低さを示していたかがわかるが、同表に示した通りに誤記を仮定して整理し直せば、おおよそ妥当な水準に落ち着いたとみることができよう。ここでの仮定が正しければ、東京市のみが極端に掛売に依存しつづけた都市というわけではなく、したがって、本章の分析結果は、東京市に特殊なものではないという理解につながる。加えて、表2のなかで、もう一つ注目すべきは、業種による違いが大きいという点であろう。以下の分析においても、業種ごとの違いに着目していく必要がある。

(2)　分析対象の概要

本章で利用する「経営調査」とは、その凡例によれば、「商工省の小売業改善調査委員会第二特別委員会（経営）並に第三特別委員会（金融）に於て決定されたる別掲調査票に基き、東京市内の小売店の経営並に金融状態を調査せるもの」で、一九三五年一二月三一日時点（売上高などは同年一月一日〜一二月三一日）の状態を調査した資料である。同様の調査は東京を含む二六都市で実施され、商工省でとりまとめ予定との新聞報道もみられるが（『中外商業新報』一九三六年四月八日付）、詳細は不明である。

調査店数については、百貨店と小売市場を除いた上で、各業種一〇〇店を標準とし、それぞれ「小経営」（年間売上高一万円未満）五〇店、「中経営」（同一万円以上三万円未満）三〇店、「大経営」（同三万円以上）二〇店という形で、規模別のバランスが配慮される予定になっていた。しかし、

表3　分析対象の概要

	売上規模別軒数					店舗面積（坪）	店員数（人）	売上高（円）	掛売比率	外売比率
	零細	小	中	大	合計					
雑穀	0	15	17	9	41	12.27	4.32	20,036	22.4%	26.1%
白米	0	19	53	27	99	10.69	3.98	30,749	66.8%	82.3%
魚類	4	29	17	5	55	6.91	5.31	12,146	55.4%	57.6%
青果	12	34	17	3	66	8.06	4.20	8,966	35.7%	45.1%
酒類	4	21	39	17	81	19.57	5.12	19,964	71.6%	70.7%
菓子	10	35	28	16	89	21.82	8.64	17,675	19.3%	22.0%
計	30	153	171	77	431	13.92	5.39	19,294	47.5%	53.5%

出所：東京商工会議所［1937］『東京市内に於ける小売業経営並に金融調査』個票データより集計。調査時点は1935年。

注：1）零細経営は売上高3,000円未満、小経営は3,000円以上1万円未満、中経営は１万円以上３万円未満、大経営は３万円以上。零細経営は個票をもとにして独自に設定した。

2）業種名のうち、魚類は魚介藻類、青果は蔬菜果実、菓子は菓子・パンの略称。

3）掛売比率は、売上高に占める掛売高の割合を１軒ごとにとった上で、業種ごとの平均値を算出した。外売比率も同様。

同調査の対象店数は一二業種九三九軒に上るが、そのうち本稿で扱う食料品業種のデータが揃う四三一軒について整理した表3によれば、多くの業種で一〇〇店に届かず、規模別のバランスも想定通りになっていない。

加えて、調査対象の性格を考える上で重要なのは、「之が選定は関係同業組合及準則組合の手を煩はした」という「凡例」の記述である。この記述からは、調査対象が少なくとも同業組合に加入できるほどの資力があり、経営が安定している業者に偏っていることが想定される。実際に、個票を参照すると、同業組合の組合費を支払っていない業者は皆無であり、「経営調査」のサンプルを「商業調査」と比較してみると、営業年数が長く、売上高が大きいという偏りがみられた。特に、売上高別軒数の構成比をとれば、「経営調査」のピークが売上高一～三万円層にあるのに対して、「商業調査」のピークは売上高一〜三千円層にあった。そこで、この「商業調査」のピークを捉えるべく、本章では個票から独自に「零細」(売上高三千円未満)という区分を設定した(「経営調査」の資料的位置づけについて詳しくは、満薗[近刊]参照)。

さて、「経営調査」の調査票には、「売上の」「——割——分は現金」/「——割——分は掛」/「——割——分は月賦」と記入する欄があり、決済方法別の売上高構成比が判明する。非食料品業種を含む全体の平均は、現金が六一・五%、掛売が三七・一%、月賦が一・四%というように、ほぼ現金か掛売という状況であり、特にここで対象となる食料品業種においては、月賦をほとんど無視できる。他方、これとは別に、「販売は」「店売——割——分」/「外売、御用聞、其の他——割——分」と記入する欄もあり、店頭販売と非店頭販売による売上高構成比が判明する。厳密にみれば、「外売」には出張販売などが含まれるため、顧客宅を回って注文をとる御用聞きとイコールではないが、資料上区別が困難であり、実態としても、特に食料品業種においては、非店頭販売の主流は御用聞きであったと想定されることから、「外売」=御用聞きとして議論を進めたい。

表3によれば、掛売比率、外売比率ともに、全体では五割前後に上っているが、業種による違いが大きい。具体的には、白米と酒類では高く、雑穀と菓子では低く、魚類・青果はその中間に位置するものと分けることができる。加えて、業種ごとに、掛売比率と外売比率とが比較的近しい数字を示している点も注目される。このことは、掛売と御用聞きがセットで行われていた可能性を示唆するものといえよう。

表4　掛売比率と外売比率の軒数分布

		外売比率（%）												
		＝0	＜10	＜20	＜30	＜40	＜50	＜60	＜70	＜80	＜90	＜100	＝100	計
掛売比率（%）	＝0	33		2	7	3	1	3		3	1	1		54
	＜10	6	1	1		2								10
	＜20	4		15	4	1	1	3	1	2	1	1		33
	＜30	3		5	15	7	2	4	3	2		3		44
	＜40	2	1	2	2	13	1	7		2	1			31
	＜50				5	3	8	1	2		2	1		22
	＜60	1			1	2	3	18	3	4	4	9	1	46
	＜70							5	5	8	4	6		28
	＜80							11	1	16	13	10	4	55
	＜90				1		1	1	6	9	29	20	3	70
	＜100	1							1	4	3	24	1	34
	＝100	1									1		2	4
	計	51	2	25	35	31	17	53	22	50	59	75	11	431

出所：東京商工会議所［1937］『東京市内に於ける小売業経営並に金融調査』（東京商工会議所）個票データより集計。調査時点は1935年。

そこで、表4として、掛売比率と外売比率をクロスさせ、各小売商が両比率のどのような分布のところに位置しているのかを整理した。これをみると、やはりおおむね両比率が同水準を示す小売商が多く、実際に、個票から両比率の相関係数を算出すると、〇・七七五という強い正の相関が確認された。ただし、表4を注意深くみると、掛売比率の低い業者のなかには、外売比率が高い業者が一定数含まれていることがわかる。これはすなわち、御用聞きだが現金決済という例の広がりを示していると考えられ、掛売の金融負担には耐えられないが、御用聞きで得意客を獲得しようとする動きが一定程度みられたことを示唆している（この点については、売上規模との関係で後述する）。

2　立地別にみた掛売・御用聞きの実態

(1)　地域類型別にみた実態

次に、立地別にみた実態を「経営調査」個票データからみていきたい。

調査票には、住所の記入欄が存在し、個票を参照すると、空欄も一定数含まれるが、食料品業種では、四〇〇軒分の住所が判明する。それを区別に整理したものが表5である。これによれば、一九三二年に成立したいわゆる大東京のなかで、それ以前から市部であった旧市域と、新たに編入された新市域との間で、軒数に大きな偏りはみられない。区別にみても、業種別には多少の偏りがあり、特に雑穀と魚類でゼロ軒を示す区が多いものの、全体としてはバランスよく対象が選ばれたと評価できよう。表5には、公設・私設をあわせた小売市場数も併記したが、小売市場は新市域に多い傾向が認められるが、これもやはりそれなりに各区へ点在しているとみることができる。

そして、表5の「類型」欄にあるⅠ～Ⅳは、職業別有業者数の構成比をもとに設定した区分であり、その根拠を示したのが図1である。図1のなかで、東京市各区の男性有業者数構成比（一九三〇年）をみると、公務自由業の比率が高い地域とそうでない地域とに大別することができる。公務自由業の比率が高い区を具体的に挙げれば、旧市域のなかでは、麹町、麻布、赤坂、四谷、牛込、

表5　立地区別にみた対象小売商軒数

		類型	対象小売商軒数							小売市場数
			雑穀	白米	魚類	青果	酒類	菓子	計	
旧市域	麹町区	I			3	3	2	2	10	9
	神田区	II		4	6	4	2	2	18	11
	日本橋区	II		3	2	4	3	4	16	10
	京橋区	II		5	2		2	1	10	7
	芝区	II	2	3	6		3	3	17	18
	麻布区	I	1	1	2	4	3	3	14	9
	赤坂区	I	1	2	1	3	2	3	12	10
	四谷区	I		3	2		3	2	10	11
	牛込区	I				1	1	3	5	16
	小石川区	I	1	1	2	2	3	2	11	12
	本郷区	I		4	3	3	3	2	15	10
	下谷区	II		1	4		2	3	10	8
	浅草区	II	3	4	3	4		5	19	14
	本所区	II	7	3	6	4	1	2	23	25
	深川区	II		1	4	4	3	3	15	16
	小計		15	35	46	36	33	40	205	186
新市域	品川区	III		5		2	2	3	12	20
	大森区	III		2		2	1	2	7	36
	蒲田区	III	3				3	2	8	17
	荏原区	III	1		1	2	2	3	9	30
	目黒区	III		2	4	3	3	3	15	26
	世田谷区	III		6	2	2	1	3	14	47
	渋谷区	III	4		2	2	2	2	12	42
	中野区	III		2			3		5	35
	杉並区	III		1		2	3	3	9	35
	淀橋区	III		4			3	2	9	27
	豊島区	III		2			3	1	6	36
	板橋区	IV	2	2		1	1	2	8	15
	滝野川区	III	1			2	2		5	9
	王子区	III				2	3	3	8	21
	荒川区	IV	3	2		3	1	1	10	17
	足立区	IV	1				2	2	5	4
	向島区	IV		3		3	2	2	10	17

城東区	Ⅳ	2	2		1	3	3	11	13
江戸川区	Ⅳ	1	2			3	2	8	12
葛飾区	Ⅳ		1		2	3	1	7	11
小計		18	36	9	29	46	40	178	470
細民地区	細	3	9		1	2	2	17	
不明		12	12				7	31	
総計		48	92	55	66	81	89	431	656

出所：東京商工会議所［1937］『東京市内に於ける小売業経営並に金融調査』個票データより集計。調査時点は1935年。小売市場数は、東京市産業局商工課編［1935］『東京市産業関係団体便覧　昭和10年』（東京市）48～63頁による。

注：1）細民地区は、『東京市統計年表　昭和10年』150～151頁に記載の「特定地域」に該当する町丁と一致するものをカウントした。

2）小売市場のうち、公設市場は44（旧市域18）、他はすべて私設。

小石川、本郷が、新市域のなかでは、品川、大森、蒲田、荏原、目黒、世田谷、渋谷、中野、杉並、淀橋、豊島、滝野川、王子が該当する。その他は、商工業者の比重が高い地域ということができるだろう。あわせて、図1には、一九三〇年から三五年にかけての世帯増加率も示してある。特に新市域で区ごとの違いは大きいが、大きく分ければ、増加率の低い旧市域と、増加率の高い新市域という区別が可能であろう。

これらの人口構成と人口動態を踏まえて、旧市域で公務自由業比率が高い地域をⅠ、旧市域で商工業比率が高い地域をⅡ、新市域で公務自由業比率が高い地域をⅢ、新市域で商工業比率が高い地域をⅣとした。そのうえで、こうした類型とは別に、都市下層が集住するいわゆる「細民地区」に立地する小売商を区別し、表5の注1に記した方法によって、Ⅰ～Ⅳからは除いて一つの地域類型とした。要するに、Ⅰ～Ⅳ＋細民地区という五類型を設定したわけである。

図2は、この類型別に、掛売比率・外売比率と掛倒れ比

図１　東京市各区の男性有業者数構成比（1930年）と世帯数増加率

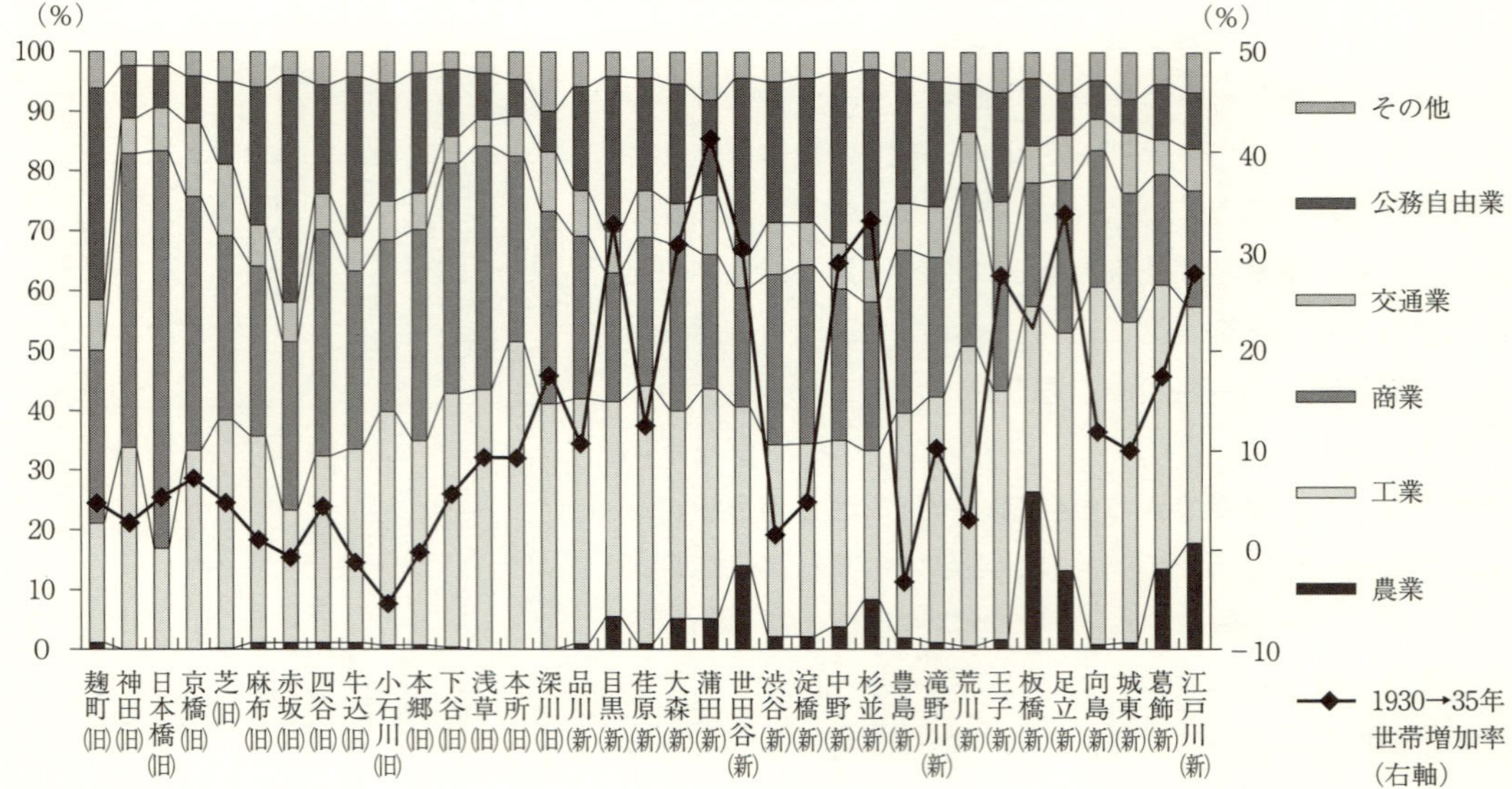

出所：『東京市統計年表　昭和10年』より作成。

図2　地域類型別にみた掛売・外売比率と掛倒れ比率

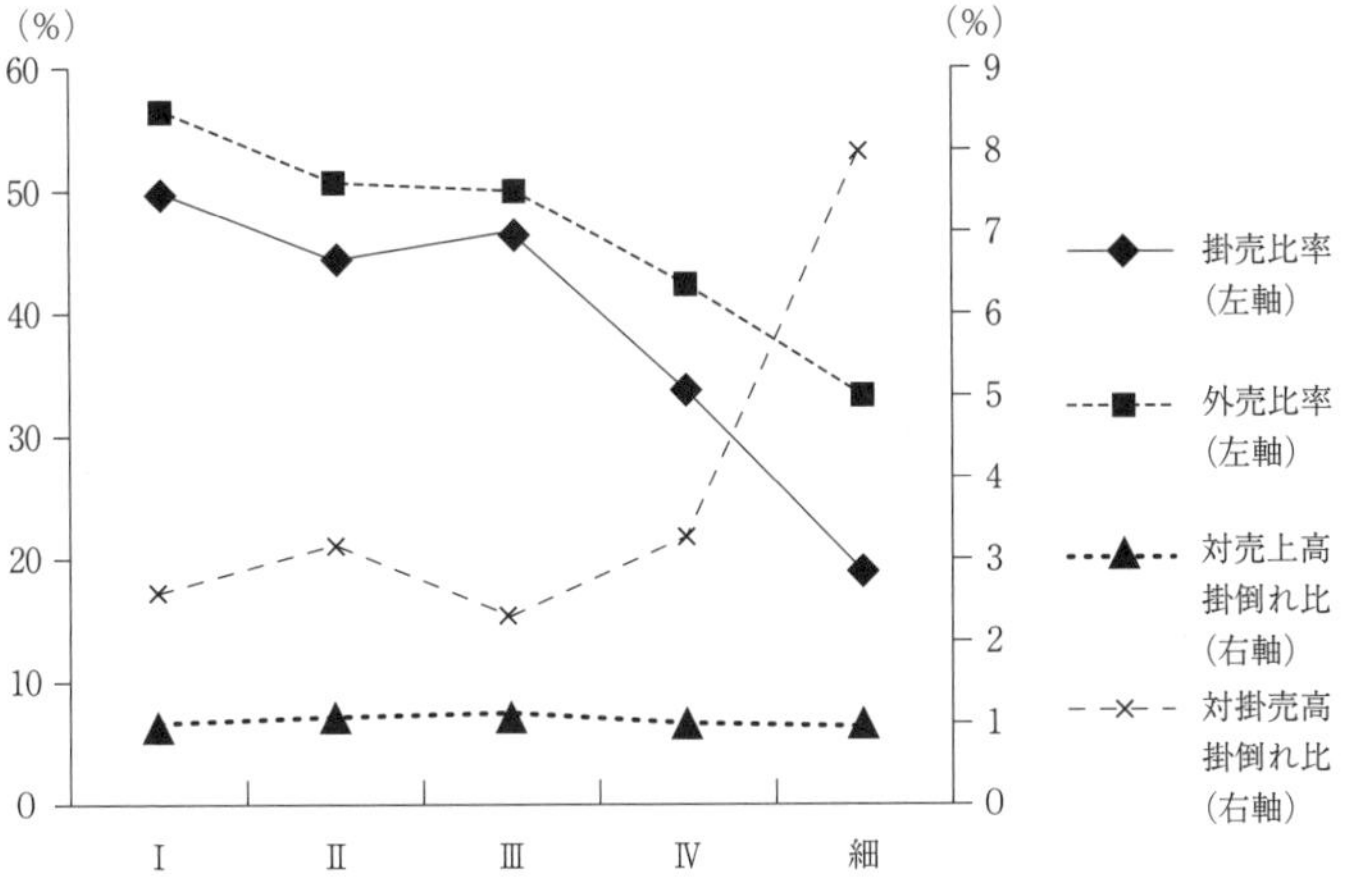

出所：東京商工会議所［1937］『東京市内に於ける小売業経営並に金融調査』個票データより作成。
注：各比率とも、各小売商が示す値から業種別に平均値をとった上で、それらの算術平均を算出した。対売上高掛倒れ比は、掛売を行っていない業者も含むが、対掛売高掛倒れ比は、掛売を行っている業者のみの値である。

率の平均値を算出したものである。

まず、掛売比率からみると、高い方から順に、Ⅰ→Ⅲ→Ⅱ→Ⅳ→細となっており、公務自由業地域で掛売比率が高く、商工業地域がそれに次ぎ、細民地区では顕著に低いという特徴がみられる。この背後には、職業による消費文化の違いに加えて、所得階層の違いが横たわっていると考えられる。つまり、安定して相対的に高い所得を得ている顧客が多いほど、小売商の掛売比率が高くなるという関係を想定できよう。逆にいえば、掛売の根強い展開を、中下層の低所得者層による掛売依存に求めた廣田説は、その説明力に限界があるということになる。翻ってみれば、そもそも小売商から食料品を購入し、自宅で調理加工するという消費行動は、細民のイメージに合致しない面もあり、外食や買い食いの多さと関連づけて理解すべきなのかもしれない（原田［一九九七］）。

次に、図2のなかで、対掛売高掛倒れ比（掛売を行っている業者のみを集計）に注目すると、細民地区で八％と突出して高く、ⅡとⅣがそれに次ぎ、ⅠとⅢが最も低い。このことはやはり、支払い能力の違いが掛倒れリスクの差となってあらわれ、そのことが掛売比率を規定する一因であったという想定と整合的である。その上で、興味深いのは、図2に示した対売上高掛倒れ比のグラフである。これは、掛売を行っていない業者も含めて、各小売商の売上高に占める掛倒れの割合を、図2の注記の通りに集計したものだが、これが地域類型にかかわらず、いずれもほぼ一％という水準で安定している。このことは、各小売商が掛倒れリスクを勘案し、掛売をしないという選択肢を含めて、掛売比率を自ら主体的にコントロールしていた可能性を示唆している。総体としてみれば、（掛倒れリスクの高い）低所得者層に強いられた掛売という廣田氏の理解は、やはり妥当性が低いものと評価しなければなるまい。

ここまでの掛売の検討からみえてくるもう一つの論点は、旧市域と新市域との違いである。掛売比率については、同じ公務自由業地域でも、旧市域(Ⅰ)のほうが新市域(Ⅲ)よりも高く、商工業地域でも、やはり旧市域(Ⅱ)のほうが新市域(Ⅳ)よりも高い。ここには、小売商と顧客との関係性のあり方、すなわち顔馴染みにまでなれるかどうかという違いが、小売商・顧客双方の定着度の違いによって生じていると想定できる。住民のモビリティの高さは、前掲図1に示した通り、新市域の方が高く、他方で、個票から小売業者の平均営業年数を計算すると、旧市域が約三〇年、新市域が約一七年となっていて、総じて新市域のほうが定着度が低い。ただし、対掛売高掛倒れ比には、新旧市域で大きな差は認められず、モビリティの高低が、掛倒れの問題にまでは影響していなかったものと考えられる。

図2から、外売比率についてもみておくと、おおむね掛売比率と同様の傾向を示しているが、ⅡとⅢがほぼ同水準となり、わずかに逆転するという違いがみられる。また、地域類型ごとの差が、掛売比率に比べると相対的に縮小する傾向も認められる。こうした違いは、御用聞きだが現金決済という先にみた例の広がりによって説明できるものであろう。

(2)　小売市場による影響

「経営調査」の調査票には、「当店の付近に売行に影響を及ぼす次の如きものがあります」として、以下の項目を列挙し、「好い影響を及ぼすと認められるものには×印、悪い影響を及ぼすと認められるものには〇印を附けて下さい」という記入欄がある。

(1)停車場　(2)停留所　(3)船舶発着所　(4)劇場、映画館、其の他興行施設　(5)盛り場　(6)花柳街
(7)露店　(8)百貨店　(9)小売市場　(10)銀行、会社、官庁　(11)工場　(12)倉庫　(13)兵営　(14)練兵場
(15)学校　(16)病院　(17)神社又は寺院　(18)其の他

このなかで、「悪い影響」に小売市場を挙げた業者を、小売市場との競合立地にあるものとみな

表6　小売市場との競合の有無でみた平均値の差

	軒数		掛売比率			外売比率			売上高（円）		
	あり	なし	あり	なし	t検定	あり	なし	t検定	あり	なし	t検定
雑穀	13	28	25.3%	21.0%		31.5%	23.6%		28,560	16,079	*
白米	41	58	66.9%	66.8%		78.5%	84.9%		27,467	33,069	
魚類	38	17	57.8%	50.0%		62.6%	46.5%	*	10,910	14,908	
青果	32	34	36.1%	35.8%		45.6%	44.2%		8,115	9,767	
酒類	34	47	77.3%	67.4%	**	73.6%	68.6%		20,998	19,216	
菓子	21	68	15.3%	20.6%		17.7%	23.4%		14,184	18,753	
合計	179	252	52.4%	44.0%	***	57.8%	50.4%	**	17,785	20,391	

出所：東京商工会議所［1937］『東京市内に於ける小売業経営並に金融調査』個票データより集計。調査時点は1935年。

注：「t検定」欄は、*は10%、**は5%、***は1%水準で有意。

せば、その影響が販売方法にどう及んでいたのかを検討することができる。

表6は、このような方法を前提として、競合立地にある業者とない業者との間で、掛売比率と外売比率、そして売上高に違いがみられるか否かを検証したものである。全体では四三一軒のうち一七九軒（四一・五%）が「悪い影響」と回答しており、業種別にみても、菓子でやや比率は低いが、おおむねどの食料品業種にも悪影響を認める業者が多く存在している。そして、興味深いことに、掛売比率、外売比率ともに、六業種のうち五業種において、競合立地にある業者の方が高い数字を示しており、酒類の掛売と魚類の外売については、統計的に有意な差と認められる。売上高については、業種により異なっていて明確な傾向を読み取りがたいが、雑穀では「あり」と「なし」の差が統計的に有意になっている。

「はじめに」で述べた通り、公設小売市場政策は、販売「合理化」の波及をめざすものであったが、少なくともここでの検討結果からは、直接的に競合する業者の間で、特に「合理化」が進んだとは認められず、むしろ逆に、競争上の戦略的判断から、掛売・外売比率をあえて高めている可能性さえ浮かび上がってくる。売上高についても、競合する業者の方が低いという統計的有意差は認められなかったから、そうした戦略が小売市場に対抗する上で、競争上それなりに有効であったとみることもできよう。ただし、東京市では（特に大阪市に比べて）公設小売市場が未発達であったとされているため（廣田［二〇〇七］）、ここでの検討結果が他の都市にもあてはまるかどうかは、今後の検証を待たなければ判断できない。

3　掛売・御用聞きの存立基盤をめぐって

(1)　小売業経営にとっての意味

公設小売市場政策においては、販売方法の「合理化」が、小売業経営の「合理化」につながるという論理が措定されていた。現金販売・持ち帰り制の採用によって、掛売に伴う金融負担から解放されるとともに、掛倒れリスクや集金・配達に関わる販売管理費が節約されて、薄利多売が実現することで、小売業経営のパフォーマンスが向上するという論理である。しかしながら、商業者向けの雑誌や、今でいうコンサルタントとして活躍した商業経営指導者の著作など、小売業経営の実際

表7　売上規模別にみた掛売・外売比率

	掛売比率					外売比率				
	零細	小	中	大	計	零細	小	中	大	計
雑穀	—	19.0%	24.8%	23.3%	22.4%	—	32.3%	21.2%	25.0%	26.1%
白米	—	68.4%	63.9%	71.3%	66.8%	—	77.5%	83.0%	84.3%	82.3%
魚類	55.0%	55.2%	58.2%	47.0%	55.4%	78.8%	58.8%	54.1%	46.0%	57.6%
青果	34.6%	38.5%	33.8%	18.3%	35.7%	56.7%	45.6%	40.3%	20.0%	45.1%
酒類	41.8%	64.0%	74.3%	81.6%	71.6%	61.8%	62.5%	71.7%	80.6%	70.7%
菓子	2.8%	15.4%	24.0%	30.1%	19.3%	11.5%	17.0%	28.5%	28.4%	22.0%
計	27.7%	41.7%	52.3%	55.8%	47.5%	45.2%	46.5%	58.2%	59.9%	53.5%

出所：東京商工会議所［1937］『東京市内に於ける小売業経営並に金融調査』個票データより集計。
調査時点は1935年。

に接する立場からの議論では、掛売廃止の是非をめぐって慎重な意見が多く、特に、掛売を廃止したことで売り上げが落ち込む例が少なくないという論調が支配的であった。

たとえば、商業経営指導者の第一人者であった清水正巳の著作では、現金販売を採用して「売上の少ないのに我慢出来るなら別ない」が、「『〔掛売に伴う〕掛倒れ、集金の面倒、帳簿の厄介』と『〔掛売を廃止した場合の〕売上の減少』とを天秤に計つて見て、コレは矢張り売上減少の方がより以上苦痛だ」となるから、「私は現金売でなければ駄目と云つて、誰にでも現金売を勧めるやうな無鉄砲な事はしない、もしソンナ事をしてそれを実行した店の売上がウンと減少しては由々しき問題であるから」と述べている（清水正巳『商店と経費の節約』商店叢書刊行会、一九二四年、七二〜七九頁）。

では、掛売・御用聞きと売上高との関係は、実際のところ、どのようなものだったのか。ここでは、「経営調査」の個票データに基づいて検証してみたい。

表7は、売上規模別にみた掛売・外売比率を整理したもので

ある。掛売比率をみると、酒類と菓子では規模が大きいほど比率が高いのに対し、魚類と青果では「大」が最も低くなっている。雑穀と白米については、規模との関係はそれほど明瞭ではない。外売比率については、白米・酒類・菓子では規模が大きいほど比率が高いのに対して、魚類・青果では規模が大きいほど比率が低くなっている。雑穀については、規模との関係は明瞭ではない。要するに、売上規模との間に何らかの相関関係がありそうな業種が多いものの、その関係は業種によって異なっており、大別すれば、魚類・青果という生鮮品業種と、その他の非生鮮品業種に分けられそうである。

ただし、表7で示されるのは、あくまでも相関関係のみであり、掛売・御用聞きの売上増進（あるいは売上減退）効果が実証されたわけではない。経営規模が大きいから掛売・御用聞きの比率が高いという逆の論理も想定できるからである。特に、掛売に関しては、信用販売を行えるだけの資本の有無が、掛売比率の高低を規定していたという方向で因果関係を考えることもできよう。そこで、規模の指標をコントロールした上で、掛売・御用聞き自体の効果を測定するために、「経営調査」の個票データを用いて回帰分析（ＯＬＳ）を試みることとした。

被説明変数には、売上高（円）をとった上で、説明変数には、掛売比率（％）と外売比率（％）のほかに、規模の指標として店舗面積（坪）と店員数（人、店主を含む）を加え、業種別に回帰分析を行った。その際、掛売比率と外売比率との間の高い相関を考慮して、両者別々の式を立てることとした。なお、ここで用いる業種別データの各平均値については、前掲表3に挙げてある。

さて、回帰分析の結果を示した表8によれば、掛売比率については、白米と酒類で符号がプラスで有意、魚類で符号がマイナスで有意になっており、外売比率については、白米で符号がプラスで有意、魚類と青果で符号がマイナスで有意になっている。掛売と御用聞きの効果を区別することは困難だが、まとめれば、白米と酒類では掛売・御用聞きに売上増進効果があるのに対して、逆に、魚類と青果では掛売・御用聞きに売上減退効果があるということになる。

では、なぜこのような業種による違いが生じているのだろうか。

まず、白米・酒類については、ともに重量のある嵩高品であることが影響していると考えられる。御用聞きに伴う配達というサービスが、顧客にとって利便性の大きいものであり、売上増進につながっていると想定される。

他方、魚類・青果については、生鮮品という商品特性との関係を想定することができる。事実、「御用聞と店売　八百屋魚屋の作戦　その中間に立つものの苦心」という見出しの新聞記事は、次のように述べている。

八百屋さんや魚屋さんは毎日市場に出かけて行つて、その日最も安い品をうんと大量に仕入れて、そればかりを安売りするといふ方法が簡単に出来る、現在市場とかその他の安売りを標榜する店は、万事このやり方であるが、一流店とかお邸街をひかへて御用聞を主とする店ではやりたくてもそれが出来ない、客が店に来てくれて、品物を見て買ふなら「今日はこれはお高いですよ」と

表8 売上高（円）を被説明変数とする回帰式

	雑穀		白米		魚類		青果		酒類		菓子	
	式（1）	式（2）	式（3）	式（4）	式（5）	式（6）	式（7）	式（8）	式（9）	式（10）	式（11）	式（12）
店舗面積（坪）	1,049	1,007	1,362	1,464	-98	-114	256	225	57	52	-49	-46
	(3.35)	(3.27)	(3.75)	(3.97)	(-0.74)	(-0.85)	(2.00)	(1.79)	(1.05)	(0.94)	(-0.56)	(-0.52)
	***	***	***	***			*	*				
店員数	3,759	3,788	3,489	3,173	3,136	3,115	1,821	1,799	3,882	4,023	2,045	2,051
	(4.31)	(4.30)	(4.07)	(3.61)	(14.38)	(14.30)	(5.00)	(5.09)	(8.43)	(8.51)	(10.91)	(11.06)
	***	***	***	***	***	***	***	***	***	***	***	***
掛売比率（%）	-72)		174		-52		-28		116		-12	
	(-0.80)		(2.09)		(-1.81)		(-0.90)		(1.70)		(-0.18)	
			**		*				*			
外売比率（%）		-33		170		-48		-59		43		-33
		(-0.46)		(1.66)		(-1.72)		(-1.97)		(0.61)		(-0.52)
				*		*		*				
定数項	-7,450	-7,823	-9,315	-11,538	-933	-855	245	2,246	-9,330	-4,713	1,311	1,675
	(-1.72)	(-1.74)	(-1.52)	(-1.32)	(-0.48)	(-0.42)	(0.14)	(1.11)	(-1.87)	(-0.93)	(0.57)	(0.71)
	*	*							*			
決定係数（adj）	0.613	0.608	0.721	0.716	0.842	0.841	0.573	0.593	0.563	0.548	0.671	0.672
サンプル数	41	41	99	99	55	55	66	66	81	81	89	89

出所：東京商工会議所［1937］『東京市内に於ける小売業経営並に金融調査』個票データより集計。調査時点は1935年。
注：係数下段のカッコ内はｔ値。*は10%、**は５%、***は１%水準で有意。

か「こっちは如何でせう」と説明も出来、また高い品物を要求されても売切れましたと弁解することも出来るのであるが、客が品物を見ずに注文を発する御用聞では、それがうまく行かない、その日の出荷工合で非常に高いといつても、注文があれば届けねばならず、従つてある数量だけはやつぱり店に置かねばならず、その点ちよいとやりづらいところがある、仕方がないといへばそれまでだが、近所の同業店で、その日その日の安い品をどつと売出す方法をとられては、競争上極めて不利な立場になる、御用聞だけならとにかく店売にも、相当能率をあげねばならぬ店としては出かけて来る客足は安い店に奪はれるであらうし、又毎日どれだけの品物を仕入れて置けば、売り残さないかといつた仕入上の苦心も一層強くなるわけだ。(『中外商業新報』一九三三年五月九日付)

この新聞記事は、廣田［二〇〇七］が引用するものだが、要するに、生鮮品の供給は不安定であるため、それを前提にした店頭販売の方が経営的に対応しやすいということであり、業種による特性という文脈を踏まえてこそ、記事の内容がよく理解できるものと思われる。

以上のような白米・酒類と魚類・青果との違いは、前掲表2に示される現金販売比率八割以上の小売商軒数構成比とも整合的である。概して、どの都市も、穀類粉類と酒類調味料清涼飲料では比率が低く、蔬菜果物類と魚介藻類では比率が高くなっている。しかし、それでも、たとえば東京市でいえば、現金販売八割以上の小売商は、蔬菜果物類で五五・〇%、魚介藻類で五四・六%にとどまっているのである。これらの業種では、掛売・御用聞きに売上減退効果が認められるにもかかわらず、である。ここにはやはり、小売業経営の論理とは別の形で、掛売・御用聞きの存立基盤があったと考えざるを得ないだろう。項を改めてこの問題を検討したい。

(2)　顧客にとっての「信用」とコミュニティ形成

掛売・御用聞きの存立基盤について、顧客の側に視点を移し、「因襲」という見方を離れて考察を深めようとする際には、「はじめに」で掲げた幸野氏の整理が参考になる。幸野［二〇〇五］は、消費者にとっての掛売・御用聞きの利点として、①「現金がなくても買い物ができる」、②「俸給生活者・労働者の多くは月給制であり、月に一回の支払いのほうが便利である」、③「御用聞き・掛売を享受できる消費者は顧客として信用がある証拠で、ある種の『ステータス』でもあった」という三点を挙げているが、先にみた嵩高・重量品の配達とともに、①②は一種のサービスとして支持されたと評価できよう。もっとも、これまでの検討によれば、掛売・御用聞きは相対的に高所得とみられる公務自由業地域で盛んに行われていたから、①②は手持ちの現金がないというほど切迫したものではなかろう。事実、高度成長期には月給制の被雇用者が増加していくなかにあっても、現金・持ち帰り制が普及をみせているのである。だとすれば、ここで着目すべきは③の論理である。

実際に、小売商の声を拾っていくと、「信用」という言葉が一つのキーワードとなっている。たとえば、先に引用した清水正巳の著作においては、引用部分の直前で、小売業を営む「ある読者」からの手紙が紹介されているが、それは次のような内容であった。すなわち、「十年ばかり前迄は、半農半漁の小さな町」だった当該地方には、やがて工場が建つようになり、「今では全町全く工場のお陰で生活してゐる」といえるほどになった。かつての「半農半漁」の時代は、農家・漁家を相手に盆暮れ払いの掛売で営業していたが、工場が増えて労働者を多く相手とするようになったものの、「農家を相手にしてゐた習慣で、今でも少し馴染になるとスグ掛売」をしてしまう。その結果、労働者からは回収が思うようにならず、問屋も仕入れ代金の決済期間を短縮するようになり、掛売を全廃しようとも考えたがそれもできない。その理由は次の通りであるという。

昔しからの御得意は凡て掛売ですから、今更現金だと云つたら感情を損ねて買物に来なくなるでせうし、労働者の中でも掛買をして居る人に現金だと云へば『信用しないのか』と云つた態度に出るだらうと思ひますから、これも思ふばかりで一向実行出来ません。

この手紙の主は、それでも掛売を全廃したほうがいいだろうかと清水に相談し、それに答える形で先の清水の文章が続いていたわけである（清水正巳『商店と経費の節約』商店叢書刊行会、一九二四年、七二〜七三頁）。

もう一つ別の例を引いておきたい。『キット繁昌する酒醤油店経営策』という酒醤油小売商向けの経営ノウハウ本のなかに、掛売から現金販売へ移行したものの、販売増進を実現できず、かえって売り上げが下がったという「某酒醤油店主」の告白談が紹介されているが、それに続いてこの本の筆者は次のように述べている。

> 掛売と云ふ事に頭を悩ますのは、都会の商人より地方の商人に多い傾向がある、地方に於ては、掛売をしなければ商売が出来ないやうな客で凡て知つた人である、あれは何処の誰だ、あれは何町の某だ皆チャンと知つて居る人達ばかりだ、故に現金売を主張しにくい、客も勿論掛買ひの意《つも》りで買物に来た際、それを現金だなんか云はうものなら、幾ら店の主義と云つて見たところで「私に信用は御座いませんか」と云ふやうな皮肉を云ひ出すかも知れない、云わない迄も客は腹を立てて仕舞ふ、従つて買ひに来なくなる、そこでどうしても掛売をやらねばならない事になる。
> （洋造経済部編『キット繁昌する酒醤油店経営策』洋造社、一九三三年、一三頁）

以上にみた二つの史料からは、ともに顧客にとっては、小売店に掛売を認めてもらえるか否かが、自らの「信用」に関わる問題として認識されていたことがうかがえる（より正確にいえば、顧客はそのように考えているはずだと小売商の側が認識していた、ということがわかる）。ではなぜ顧客はそこまで「信用」を気にしていたのだろうか、そして、そのことにはどのような意味があったのだろうか。それが「ステータス」だからだというのが幸野説であるが、ここでは、その「ステータス」の含意をもう少し解きほぐしてみたい。

なぜ顧客が「信用」を気にしていたのかという点については、単なる自己満足というよりも、それが他者による評判につながるからと考えることができよう。掛売とセットで行われた御用聞きについては、出入りの商人がどれだけいるのか（あるいはいないのか）ということは、その出入りの商人がまさに出入りしている姿によって可視化されうることであるから、近所の評判になり得ると推察される。掛売だけを考えても、少なくとも、その直接対峙している小売商には、評判の種になりうるだろう。そして、本書の谷本論文で強調されているように、まさにそうした小売商こそが、工業自営業層とともに「都市小経営」の主たる担い手であり、戦間期の東京市においてコミュニティ形成を主導した人びとなのである。総じて、顧客が「信用」を気にするのは、それが地域社会における自らの評判に関わるがゆえであったといえよう。

このことは、当該期におけるコミュニティ形成のあり方を考える上でも示唆的である。玉野［二〇〇五］のフィールドとなった東京市の「ある町」では、都心に通うサラリーマン層と、近隣および自宅で就業する自営業者層という二つの勢力が戦間期に新たに流入し、そこから自営業者層を主体として新たなコミュニティが形成されていった。そのなかで、比較的富裕なサラリーマン層の流入は、新たな小売需要を生み、それが小売商のさらなる流入と商店街の形成を促すという関係にあった。本章の検討結果を振り返ってみれば、こうしたサラリーマン層こそが、掛売・御用聞きを積極的に利用していた階層であったことに思い至るだろう。だとすれば、彼らが掛売・御用聞きを通じて、小売商との間に顔馴染みの関係やつきあいを持とうとしていたことは、町内会をはじめとする地域単位のコミュニティ形成を容易にすることにつながったと推察される。この限りにおいて、サラリーマン層はコミュニティ形成との関わりが希薄である、という通念を没歴史的にあてはめてしまうことには、慎重であるべきなのかもしれない。もっとも、そうした側面は玉野氏によるモノグラフでも描かれておらず、その内実を追究することは今後の課題として残されている。

おわりに

戦間期東京市の食料品小売業において、なぜ掛売・御用聞きが根強く展開し続けていたのかという問いには、経済合理性に基づく小売業経営の論理によって、ある程度までは答えることができる。白米と酒類については、おそらく嵩高・重量品であるという商品特性によって、顧客からみた配達の利便性が高いため、掛売・御用聞きに売上増進効果が認められた。加えて、小売商は顧客の支払い能力に基づく掛倒れリスクを勘案し、掛売比率を主体的にコントロールしていた結果、掛売・御用聞きの利用は、安定して相対的に高い所得を得ていたとみられる公務自由業者の多い地域で最も多くみられ、逆に細民地区では最もかつ顕著に低調であった。また、公設小売市場政策で強調された販売「合理化」の波及効果については、少なくとも本章のデータからは検出されず、逆に、競争上の戦略的判断から、掛売・外売比率をあえて高めている可能性さえ浮かび上がった。総じて、公設市場政策のインパクトや、困窮した中下層住民による掛売依存を強調する廣田説は、本章の検討結果にそぐわないものといえよう。

他方で、小売業経営の論理によっては、掛売・御用聞きの根強い展開を十分に説明し尽くせないことも明らかになった。青果と魚類については、生鮮品特有の供給の不安定性に対して、御用聞きよりも店頭販売の方が経営的に対応しやすく、実際に、掛売・御用聞きに売上減退効果が認められた。にもかかわらず、これらの業種においても、掛売は根強く展開し続けていたのである。そこには、小売業経営の論理とは別個の要因が効いていると想定され、本章では、その要因について、顧客が自らの「信用」に関わる地域社会の評判を勘案していた点に着目した。そして、そのことが、新たに東京市に流入してきたサラリーマン層と自営業者層という二大勢力の間に、顔馴染みの関係やつきあいを生み、地域単位のコミュニティ形成を促進した可能性を指摘した。

「はじめに」で述べた通り、掛売・御用聞きの廃止は、販売の「合理化」とされたが、それと同時に、いやそれ以上に、消費の「合理化」として強く叫ばれていた。本章の検討結果を踏まえれば、そうしたキャンペーンの方向性は、掛売・御用聞きの廃止をめざす上で、理にかなったものであったといえる。掛売・御用聞きには業種によって売上増進効果があり、小売業経営の「合理化」という論理では、小売商がそれを廃止する動きは広がらない。他方で、顧客にとっては、掛売・御用聞きが地域社会における自らの評判に関わってくる限り、それを乗り越えてまで掛売・御用聞きを廃する強い論理が必要になってくる。その意味で、高度成長期に至るまで繰り返し叫ばれていた論理、すなわち、掛売・御用聞きを廃することは、消費の「合理化」なのであり、「消費者の利益」であるとともに、それが国民経済の発展にも寄与するものであるという「公共」の論理は、売買行為に埋め込まれた「非公共」的関係を都市から追いやる上で、一つの無視し得ない力になっていったと考えられる。

参考文献

石原武政［一九八九］『公設小売市場の生成と展開』千倉書房
藤田貞一郎［一九七二］『近代生鮮食料品市場の史的研究』清文堂出版
中村勝［二〇〇二］『創られた市場——近代日本・東アジアの在来市場と公設市場——』ハーベスト社
廣田誠［二〇〇七］『近代日本の日用品小売市場』清文堂出版
幸野保典［二〇〇五］「戦間期の流通と消費〈1920—1937〉——不況・恐慌から景気回復へ——」石井寛治編『近代日本流通史』東京堂出版
倉敷伸子［二〇一三］「消費社会のなかの家族再編」安田常雄編『社会を消費する人びと——大衆消費社会の編成と変容——』岩波書店
原田英生［二〇〇八］『アメリカの大型店問題——小売業をめぐる公的制度と市場主義幻想——』有斐閣
加藤司・石原武政編著［二〇〇九］『シリーズ流通体系4　地域商業の競争構造』中央経済社
石原武政・加藤司編著［二〇〇九］『シリーズ流通体系5　日本の流通政策』中央経済社
宇野史郎［二〇一二］『まちづくりによる地域流通の再生』中央経済社
満薗勇［二〇一三予定］「昭和初期における中小小売商の所得構造——商外所得に着目して——」『社会経済史学』七九巻三号

原田敬一［一九九七］『日本近代都市史研究』思文閣出版
玉野和志［二〇〇五］『東京のローカル・コミュニティ――ある町の物語 一九〇〇―八〇――』東京大学出版会

コラム3

官公需適格組合の新たな役割と「公共」

水島和哉

「官公需適格組合」制度というものがあるのをご存じだろうか。事業協同組合等に対して、官公需（公共調達）を受注する組織的、財務的基盤が整っていることを中小企業庁が証明する制度である。

中小企業基本法では、現行法でも「国は、中小企業が供給する物品、役務等に対する需要の増進に資するため、国等の物品、役務等の調達に関し、中小企業者の受注の機会の増大その他の必要な施策を講ずるものとする」としている（第二一条）。これを受け、物品、役務、工事の公共調達に関して、中小企業者の受注機会の増大を図る施策として、一九六六（昭和四一）年に「官公需についての中小企業者の受注の確保に関する法律（官公需法）」が制定された。同法第三条では「組合を国等（各省庁の他、国会、裁判所、独立行政法人、国立大学法人などが含まれる）の契約の相手方として活用するように配慮しなければならない」とし、この実効性を高めるために設けられた制度が、「官公需適格組合」制度である。各組合（ほとんどが事業協同組合である。ほかに対象になっているのは、事業協同小組合、協同組合連合会、商工組合、商工組合連合会、商店街振興組合、商店街振興組合連合会、企業組合、協業組合だが、適格証明を取得している組合は少数である）は、組織的基盤（事務局体制や技術者の配置、共同受注、保証の体制）や財務的基盤が整っていることを証明する書類をもって申請し、継続の場合でも三年に一度の申請が必要となっている。官公需法に基づいて毎年度閣議決定される「中小企業者に対する国等の契約の方針」では、官公需適格組合の活用が必ず項目に入っており、他の項目とともに努力目標となっている。また、各地方公共団体でも同様の施策が行われるよう要請がなされている。

第二次大戦後の日本では多くの事業協同組合等が設立されたが、その中には公共調達、公共事業の増大を背景として、官公需の共同受注を目的として結成されたものも多かった。地方自治体など行政側からの指導、要請によって設立した組合も多く、適格証明の取得についても同様の指導、要請が行われていた。協同組合制度や官公需適格組合制度を利用して、中小企業者は安定して公共事業を受注し、経営の基盤としてきた。行政にとっては、個別の企業ではなく、組織された協同組合、適格組合という存在によって、地元中小企業者の育成という観点からも、入札への参加、随意契約を可能にでき、交渉窓口の一本化や緊急対応時の発注先の確保など、業務の効率化を図ることができた。組合、行政の双方にメリットがあるかたちで、適格組合制度は維持されてきたといえよう。

しかし、現在の適格組合制度をめぐる状況は非常に厳しい。特に一九九〇年代以降、財政の悪化もあり、国、地方での公共事業費の減少による事業機会の減少が続いている。また、WTOなど国際的な政策協調と規制緩和、市場原理の徹底により、入札制度が一般競争入札化して競争が激化し、適格証明取得による優遇が受けにくくなってきている。一方、公共事業全般をめぐる状況として、業者と発注者との依存、癒着や、談合、不透明な随意契約など、社会的に追及を受けるような事象を引き起こし、このことも入札制度改革のきっかけとなってきた。結果、組合員、組合ともに事業が縮小し、適格証明の継続はおろか、組合自体の存続も危ぶまれる事例も出てきている。中小企業者をめぐる内外の環境変化によって、それまで協同組合、適格組合が有していた「公共性」が失われていく過程と捉えることができよう。一九八〇年代以降、協同組合は減少を始め、現在、全国の事業協同組合の数は二万一八三八（二〇一二年三月三一日現在。全国中小企業団体中央会WEBサイト）、官公需適格組合数は八〇〇（二〇一三年三月三一日現在。中小企業庁WEBサイト）となっている。一九九九年に改定された中小企業基本法では、個別企業支援と創業支援が政策の柱となり、それまで中小企業施策の大きな柱であった組織化＝中小企業組合の設立、強化は、完全に後景に退いてしまった。

以上のような状況に強い危機感を持ち、京都府官公需適格組合協議会は新たな役割を模索しはじめ、調査研究を依頼し、筆者も参加することになった（参考文献参照）。この過程で、同様の状況下にあっても、これまでとは違った役割を担うことで存続を図っている事業協同組合に接することになった。そのうち大都市部にある二つを紹介してみたい。

一つ目は、東京都の下水道メンテナンス協同組合である。同組合は、東京二三区内の公共下水道管路に関する二四時間三六五日の緊急対応工事を共同事業として受注している。コールセンターからの要請に対してただちに出動するため、二三区全域で組合員が交代制をとっており、緊急対応できる人材、機材を備えている。各組合員は担当地域の管路の状態を熟知しており、技術的にも的確な対応ができ、住民に対して質の高いサービスを提供することを可能にしている（二三区以外では、対応できない時間帯などがある自治体がある）。ここまでの質でサービスを提供できるのは同組合しかなく、継続して受注を得ることに成功している。下水道の保守という行政サービスの補完を、高い質で中小企業者の事業協同組合が担っている。地域経済振興の観点からは、大企業に受注が偏りがちで、地元中小企業の参加余地の少ないのが現状であるＰＦＩ事業などに対する可能性を示しているといえよう。

二つ目は、横浜市の協同組合横浜市設備設計である。横浜市の公共施設の改修・補修に伴う設備設計などを共同事業として受注している組合だが、特徴的なのは、組合として新技術、工法導入の取組みを積極的に行っていることである。組合内に技術委員会を設置し、近年では小水力発電や地中熱利用など環境技術に関して毎年テーマを設定し勉強会や視察を重ね、行政担当者を交えた報告会を行っている。組合の事業活動のＰＲとも、提案型営業の一環ともなっているが、受注に直結する事業ではない。しかし、自治体の技術系職員が減少を続けている状況下では、行政にとっても地元業者の技術レベルを知り、新技術の情報収集もできるメリットがある。最近、太陽光発電パネルの設置に関して等、組合が受注を獲得する例も出てきている。

これらの協同組合に共通することを引き出すならば、以下のようになろうか。第一に、官公需という取引の性質上、これまで受注者＝組合は、発注者＝行政との関係構築に注力しがちで、それが「公共性」喪失の原因のひとつともなっていたのだが、質の高いサービスの提供や、行政との連携、補完といった地域住民の生活向上に向けて、事業活動を通じて実現することで新たな「公共性」を獲得しえているのではないか、という点である。私企業という枠を超えて組合によって、公共的なり官の領域なりの活動を可能にしていることが重要である。第二に、そういった新たな役割を担うために、組合ならびに組合員が協同で負担するなど、協同組合の組織を上手に活用していることである。下水道メンテナンス協同組合であれば、緊急対応のための人員、機材を常時揃えておかなければならないのは、各組合員にとって経営上の負担になっている。横浜市設備設計であれば、直接受注に結びつかない新技術研究は、やはり組合運営上リスクを伴うものである。こうした中小企業単独では実現不可能な経営規模や投資も、協同化によって実現させている。しかも組合員は地域で投資、雇用を行う中小企業者である点も、地域経済の活性化の観点からは重要である。

個別企業の私的な利害を出発点としながらも、共同事業など事業活動を通して公共の利益に転換することをも可能にするのが事業協同組合をはじめとする中小企業者の協同組合である。個別中小企業の支援だけでは実現できない役割、効果が今なお存在している。中小企業政策の中に、もう一度、協同組合を位置づけ直す必要があるのではないだろうか。

参考文献

京都大学大学院経済学研究科岡田知弘研究室・京都府官公需適格組合協議会［二〇一三］（岡田知弘・小山大介・水島和哉執筆）『公共調達における官公需適格組合のあり方研究会調査報告書』

中小企業庁［二〇一一］『官公需契約の手引　施策の概要』平成二三年度版

通商産業政策史編纂委員会編／中田哲雄編著［二〇一三］『通商産業政策史　一九八〇-二〇〇〇　第一二巻　中小企業政策』経済産業調査会

全国中小企業団体中央会ＷＥＢサイト（http://www.chuokai.or.jp/chuo/chuo-04.htm、二〇一三年七月五日閲覧）

中小企業庁ＷＥＢサイト（http://www.chusho.meti.go.jp/keiei/torihiki/kankoju.htm、二〇一三年七月五日閲覧）

終　章　都市経済史研究の現在
――「非公共」論によせて――

名武なつ紀

1　都市史と経済史

日本における都市史研究は、一九八〇年代に本格化したとされる。しかし、経済史的視角からの都市史研究については、日本における都市政治史研究や、欧米における多様な都市史研究の影響が強かったことも関係して、今なお研究蓄積が豊富とは言い難い。本章の目的は、さしあたり日本の諸都市に関する研究を対象として、経済史的アプローチによる都市史研究の状況を確認し、本書が提示している議論を含めた論点整理を試みることである。

具体的には、まず、日本における経済史的都市史研究としては最大規模の共同研究の成果である大石嘉一郎・金澤史男編『近代日本都市史研究』（大石・金澤［二〇〇三］）における議論を確認したい。そこでは、それ以前の都市史研究に対して、多様な問題関心と分析方法に基づく諸研究が年々蓄積されていく状況への批判が展開されていると同時に、都市における公共性が議論の焦点となっているため、本書との位置関係を確認しておくことは意義があるだろう。続いて、その後約一〇年の間に都市の公共性をめぐりいかなる議論が展開されてきたのかを概観した上で、本書の序章において提示されている、高嶋「非公共」論の位置づけを行う。その際に、高嶋「非公共」概念と、本書に収められた諸章におけるその解釈の距離についても言及したい。最後に、経済史的アプローチからの都市史研究というテーマに立ち戻り、課題を整理することを試みる。

結論を先取りして言えば、本章は、都市の公共性をめぐる議論や、本書で提示された「非公共」的領域を分析することに一定の意義を認めつつ、より基礎的な経済過程を解明する必要性を確認する内容となっている。

2 『近代日本都市史研究』再読

『近代日本都市史研究』の序章では、それ以前の近代都市史研究の問題点として三点が挙げられている。第一に、都市史研究の前史ともいえる都市問題分析が主に大都市を対象として行われてきたことを背景として、研究対象が巨大都市に集中していることである。第二に、歴史研究が農村史研究に偏重していたことの反動もあって、近代都市史研究の隆盛とともに都市の役割が強調され、都市分析を通じて近代史を再構成しようとする議論が広がっているものの、そうした研究の内実においては、理論面における不十分さが含まれることである。第三に、近代都市史研究の中心を成してきた都市政治史研究において、都市行財政の管理運営という恒常的な側面の研究が欠如していることである。総じて、同書は、日本の諸都市に関する社会経済史的分析が、農村分析の蓄積から断絶し、しかも別個の体系性を有しているわけでもない、個別分散的な研究状況であることを批判している。

先述のように、都市史研究が本格化したのは一九八〇年代であるが、それは若手研究者が調査・留学のために渡航する条件が整った時期でもある。続く情報化の進展という条件も得て、日本における社会経済史的アプローチからの都市史研究は、諸外国における都市史研究に直接的な影響を受けてきた。個々の研究者が諸外国の都市史研究から直に学び、その影響のもとに分析を進めてきている。日本の都市史研究における議論も、都市における自治の展開に注目するドイツ都市史や、市民意識のあり方が焦点の一つとなってきたイギリス都市史を常に意識しつつ形成されてきた。世代により程度の差はあるが、日本において都市史研究を進める際に、農村分析に力点をおいて進められてきた日本経済史研究の蓄積よりも、諸外国における都市史研究の成果の方が、感覚的に身近な資源となっていることは、個別分散的な研究状況を生み出した一因であろう。

さて、上述のような研究史批判を前提として、同書では、日本における重層的な都市編成を明らかにしたうえで都市類型を析出するという手続きがとられ、近世都市から近代都市への転成過程を典型的に示す「標準的地方都市」として水戸・金沢・静岡の三市、現代都市への転形を示す「新興工業都市」として川崎・川口の二市、計五都市が分析対象に選出されている。そして、それら諸都市の経済構造・市政担い手層・行財政機能に関して基礎的分析が行われている。

同書は、編者自身が明示しているように、大石嘉一郎・西田美昭編『近代日本の行政村』（大石・西田［一九九一］）における論理構成を受け継いでいる。『近代日本の行政村』においては、明治から戦後にわたる一行政村の長期的分析を通じて、合併前の自然村の枠を超えた、しかし国より与えられたものではない、新たな地域的公共関係が成長していく様を描き出すことを課題としていた。この地域的公共関係の視点は、『近代日本都市史研究』においても維持され、同書の序章において、都市が国家の統治機構として機能する側面と、「自然都市」の社会関係を基礎としながら自治組織として機能する側面とを、「国家的公共」と「地域的公共」とのせめぎ合いとしてとらえ、近代日本の支配と自治の内容変化を検討していくという方針が示されている。

両書の根底にあるのは、戦前における日本の農村部・都市部それぞれの空間において、戦後に繋がる近代市民的な公共性が部分的にであっても内発的に生成していたことを積極的に見出そうとする姿勢であり、したがって公共性の検討は、近代化の議論と不可分の関係にある。ただし、両書の分析を通じて、戦前における日本の農村部・都市部における地域的公共性の生成が明確に確認されたかどうかは、議論の余地があるだろう。とりわけ都市部を対象とした『近代日本都市史研究』に関しては、重厚な実証部分に対し、総括については簡潔な記述にとどめられており、ここで示された諸成果をいかに引き継ぐかについては、読み手により対応の分かれるところである。たとえば、同書の分析対象が巨大都市ではなく地方都市に限定されていることについては、小路田泰直（『社会経済史学』第七〇巻、第一号、二〇〇四年五月）および大豆生田稔（『歴史と経済』第一八五号、二〇〇四年一〇月）による書評においても疑問が寄せられているが、さらに大豆生田は、国家的公共と地域的公共のせめぎ合いも、六大都市においてより先鋭化することが予想されると述べている。

3　都市の公共性

それ以降の日本における経済史的都市史研究では、個々の実証的な諸研究が徐々に積み重ねられていくと同時に（沼尻［二〇〇二］、佐賀［二〇〇七］、森田［二〇〇七］、高嶋［二〇一三］等）、国内外の都市と公共性についての議論も展開されてきた。政治経済学・経済史学会では、秋季学術大会において、二〇〇三年度と二〇一〇年度の二度にわたってこの点に関する共通論題が設定されている。そのうち、二〇〇三年度の共通論題は「可能性としての都市――公共性と生活空間」であり、「近代都市の形成」および「現代都市への変容」について、日本・フランス・ドイツの諸都市や都市化に関して報告が行われた。また、二〇一〇年度の共通論題は「都市の公共性――主体・政策・規範」であり、ドイツ・イギリスおよび都市分析の概念に関する報告が行われた。

両大会報告の詳細は、『歴史と経済』（第一八三号、二〇〇四年四月および第二一一号、二〇一一年四月）に掲載されているが、そこでは、ハーバマスの議論を前提にしつつ、具体的には、工業化に伴って拡大していく過程で内外の都市が経験した諸変化が、国家的公共性と市民的公共性の関係、社会政策による公共性の制度化とその限定的側面、生活空間における新たな公共性の定着といった切り口で検討されてきた。そして、そうした公共性拡大の原動力やそれらの恩恵を享受したり対象から排除されたりする集団として都市の主体が論じられた。そこでは、近代都市から現代都市への変容という画期の問題もまた、公共性の変質と関わって議論された。

ところで、この公共性の概念は間口が広い反面、多義的に解釈されうるという特徴がある。実際、この間の議論においても、公共性の語は、支配と統合の拠点として都市を観察した際の市民自治の文脈や、私的所有権に一定の制限を加えるような公益性、社会政策の対象となる階層に与えられる公認性、また時に公衆性といったさまざまな意味に用いられてきた。そのため、公共性概念は、都市に関わる諸研究が対象とする国や時代を超えて交流することを可能にする一方で、しばしば議論の収束が困難で、結論が抽象的になるという事態をもたらしてきた。

むろん、都市というものを国・時代を超えて論じようとする場合、その共通性に関する結論が抽象的になるのはある程度自然なことでもある。限界はあるものの、公共性を軸に議論することで、この間、都市における新たな側面が見出され、都市史研究の蓄積が豊富となったことは確かであろう。

4　「公共と非公共」論

このような研究状況の中、二〇一一年、高嶋修一により「公共と非公共」論（以下、非公共論）が提示された。その詳細は本書の序章で展開されているとおりだが、本書の終章として、同論に寄せられている批判も紹介しつつ、その位置を検討したい（批判の詳細は、『歴史と経済』第二一三号、二〇一一年一〇月に掲載。本章では諸批判の要点のみ示し、批判者名は省略した）。

まず、非公共論における独特の用語法は混乱を招く要因となっている。高嶋によれば、同論における「公共」は近代市民社会秩序として表面化している諸関係を指し、官・公・民すべてがこの領域に含まれる。一方、「非公共」の内容は、経済的に合理的でない私的な権威・徳義・相互承認などの社会的諸要素を指すと説明されているものの、定義としては「公共」に含まれない領域をさしあたり示す概念として設定されている。ここで、「非公共」という補集合を歴史概念として用いることは妥当なのかという批判や、「非公共」という語感の問題はひとまず措くとしても、従来用いられてきた公共性の議論とは異なる次元で「公共」の領域をとらえた上で、そこに含まれない部分としての「非公共」を主題としているという複雑さが、議論の共有を難しくしている。

高嶋によりしばしば強調されるのは、「半封建的」といった修飾語で語られてきたような、前近代的な領域に必ずしも限定されない「非公共」世界の積極的な側面である。したがって、「非公共」

のあり方にも、近代的非公共、現代的非公共とでも称することが可能な段階的な変質が想定されるのであり、「非公共」は近現代を通じて認められる概念として設定されている。先に検討した大石らによる「地域的公共」の議論にみられるように、都市と農村とを問わず、しばしば公共性の生成・拡大過程やその変質の検討を通じて、近代化の進展が議論されてきたことを鑑みれば、異なる感覚における議論であると言えるだろう。

ただし、こうした議論が全く新しい種類のものではないことには、容易に気付くだろう。近年、経済史研究においても、地縁や血縁、同窓といった地域社会内外における社会関係が、近代以降の経済過程を規定する大小の要因であることについては実証分析が進んでおり、注目が集まっている（鈴木・小早川・和田［二〇〇九］、三浦［二〇一三］等）。実際に、非公共論に寄せられている批判の一つに、「非公共」という用語により指し示されている非公式な諸関係は、新しく認知されたものではなく、すでに中間組織論などとして議論されてきたという指摘がある。

それでは、非公共論の内容上の新しさはどこにあるのだろうか。上記の批判に対して、高嶋は、「非公共」という語でとらえようとしているものは、組織として顕在化しているとは限らず、従来多様な用語で語られてきた諸関係が含まれると述べている。つまり、都市で展開している社会経済的過程における公的領域の不備を日常レベルで補っているはずの何かを一括して「非公共」と名づけることで、都市のメカニズムの全体をひとまず説明可能にした上で、その何かの実体に迫ろうというのである。

上述のように、用語法や概念規定については異論が唱えられているものの、都市をめぐる議論がやはり公共性の側面を中心に展開されてきたことを踏まえれば、その補完的な部分からも都市を照らし出そうという提唱自体は、もっともである。その際、混沌とした「非公共」的領域そのものの輪郭を描くことは困難な作業であるし、同論の目的でもなさそうである。むしろ、都市経済や都市政策の分析において、「公共」「非公共」と称されている両サイドから実態分析を行い、都市を成立させている重層的なメカニズムを明らかにしていくことが望まれる。

同論にはすでに、こうした観点から今後注目される分析対象に関していくつかの示唆が含まれているが、この点に触れて、同論の内容確認を終えたい。

都市史研究が都市問題研究を源流としていることを背景として、都市下層社会に関しては、その時々の社会問題から新たな切り口が加えられつつ、研究蓄積が豊富である（例えば、『歴史学研究』第八八六号、二〇一一年一一月および第八八七号、二〇一一年一二月の特集「歴史の中の「貧困」と「生存」を問い直す――都市をフィールドとして」）。その一方で、都市上層については、都市の政治過程分析において名望家層等に注目が集まってきたものの、経済過程とのかかわりでは、個々の都市に根差した公式・非公式な行動の実態分析が手薄である。高嶋の議論においても、都市の担い手のうち、「非公共」諸関係の主体として念頭におかれているのは下層が中心であるが、都市の全体像を明らかにするためには、同様に都市上層の非公式的関係の解明が不可欠ではないだろうか。都市で頻繁に繰り返される参加資格の限定的な会合や富裕層における同郷・同窓・血縁・地縁の繋がりは、彼らの経済活動をいかに支えてきたのか。非公共論の包括性を考えれば、こうした点も全体像に位置づけられてよいだろう。

また、高嶋は、「非公共」の観察の場としてアジアの諸都市が適しているとし、その理由をアジアに移植された西洋的公共との関係に求めている。国際的な都市史研究の状況において、日本をはじめアジア諸都市の分析は進展が期待されている領域の一つであるが（Sorensen［二〇〇二］、Clark［二〇一三］）、多数の歴史都市を擁するアジア地域の分析を行う視角としては、やや図式的ではないだろうか。欧米諸都市の「公共性」を批判的に検討し続けることと同時に、内在的な視点からアジア都市における基礎過程を解明していくことが、本質的な比較分析の前提として必要であるだろう。

5　本書の所収論文

さて、公共性をめぐる議論と同様に、非公共論においても、その議論の有効性を検討するためには、現実の都市に即してどのように適用することができるのか、具体的な事例を丁寧に見ていくことがまずは必要である。提唱者である高嶋自身においては、非公共論は試論として示されている段階であるため、具体的な事例分析という点では、さしあたり本書に収められている諸章について言及することとしたい。ただし、本書に収められた諸章における分析は、それぞれの執筆者のテーマにおいて独自に手掛けられていた分析が、非公共論に関連させる形で提供されたものである。したがって、非公共論との距離は論文により差があるし、先述のとおり公共性の語が多義的であるのと同様に、「非公共」領域の解釈についても開きがある。

おそらく、本書の諸章のうちで、谷本論文（第5章）および満薗論文（第6章）が非公共論の特徴をよく表している。谷本論文は、就業形態と社会関係の強い連関に注目し、戦間期の東京における商工業「小経営」という就業形態に固有な社会関係が、これらの階層が都市において存在し活動する上で有した役割を積極的に位置づけようとしている。また、満薗論文は、同じく戦間期の東京を対象に、流通合理化の動きの下で根強く残存した掛売・御用聞きが都市地域社会のコミュニティ形成において果たしていた役割を抽出している。非公共論の一つの特徴は、近現代における「非公共」領域のポジティブな評価であり、両論文ではその一端が示されたとみることができる。

このように、谷本・満薗両論文がいわば非公共領域の恒常的な機能に着目したのに対して、同じ積極的な側面であっても、浅田論文（第1章）では、非常時において非公共領域がいかに機能したのかを描いている。詳細な経緯は浅田論文において示されているところだが、金融危機に際して、都市に伏在していた非公共的領域が顕在化し、危機への対処が行われていったことが示されている。こうした違いはあるものの、三論文とも、都市における非公共的機能が、公共的な世界を補完し、都市を維持するメカニズムの一環として位置づけられることを論じている点では、共通しているといえよう。

一方で、福士論文（第2章）・加藤論文（第4章）においては、「公共」「非公共」を属人的な視点から区分しており、議論の構造は、むしろ従来の、社会政策の対象から排除された階層をめぐる議論に近いとみられる。両論文においては、「公共」「非公共」世界が、それぞれの領域に属する都市住民集団に代表されており、両者のせめぎ合いを通じて、「公共」「非公共」領域それぞれにおける論理と限界をあぶりだす内容となっている。もっとも、加藤論文においてとりわけ鮮明になっている点であるが、両論文で提示されたせめぎ合いの枠組みは動態的であり、事態の進行に伴ってそれにかかわる人々の立ち位置に変化が生じ、議論の焦点も移り変わっていく様は、「非公共」領域の機能を近現代社会において積極的に位置づけようとする高嶋の議論に通じると思われる。

最後に、岩佐論文（第3章）は、非公共領域のありようについては、直接論じてはおらず、むしろそうした領域が機能する舞台の生成過程に目が向けられている。後述するように、非公共論がこのような確かな基盤を伴って議論されることは重要であり、それなくしては、都市において垣間見られる種々のエピソードの集成にとどまってしまう恐れがある。

なお、本書では、そうした懸念はあるものの、三つのコラムにおいて「非公共」領域の諸相を端的に読者に提示している。むろん、各コラムの背後には各執筆者の積み重ねてきた地道な実証研究があるのであり、コラムで紹介されている「エピソード」の本質的な理解のためには、それらを含めた体系的な把握が必要であろう。

6　都市経済史研究の課題

ここまで、都市に関して公共性あるいは非公共性を軸にした議論がいかに展開されてきたのかを簡単に振り返ってきた。その一方で、近現代都市における経済過程の実態解明という基礎的な作業は、その必要性が再々指摘されつつも、大きくは進展していない。より正確には、個別の実証分析はこの一〇年で格段に増加しているが、他分野の研究者からはそれら諸研究の相互関係が明瞭とは言い難く、したがって経済史全体の議論への貢献が限定的である。そのような、経済過程の基本的な解明を後回しにした都市史研究のあり方は、隣接諸分野における都市研究が進展するにつれ、バランスを欠くこととなり、他領域の議論に歪みをもたらす恐れさえある。たとえば、日本近世都市史研究としてまとまった成果である吉田伸之・伊藤毅編『伝統都市』シリーズ（吉田・伊藤［二〇一〇］）における近代都市の位置づけをみてみよう。

同シリーズの共通テーマである「伝統都市」とは、「現代都市」に対置された概念であり、その「現代都市」とは、「一九世紀第三四半期に北米大陸において産み出され、大量生産・大量消費を基調とする資本主義世界システムとともに、瞬く間に全世界に普及した都市類型」（同上書、一、「刊行にあたって」）である。そして、内外における個性豊かな社会・文化を成熟させてきた都市＝伝統都市は、こうした現代都市の普及により急速に破壊・解体されてきたと把握される。したがって、

「伝統都市」という用語は「現代都市」批判として設定されており、前者から後者への移行を推し進めた原動力として市場原理が認められている。時代区分との関係においては、ここでいう「伝統都市」は主として前近代における諸都市であって、近代都市に関しては、伝統都市から現代都市への過渡的な類型としてとらえられているにとどまる。

こうした近現代都市史に関する限定的なイメージは、今後、社会経済的な視点からの実証研究が進展することで、より豊富なものへと変化していくことが見込まれる。とはいえ、個別都市の社会経済的な構造とその変容を内在的に分析し、諸研究の成果を総合し、体系的な理解が共有されるまでの見通しは未だ立っていない。ここでは、意識的な作業と議論を行っていくための手掛かりをいくつか示してみたい。

上述の大石・金澤［二〇〇三］は都市の財政分析の必要性を訴え、実態解明を試みているが、特定の都市経済への資金供給という面で財政分析と両輪を成すのは、金融市場分析である。金融史の分野で蓄積されてきた諸研究、すなわち全国的金融市場の成立とその変容（石井［一九九九］等）、その基礎過程を成す個別金融機関内部の資金循環の展開（岡崎［二〇〇三］等）、個々の都市金融市場の実態分析（石井・杉山［二〇〇一］、植田［二〇一一］等）を視野に入れて都市史の議論をつくる必要がある。例えば、三都に集積する在来産業で行われてきた伝統的な資金調達は、全国的金融市場の成立や金融恐慌後の銀行再編とどのように関わって変化していったのか。また、そうした変化は都市の諸主体のいかなる関係変化をもたらしたのか。都市の画期について、こうした諸事実を踏まえて実りある議論を行うことができよう。

在来産業論の分析の場が都市にも広がって一定の時間が経過しているが（中村・藤井［二〇〇二］）、特定の産業の展開に各都市はどのような条件を与えたのか、都市史の視角から総括を進める作業も現実的である。この点については、産業史研究や地域経済論の成果が助けとなるだろう。また、そうした産業集積に規定された物流や労働力移動についても、品目や労働力の内容に立ち入って論じることで、個々の都市の経済過程をより明確にすることにつながる。

これまで追ってきたように、研究領域として確立してからすでに約三〇年を経た都市史研究であるが、その社会経済史的分析に関しては、ようやく本格的な実証の段階に移ってきたにとどまる。今後、都市における経済過程の実態解明や、都市分析概念の洗練が進むことにより、経済史研究における都市像や時代像の再考がもたらされる可能性もある。そのことにより、例えば、戦後改革は直接土地改革が行われなかった都市部のありようから検証すればどのように評価し得るのか、高度成長期における急激な都市化の進展においてもなお不変であった要素は何なのかといった論点について、個別都市の長期的分析に基づいた具体的な議論ができるだろう。こうした議論を共有することを通して、日本やアジアの諸都市の特質についても確かな把握をする道筋が見えてくると思われる。

参考文献

石井寛治［一九九九］『近代日本金融史序説』東京大学出版会
石井寛治・杉山和雄編［二〇〇一］『金融危機と地方銀行――戦間期の分析――』東京大学出版会
植田欣次［二〇一一］『日本不動産金融史――都市農工銀行の歴史的意義――』学術出版会
大石嘉一郎・金澤史男編［二〇〇三］『近代日本都市史研究――地方都市からの再構成――』日本経済評論社
大石嘉一郎・西田美昭編［一九九一］『近代日本の行政村――長野県埴科郡五加村の研究――』日本経済評論社
岡崎哲二［二〇〇三］「一九二〇年代における三菱銀行の収益構造」『三菱史料館論集』第4号
佐賀朝［二〇〇七］『近代大阪の都市社会構造』日本経済評論社
鈴木恒夫・小早川洋一・和田一夫編［二〇〇九］『企業家ネットワークの形成と展開――データベースからみた近代日本の地域経済』名古屋大学出版会
高嶋修一［二〇一三］『都市近郊の耕地整理と地域社会――東京・世田谷の郊外開発』日本経済評論社
中村隆英・藤井信幸編［二〇〇二］『都市化と在来産業』日本経済評論社
名武なつ紀［二〇〇七］『都市の展開と土地所有――明治維新から高度成長期までの大阪都心』日本経済評論社
沼尻晃伸［二〇〇二］『工場立地と都市計画――日本都市形成の特質1905―1954』東京大学出版会
三浦壮［二〇一三］「戦間期日本における鉱業資本家と地方工業化の展開――山口県宇部地域における株主の投資行動と所得構造を事例として」『社会経済史学』第七八巻第四号

森田貴子［二〇〇七］『近代土地制度と不動産経営』塙書房

吉田伸之・伊藤毅編［二〇一〇］『伝統都市』一～四、東京大学出版会

Clark, Peter, ed., *The Oxford Handbook of Cities in World History*, Oxford: Oxford University Press, 2013

Sorensen, André, *The Making of Urban Japan: Cities and Planning from Edo to the Twenty-first Century*, London: Routledge, 2002

あとがき

本書は、二〇一一年六月二五日に東京大学農学部一号館第八講義室で開催された、政治経済学・経済史学会の春季総合研究会の成果をもとにして発展させた共同作業の成果である。研究会の開催より二年以上を経て本書が刊行されたことを、わたしはたいへん喜ばしく感じている。

政治経済学・経済史学会では、二〇〇六年から、春季総合研究会の成果を書籍として公刊し、広く世に問うことを積極的に奨励してきた。春季総合研究会の企画者が編者として、報告者やコメンテータが執筆者として、成果刊行に積極的に取り組まれた結果、これまでに五回分がすでに公刊されている。すなわち、二〇〇六年春季総合研究会の成果は小野塚知二・沼尻晃伸編著『大塚久雄『共同体の基礎理論』を読み直す』（日本経済評論社、二〇〇七年）として、二〇〇八年の成果は小野塚知二編著『自由と公共性——介入的自由主義とその思想的起点——』（日本経済評論社、二〇〇九年）として、二〇〇九年の成果は斎藤叫編著『世界金融危機の歴史的位相』（日本経済評論社、二〇一〇年）として、二〇一〇年の成果は井上貴子編著『森林破壊の歴史』（明石書店、二〇一一年）として、さらに二〇一二年の成果が矢後和彦編著『システム危機の歴史的位相——ユーロとドルの危機が問いかけるもの――』（蒼天社出版、二〇一三年）としてそれぞれ世に出ている。

ご覧になってわかるとおり、これまではすべて春季総合研究会の翌年に刊行されている。いずれも刊行時期は翌年の四月から六月にかけてだから、研究会開催から刊行までに要した時間は十ないし十二カ月である。本書には二十八カ月を要したが、二〇一一年の成果がようやく刊行されることとなった。成果公開を奨励している本学会の理事代表として感慨ひとしおである。

いまひとつ、本書刊行が喜ばしく感じられるのは、二〇一一年の春季総合研究会が東日本大震災後の落ち着かぬ世情の中で、さまざまな困難を乗り越えて開催されたからである。春季総合研究会は、秋季学術大会とともに、土地制度史学会以来の本学会の重要な学問的行事である。一九六〇年の「土地所有の段階と地代形態」に始まり、二〇一三年の「東北地方『開発』の系譜――国際的契機に着目して――」まで、大学紛争の年も含めて、現在まで一度も途切れることなく五十四回開催されてきたのだが、二〇一一年は春季総合研究会にとっては明らかに危機の年であった。震災の翌日に予定されていた学会の月例会議（編集委員会および研究委員会）は中止を余儀なくされ、本書に結実した研究会の企画案の確定も四月までずれ込むことになった。また、春季総合研究会は若干の例外を除けば、そして、この三十年ほどは例外なく、東京大学経済学部の建物で開催されてきたが、この震災で経済学部は、天井や壁の剥落と亀裂、煙突の崩落、教員研究室の書架の倒壊等々、無視しえぬ損害を被った。私事で恐縮だが、たとえば、わたしの研究室は二十基あった書架のうち十四基が倒壊して、さまざまな什器・機器類も書架に押し潰されて壊れた中、わたし自身は無傷であったものの、腰の高さまで本や書類の海に浸かり、倒壊した書架をくぐり抜けて廊下に脱出するのに小一時間も要する経験をした。こうして、震災直後の経済学部では学外者や学生の参加する会合は当面は中止せざるをえないこととなった。二〇一一年の会場が農学部となっているのは、そのためである。この年の春季総合研究会はまことに忘れえぬ状況の中で準備され、開催されたのである。

それにもまして、本書刊行が喜ばしいのは、「非公共」という、いささかぎょっとする概念に関わっている。本学会では、春季および秋季の企画・組織・運営は研究委員会の担当で、二〇一一年の春季総合研究会の企画時点で、わたしはその委員長を務めていた。すでに企画の素案段階で「都市の公共と非公共」というテーマは、委員会内部でもさまざまに激しく議論され、立案者の高嶋修一氏から、このまま進んでいいものかとたびたび相談を受けていた。いわば、この企画は開催以前から物議を醸していたのである。春季総合研究会は、多くの場合、現在進行形の経済・社会・農業問題、隣接諸科学との接点、古典の読み直し、そして新しい概念や方法の検討など、たぶんに試論的なテーマにも対応しながら、柔軟かつ身軽に企画を組むことで、多くの方々の議論と関心を喚起してきた。そうした、春季総合研究会の性格を熟知している研究委員会の面々にとっても、「非公共」は確かにぎょっとする概念だったのである。

この「非公共」という新しい概念を用いて構成された春季総合研究会の成否は、研究会の参加者および本書の読者の判断に委ねざるをえないが、以下では、本書を読み終えたであろう読者とともに、今後、考えたいことをいくつか提示して、あとがきの責めを果たそうと思う。

本書に結実した春季総合研究会の企画の基本的な着眼点は、「市民的公共」のように概念化された公共性が百パーセント充満した公共的なる場・社会（sphere）を想定するのが無理なだけでなく、そのように概念化された公共性を用いて本質を掴みうる程度には充分に公共的な事象を発見することすらむずかしく、近現代社会の再生産には公共的ならざる何事かが積極的に介在しているのではないかというところにある。

このように、近現代に純粋公共性が実現することや、公共性が規定的に貫徹することにも疑問を投げ掛け、むしろ、公共性という観点から眺めるなら、近現代社会は実際にはかなり不純である――そこには公共的ならざる私的団体や、地縁・血縁、広く誰にでも開かれているわけではない共同体的関係、あるいは身分制的で恩恵的な関係などが混在・関与・介在している――という発想自体はそれほど珍しいことでも新しいことでもない。それは編者が本書序章第二節で整理している通りなのだが、本書の新しさは、近現代社会の再生産に関与しているとされる公共的ならざる何事かに「非公共」の名を与えたことと、この非公共という概念の設定の仕方とにある。

むろん本書は、非公共的な諸関係を社会の再生産構造の中に正当に位置付けるための、いくつかの事例を通じた予備的考察であるから、非公共という新奇な概念の有効性や有用性を本書の限りで速断することは控えるべきであって、以下に示すのは、今後考えてみたいことである。

まず何よりも問われるべきは、公共と非公共の関係であろう。言い替えるなら、公共の外側なる非公共とか、公共の対偶としての非公共ということの意味である。本書序章が示すのは「社会の存在＝公共＋非公共」といった社会観だが、ここで非公共とは、次のように定義される。社会のなかに「明文化されない不透明で相互の信任や承認に基礎づけられる何らかの関係が存在し、それが公共的関係の外側で人々の生存あるいは生活を支えるような状態、それがひいては社会の再生産に寄与しうるような状態が持続的に存在するとき」、こうした関係を近代的公共の対偶としてさしあたり非公共（non-civil）と一括する。では、公共的関係の外側にあり、近代的公共の対偶としての非公共とは、公共といかなる関係にあるとするのが適切な概念設定だろうか。公共の外側ということは、公共とは独立に非公共は発生し、機能し、その偶然的な結果として社会は再生産されるということを意味しているのだろうか。それとも、公共の対偶なのだから、ある公共に対して組み合わせられるべき非公共は、ある社会状態で調達可能な非公共的関係の中から偶然的に決まるのではなく、何らかの必然性をもって――たとえば、社会の再生産をより確実に、より効率的に可能にするように――公共と非公共の組み合わせは決まるということだろうか。公共と非公共とは独立の事象で、両者の併存関係も偶然的なものとするか、それとも、ある社会において対となりうる公共と非公共の種類には限りがあり、調達可能性という点でも、社会再生産の確実性や効率性の点でも、公共と非公共の組み合わせにはおのずと型があると考えるべきなのかによって、非公共の存在動態も、社会に対する規定性も評価が変わることだけに、この点はぜひとも今後さらに考究していただきたいことである。

第二に考えたいのは、公共と非公共の置換可能性である。本書では福士由紀氏によって示唆されていることだが、ある主体ないし制度Aにとって公共的な関係がBにとっては非公共的な関係であり、逆にBの公共はAには非公共であるというように、同一の関係が公共的なそれとして機能するか、非公共として機能するかは、主体／制度によって逆転する可能性は充分に想定されることである。もし、分節化された社会が、こうした公共／非公共の置換可能性のもとに再生産されているのだとすると、第一の問いにも関わるが、公共と非公共の関係は偶然の組み合わせとばかりはいえない可能性も出てくるであろう。

第三は、公共と非公共の転換可能性についてである。近現代にあって、公共と非公共とは共存している、あるいは、近代的な要素と前近代的な要素とは併存しているという認識は、第一および第二の問いを導き出すが、両者の要素を歴史の動態の中に置いた場合に、この転換可能性が問われることになるだろう。よく知られているように、講座派／比較経済史学では、近代社会にも存在する前近代的な要素や共同体の残滓は、ゆくゆくは近代に回収されて消滅するはずのものと想定されていた。本書の用語に対応させるなら、非公共が、ある期間は社会の再生産の不可欠の一環であるとしても、それは将来的には公共に転換されうるもの、あるいは望むらくは公共に転換さるべきものであるということになるだろう。段階論や定向進化を前提にした場合、公共／非公共の転換は、後者から前者への一方向的なものに限定されるだろうが、本書のように、公共／非公共の二元論で社会を再構成しようとする場合、逆の転換可能性、すなわち、ある時代に公共的な関係であったものが次代には非公共に転換する可能性や、公共が「明文化されない不透明で相互の信任や承認に基礎づけられる」関係に回収されてしまう可能性をいかに考えるべきだろうか。たとえば、かつて西洋の都市の公共的秩序を産み出し、支えてきた諸種の団体はいまも存在していることが多いが、それらはほぼ例外なく、かつての名士たちの末裔の私的クラブないし親睦団体に変質している。それらはいまも社会の再生産に何らかの機能を有しているのかもしれないが、いまや公共の名で呼ぶにはあまりにも閉ざされ、公的性格を欠いている。

これら三点以外にも本書の各章で提起され、示唆された論点はたくさんある。本書が試論的に展開した「都市の公共と非公共」というテーマが今後さらに深く、かつ広く掘り下げられることを期待して、あとがきを閉じたい。

末筆になり恐縮だが、福士由紀氏には、本学会の会員ではないにも関わらず、二〇一一年の春季総合研究会と本書の完成のために大きな力添えを頂戴した。記して謝意を表するとともに、今後も本学会の議論におつきあいくださるようお願いしたい。また、決して良好とはいえない環境のなか、本学会の春季総合研究会の成果刊行につき温かいご理解をたまわり、本書の出版を引き受けてくださった日本経済評論社の栗原哲也社長と本書を担当してくださった谷口京延氏にも心よりの謝意を表する。

政治経済学・経済史学会理事代表

小野塚　知二

を中心に」(『人民の歴史学』第185号、2010年)。

嶋　理人(しま・りひと)〈コラム②担当〉

1979年生まれ。

東京大学大学院人文社会系研究科日本文化研究専攻博士課程満期退学。

秀名大学非常勤講師。

主な業績「1931年改正電気事業法体制の特徴と変質 京成電気軌道の東京電灯千葉区域譲受問題をめぐって」(『歴史と経済』55巻1号、2012年)。

谷本雅之(たにもと・まさゆき)〈第5章担当〉

1959年生まれ。

東京大学大学院経済学研究科第2種博士課程単位取得満期退学、博士(経済学)。

東京大学大学院経済学研究科教授。

主な業績『日本における在来的経済発展と織物業――市場形成と家族経済』(名古屋大学出版会、1998年)、"From Peasant Economy to Urban Agglomeration: The Transformation of 'Labour-intensive Industialization' in Modern Japan" (Austin, Gareth and Kaoru Sugihara eds. *Labour-intensive Industrialization in Global History,* Routledge 2013)。

満薗　勇(みつぞの・いさむ)〈第6章担当〉

1980年生まれ。

東京大学大学院人文社会系研究科博士課程修了、博士(文学)。

立教大学経済学部兼任講師。

主な業績「戦前期日本における大都市呉服系百貨店の通信販売」(『経営史学』第44巻第1号、2009年6月)、「新生活運動協会――1960年代半ば～1970年代」(大門正克編著『新生活運動と日本の戦後――敗戦から1970年代』日本経済評論社、2012年)。

水島和哉(みずしま・かずや)〈コラム③担当〉

1973年生まれ。

京都大学大学院経済学研究科博士課程単位取得退学。

京都大学大学院経済学研究科経済資料センター・ジュニアリサーチャー。

主な業績「景観変遷と消費分析による都市形成史」(『資本と地域』第4号、2007年)。

【執筆者紹介】

浅田進史（あさだ・しんじ）〈第１章担当〉

1974年生まれ。

千葉大学大学院社会文化科学研究科単位取得満期退学、博士（学術）。

駒沢大学経済学部准教授。

主な業績『ドイツ統治下の青島――経済的自由主義と植民地社会秩序』（東京大学出版会、2011年）、「利益独占と『門戸開放』――ドイツ山東鉄道事業をめぐる秩序形成」（左近幸村編『近代東北アジアの誕生――跨境史への試み』北海道大学出版会、2008年）。

福士由紀（ふくし・ゆき）〈第２章担当〉

1973年生まれ。

一橋大学大学院社会学研究科博士課程修了、博士（社会学）。

総合地球環境学研究所・中国環境問題研究拠点研究員。

主な業績『近代上海と公衆衛生』（御茶の水書房、2010年）、「1920年代東アジアにおける国際衛生事業と上海」（『社会経済史学』第75巻第３号、2009年）。


小林啓祐（こばやし・けいすけ）〈コラム①担当〉

1980年生まれ。

一橋大学大学院経済学研究科地域経済・経済史専攻博士課程単位取得退学。

高崎経済大学助手。

主な業績「町村合併と地域社会」森武麿編著『1950年代と地域社会』（現代史料出版、2009年）、「昭和初期千葉都市計画と市財政」（千葉県史料研究財団『千葉県史研究』17号、2009年３月）。


岩佐和幸（いわさ・かずゆき）〈第３章担当〉

1968年生まれ。

京都大学大学院経済学研究科博士課程修了、博士（経済学）。

高知大学人文学部国際社会コミュニケーション学科教授。

主な業績「戦前期大阪の都市形成と朝鮮人移民労働者」（政治経済学・経済史学会『歴史と経済』第187号、2005年４月）、『はじめての越境社会文化論――高知へのまなざし・高知からのまなざし――』（共著、リーブル出版、2010年）。


加藤千香子（かとう・ちかこ）〈第４章担当〉

1957年生まれ。

一橋大学大学院社会学研究科博士課程単位取得退学。

横浜国立大学教育人間科学部教授。

主な業績『日本における多文化共生とは何か――在日の経験から』（共編著、新曜社、2008年）、「1970年代日本の『民族差別』をめぐる運動――『日立闘争』

【編著者紹介】

高嶋修一（たかしま・しゅういち）〈序章担当〉

1975年生まれ。

東京大学大学院経済学研究科博士課程修了、博士（経済学）。

青山学院大学経済学部准教授。

主な業績『都市近郊の耕地整理と地域社会――東京・世田谷の郊外開発』（日本経済評論社、2013年）、『三井不動産七十年史』（共著、三井不動産、2012年）。

名武なつ紀（なたけ・なつき）〈終章担当〉

1970年生まれ。

京都大学大学院経済学研究科博士後期課程研究指導認定退学、博士（経済学）。

関東学院大学経済学部教授。

主な業績『都市の展開と土地所有――明治維新から高度成長期までの大阪都心』（日本経済評論社、2007年）、「戦前期における大阪の都市形成と住友――大阪北港株式会社を中心に――」（『住友史料館報』第38号、2007年7月）

都市の公共と非公共　20世紀の日本と東アジア

2013年10月16日　第1刷発行　　定価（本体2800円＋税）

編著者　高嶋修一
　　　　名武なつ紀
発行者　栗原哲也

発行所　株式会社　日本経済評論社

〒101-0051　東京都千代田区神田神保町3-2
電話　03-3230-1661　FAX　03-3265-2993
info8188@nikkeihyo.co.jp
URL：http://www.nikkeihyo.co.jp

装幀＊渡辺美知子　　印刷＊文昇堂・製本＊誠製本

乱丁・落丁本はお取替えいたします。　Printed in Japan

 ISBN978-4-8188-2294-8

小野塚知二・沼尻晃伸編著
大塚久雄『共同体の基礎理論』を読み直す
四六判　二八〇〇円
寄る辺なき時代の共同性、個人、公共性とは？歴史的視点から、今後の論点を模索し、名著の現代的意義を探る。

小野塚知二編著
自由と公共性
―介入的自由主義とその思想的起点―
四六判　三二〇〇円
介入的自由主義の思想と、それが反映した政策、制度がいかなる社会的文脈で登場し、個人の自由・尊厳との緊張関係でいかに正当化され、定着したのか。可能性と限界を検討。

斎藤叫編著
世界金融危機の歴史的位相
四六判　三五〇〇円
一九二九年恐慌との比較、覇権国の交替、グローバル資本主義化など長期的視点、一九八〇年代以降「新自由主義」政策からの転換など中期的視点、国際金融システムをも視野に入れ、世界史の中に立体的に位置づける。

植村秀樹著
「戦後」と安保の六十年
同時代史叢書
四六判　二六〇〇円
平和憲法、自衛隊、沖縄問題等をめぐる日本の政治家、外務省、論壇、世論、そしてアメリカの「戦後」六十年間の相克。日米安保条約は何のために、誰のために存在するのか。

（価格は税抜）

日本経済評論社